중국의
전근대
무슬림
상인들

해양 아시아
무역 디아스포라의
역사, 750년~1400년

대구대학교 다문화사회정책연구소 총서 **07**

중국의
전근대
무슬림
상인들

해양 아시아 무역 디아스포라의 역사. 750년~1400년

펴낸날 | 2024년 10월 25일

지은이 | 존 차피
옮긴이 | 윤재운

편집 | 이범수
디자인 | Jipeong
마케팅 | 홍석근

펴낸곳 | 도서출판 평사리 Common Life Books
출판신고 | 제313-2004-172 (2004년 7월 1일)
주 소 | 경기도 고양시 덕양구 중앙로558번길 16-16, 7층
전 화 | 02-706-1970   팩 스 | 02-706-1971
전자우편 | commonlifebooks@gmail.com

ISBN 979-11-6023-351-3 (93910)

잘못된 책은 바꾸어 드립니다.
책값은 뒤표지에 있습니다.

대구대학교
다문화사회정책연구소
총서 **07**

중국의 전근대 무슬림 상인들

해양 아시아 무역 디아스포라의 역사, 750년~1400년

THE MUSLIM MERCHANTS OF PREMODERN CHINA
The History of a Maritime Asian Trade Diaspora, 750-1400

존 차피 지음
윤재운 옮김

평사리

차례

감사 인사 6

프롤로그 9

1장 **제국무역의 상인들** 27

2장 **무역의 전환** 81

3장 **상인 커뮤니티의 성숙** 117

4장 **몽골과 상인 세력** 181

5장 **결말과 연속** 237

옮긴이 후기 265

주석 281

참고문헌 312

찾아보기 325

지도 328

감사 인사

이렇게 저렇게 봐도, 이 책은 1997년에 안겔라 쇼텐함머Angela Schottenhammer가 라이덴대학에서 열린 송과 원왕조 시기 취안저우泉州 지역의 사회 발전과 해상 무역에 관한 국제 학술회의에 나를 초대한 것에서 시작되었다. 나는 남송南宋 시기 취안저우泉州를 중심으로 해상 무역에 관여를 많이 했던 송 황족의 역사를 다룬 작업을 막 끝내고 있었다. 해상 무역에 관여했다는 나의 발견은 국제 학술회의 발표 논문집인 『세계의 도시』와 황족을 다룬 나의 저서에 모두 제시되었지만, 해상 무역을 다룬 저서들이 나온 후 내 의욕은 더 커졌다. 송과 원 시기의 무슬림 커뮤니티에 매료당했는데, 그 유산들이 광저우廣州와 취안저우의 모스크, 그리고 취안저우의 무덤과 거대한 묘비군에 많은 증거로 남아 있다. 그들이 누구이고 어떻게 몇 세기 동안 그들의 삶이 펼쳐질 수 있었는가는 내가 몇 년 동안 몰두해 온 문제이다. 이 책은 그 문제에 답하는 나의 시도이다. 얼마 안 되는 사례를 제외하면, 관련 자료에서 이 상인들의 이름이나 신원을 찾을 수 없다는 문제는 거듭하여 좌절감을 주었다. 그렇다고 그것이 모국과는 머나먼 곳에서 그 상인들이 보여 준 불굴의 의지나 성취를 존경하는 마음을 수그러들게 하지는 않았다.

다음 목록은 좀 길지만 자신들의 글로서, 나의 글과 발표에 대한 반응으로, 또는 대화와 이메일을 주고받으며 나의 작업을 도와준 사람들이다. 안겔라 쇼텐함머에게 가장 크게 감사드린다. 안겔라 쇼텐함머의 친분 덕에, 그녀가 조직한 수많은 학술회의와 그녀가 편집한 많은 출판물들 덕에 나의 아이디어와 연구를 공유할 기회를 얻었다. 비슷한 맥락에서 학술회의를 조직하고 저작을 도와준 엘리자베스 램번Elizabeth Lambourn, 케네스 홀Kenneth Hall, 탄센 센Tansen Sen과 로버트 안토니Robert Antony에게도 감사를 표한다. 이 시대의 물질문화를 다루는 고무적인 작업을 해냄과 더불어 이 책에서 자신의 사진 두 장을 쓸 수 있게 허가해 준 존 가이에게도 감사드린다. 나의 작업은 아이디어를 공유해 온 이 분야의 수많은 학자들이 없었다면 불가능했을 것이다. 오데드 압트Oded Abt, 마이클 브로스Michal Brose, 휴 클락Hugh Clark, 고故 푸 쫑원Fu Zongwen, 데릭 헹Derek Heng, 랄프 카우즈Ralph Kauz, 헤르만 쿨케Hermann Kulke, 리위쿤Li Yukun, 류잉성Liu Yingsheng, 후안 마Ma Juan, 피에르 망갱Pierre Manguin, 무카이 마사키Mukai Masaki, 나카무라 츠바사Nakamura Tsubasa, 오카 모토시Oka Motoshi, 박현희Hyunhee Park, 로데리히 프탁Roderich Ptak, 모리스 로사비Morris Rossabi, 빌리 소Billy So, 낸시 스타인하트Nancy Steinhardt, 제프 웨이드Geoff Wade, 존 휘트모어Jon Whitmore, 요카이치 야스히로Yokkaichi Yasuhiro와 왕겅우Wang Gungwu. 조금 더 일반적인 맥락에서 카렌 바즈만Karen Barzman, 베티네 비르게Bettine Birge, 레오나르도 불뤼세Leonard Blussé, 패트리샤 에브리Patricia Ebrey, 발레리 핸슨Valerie Hansen, 스티븐 호Stephen Haw, 황콴충Huang Kuan-chung, 류광린Liu Guanglin, 마광Ma Guang, 제럴드 카디쉬Gerald Kadish, 데이비드 맥밀런David McMullen, 마넬 올레Manel Ollé, 폴 스미스Paul Smith, 바바라 세이콕Barbara Seycock, 마티유 토크Mathieu Torck, 낸시 엄Nancy Um과 장치판Zhang Qifan, 그리고 내 학생인 후용광Hu Yongguang, 이장욱, 자오쓰인Zhao Siyin, 트래비스 슈츠Travis Schutz, 에릭 리Eric Lee와 쩌우자쥔Zou Jiajun과 나눈 대화와 교류에서 많은 도움을 받았다. 아랍어와 페르시아어로 된 이름과 용어의 철자를 교정하는 데 도움을 준 브래들리 허치슨Bradley Hutchison에게도 감사한다. 아울러 이 과정 내내 크게 도움을 준 케임브리지 대학교 출판부의 편집팀에게도 감사를 표한다.

마지막으로 5년 전 아내 바바라가 죽고 나서도, 변함없이 사랑과 지지를 보내 주는 세 아들, 팀과 필립과 콘라드 그리고 콘라드의 배우자인 루바에게도 감사를 표하고 싶다. 아내는 마침내 이 책이 나오는 것을 보고 기뻐했을 것이다.

프롤로그

8세기 중반에서 14세기 말까지 600년 동안, 중국 남부의 항구들은 주로 출신 지역인 서아시아에서 수천 마일 떨어진 곳에 사는 무슬림 해상海商 커뮤니티의 안마당이었다. 아시아의 양 끝 사이 바다 여행의 길이와 위험을 고려하면, 무슬림 해상 커뮤니티들이 중국에 머물렀던 것은 주목할 만하다. 그리고 수 세기 동안 상당한 규모의 다세대 커뮤니티를 조직할 만큼 숫자가 많았다는 점은 우리의 세계사 이해에 중요하다. 무슬림 해상 커뮤니티들의 생명선이었던 무역의 성격은 그들의 구성, 경쟁자, 정착 장소와 중국 당국과의 관계가 변화하듯 시간이 지남에 따라 변화했다. 그런데 이러한 변화에 대한 기록은 좌절감을 줄 정도로 희소하다. 그러나 총체적으로 그 자료들을 보면 중국의 항구 도시들에서 무슬림 상인 공동체들, 중국의 해상 아시아 무역에서 무슬림들의 결정적인 역할, 그리고 시간 경과에 따른 발전 등에 대한 풍부한 정보가 드러난다.

무슬림 상인 커뮤니티의 존재와 관련 증거 대부분은 이미 오래전에 역사가들에게 알려져 있었다. 무슬림 상인 커뮤니티는 보통 중국의 해외 무역, 해상 무역 그리고 세계사 관련 저술에 언급되었다. 그러나 무슬림 상인 커뮤니티들은 거의 항상 짧은 참조 사항들로 다루어지거나 또는 더 상세한 연구에서는 단일 왕조의 맥락에서 다루어졌으며, 해양 아시아를 관통하는 상업 네트워크를 내포하였다는 관점에서는 거의 다루어지지 않았다. 따라서 그들의 놀라운 지속성과 장기적인 역사는 거의 검증되지 않았다. 실제로 사료에서는 예컨대 외국인 우두머리가 있는 외국인 구역, 모스크 및 공동묘지 등처럼 시간에 구애받지 않는 고정된 특성을 가진 지역사회가 전형적으로 제시된다.

이 책의 목표는 무슬림 상인 커뮤니티의 역사를 복원하는 것이며, 거기에는 다사다난하고 극적이기까지 한 이야기들이 들어 있다. 그 이야기로 가기 전에 우리는 수 세기 동안 중국에서의 무슬림 커뮤니티를 지원한 해양 아시아에 걸친 상업 질서를 인정해야 한다. 아시아의 바다에서는 무엇보다도 인도의 서남해안에 있는 로마 시대의 무역항인 무지리스Muziris에서 증명되듯이 고대 이래로 배, 상품, 그리고 사람의 이동이 목격되었다. 우리가 보게 되듯이 8~9세기 페르시아와 아랍 상인들이 모여들어 아바스와 당 사이의 무역이 번성함으로써 최초의 대륙횡단 상업 체제가 만들어지고 광저우 무슬림 커뮤니티가 개시되었다. 번성했던 아바스와 당 사이의 무역은 재닛 아부루고드Janet Abu-Lughod가 묘사한 세계체제가 10~11세기에 출현할 수 있게 한 요인들을 결합시켰다.[1] 10~11세기의 세계체제는 후기 아바스와 부예Buyid 왕조(옮긴이 주: 934~1062년에 이라크와 이란 중남부를 주로 통치한 시아파 이란족 왕조) 동안 바그다드의 쇠퇴를 상쇄하는 카이로의 파티마Fatimi와 맘루크Mamluk의 성장, 그리고 촐라, 자와와 참파, 특히 스리비자야가 행한 적극적인 역할, 그리고 캘리컷, 팔렘방, 취안저우泉州 같은 새로운 항구들의 등장이 포함된다. 가장 중요한 것은 해상 무역을 제한하기보다는 지원하는 정책을 펼친 송 경제의 큰 규모와 역동성이었다. 중국산 비단, 구리와 특히 도자기에 대한 수요는 코뿔소 뿔과 진주 같은 사치품뿐만 아니라 향신료, 다양한 약재, 향수와 향으로 화답을 받았다. 시간이 지남에 따라 곡식과 다른 식량 그리고 철제 기구 같은 수공업 제품을 포함한 대량 상품이 특히 중국과 동남아시아 사이의 상업 세계에 유입되었다. 이러한 발전은 무역업자들의 다각화를 가져왔는데, 남부 인도인들, 말레이인들, 한국인들, 일본인들과 송 초기 중국인들이 주목할 만했다. 여기서 무슬림 상인들의 역할이 특별하게 두드러졌는데, 그들은 일반적으로 중국 문헌에 아라비아(대식大食)와 페르시아(파사波斯)로 나오며, 또한 동남아시아 국가들에서도 중요한 지위를 점하고 있었다는 증거도 있다.

일종의 거친 서부 같은 분위기가 압도하는 듯한 양저우揚州와 광저우廣州, 특히 최남단 광저우에 자리 잡은 페르시아와 아랍 상인들의 당 커뮤니티들은, 그들을 향한 대학살의 징후가 있어 보였기에 중국 주민들과 명백하게 긴장 상태로 살았다. 이러한 상황은 12세기에 동남부 지역이 제국의 경제적, 정치적 중심이었을 때 광저우, 취안저우, 밍저우明州와 다른 해안 도시들에서 발견되었던 잘 통합된 커뮤니티들과 생생하게 대조된다. 이후 13세기 말 몽골 지배 아래 특권 무슬림과 다른 외국인들이 대규모로 유입되면서 완전히 다른 도시 커뮤니티들이 형성되었는데, 이 도시 커뮤니티들의 조직 내부는 서열화되고 복잡한 구성을 하고 있었으며, 또한 많은 커뮤니티들이 해상 상업과 관련 없었다. 앞으로 보게 되듯이 이러한 차이는 커뮤니티를 벗어나 확대되었는데, 그 이유는 그들과 주최국 사람인 중국인들 사이의 문화적 교류에서 그러하듯 커뮤니티들과 그들을 둘러싼 중국의 경제, 사회, 정부 사이에서 이뤄진 상호 작용이 시간이 지남에 따라 크게 변화했기 때문이다.

또한 그들의 활동은 물가에만 국한되지 않았다. 이 무역 커뮤니티들이 아시아 해역을 가로지르는 상품의 이동에 생계를 맡긴 채로, 그들의 상업 활동을 통해 원거리 무역 디아스포라의 중국 측 끝, 즉 공통의 정체성을 약간 공유하며 상호의존적인, 지리적으로 분산된 공동체들의 집합체를 구성했다는 것에 나는 동의한다. 근대 '무역 디아스포라'를 논의하면서, 애브너 코헨 Abner Cohen은 권위 구조, 통신 수단, 조직 등 많은 특징을 지적하지만, 그는 또한 이것들이 고

이틴S. D. Goitein의 저작에서 유명해진 중세 유대인 무역 디아스포라에서도 볼 수 있던 오래된 현상임에 주목한다.[2] 필립 커틴Philip D. Curtin은 그의 영향력 있는 책인『세계사상 이문화간 무역Cross-Cultural Trade in World History』에서, 무역 디아스포라 모델을 전개하면서 항구 도시의 디아스포라 상인들이 동료 상인들과 지방 당국들 사이에서 문화적 중개자 역할을 하는 특별한 기능을 수행했는데, 현대 세계 시스템의 부상과 함께 사라졌다고 주장하였다.[3] '무역 디아스포라'라는 개념은 비판받아 왔다. 차우두리K. N. Chaudhuri는 전근대 상인들이 거의 모두 "지역에 상관없이 친족을 통해 사업을 운영했다."라고 하며, 특별한 범주의 상인들의 필요성을 배제할 필요가 있음을 주장하였다. 그가 보기에, 특정 상품을 독점 거래하거나, 비공식적인 사회정치조직을 점유하거나, 폐쇄적인 집단이 상업 정보를 독점하려는 무역 디아스포라의 익히 알려진 특성 모두는 '인간 행위의 일반적인 특성'이며 공간적으로 분산된 디아스포라에만 있는 것은 아니었다.[4] 또한 세보 데이빗 아슬라니안Sebouh David Aslanian은 아르메니아 상인 연구에서, 다른 이유이기는 하지만 '무역 디아스포라' 개념을 주제로 다루었다. 무역 디아스포라 개념이 초기 근대 상인 집단을 모호하게 그리는 데 유용한 도구라고 인정하면서도, 그는 분석의 유용성에 문제를 제기하면서 대신에 '무역 네트워크' 또는 '유통 사회'를 사용하며, 후자의 경우 사업 서류에서 볼 수 있듯이 상업 커뮤니티의 네트워크에 초점을 맞춘다.[5]

나는 많은 특징이 대다수 전근대 상업 네트워크로 공유되기 때문에, '무역 디아스포라'를 분석 모델로 삼는 것이 문제가 있다는 점에 대체로 동의한다. 이 연구에서 내가 사용하는 '무역 디아스포라'는 다소 서술적이고 역사적이며, 이슬람 공동체Dar al Islam 밖에서 작동하는 무슬림 상인들의 공동체와 네트워크에 초점을 둔 것이다.[6] '무역 네트워크'나 '유통 사회'는 본질적으로 정적인 구조라는 점에서 문제가 있다. 반면에 비록 서술적인 범주이긴 하지만 '무역 디아스포라'는 지리적으로 분산되어 있으면서도 동시에 그 자체의 발달사에서 역사적 실체로 구성되는 과정에서 그 구성원들에게 더 나은 소속감을 제공하고 있다. 그 역사의 뚜껑을 여는 것이 이 연구의 주요한 목표이다.

　무슬림 무역 디아스포라가 서아시아와 중국의 공동체보다 더 많은 것을 포함했음이 중요하다. 분산이라는 문제가 시간이 지남에 따라 점점 더 복잡하게 되었지만, 그 필수 요소는 이슬람이었다. 그것의 중심부에는 상업 거래, 정치 비용, 법률상 의무, 종교적 신념, 우정, 가족 연대(때때로 세대를 초월하여) 그리고 공유된 요리법과 관습을 통해 무수한 인연들이 생겼으며, 이로써 디아스포라에 응집력을 주는 네트워크를 함께 만들었다. 게다가 무역 디아스포라는 본질적으로 끊임없이 유동적이었다. 그 원인은 이러한 수많은 유대들의 체계 없는 본질 때문만이 아니라, (왕조의 흥망성쇠부터 세법의 변화에 이르기까지) 정치적 맥락에서의 변화, 그리고 (디아스포라 공동체의 성숙을 포함하여) 인구 변동에 대한 대응 때문이기도 했다.

중국 항구 도시들에 기반을 세우고 유지했던 무슬림 무역 디아스포라는 상당히 초기부터 해양 아시아를 가로질러 항구들과 정치체들로 확산되었다. 우리는 10세기 전에 무슬림이 신드주(옮긴이 주: 파키스탄 인더스강 하류에 있는 주)에 디아스포라를 세웠고, 스리랑카, 인도의 코로만델 해안과 동남아시아의 주요 국가들에도 디아스포라가 있었음이 확인됨을 알고 있다.[7] 또한 앞으로 보게 되듯이 10세기부터 무슬림, 특히 무슬림 상인들은 이 광대한 지역 전체에서 숫자가 늘어나고 중요해졌다.

무슬림 무역 디아스포라는 끊임없이 진화했고 때때로 소규모 디아스포라 네트워크로 분할되었지만, 개인적인 관계와 친족, 언어, 그리고 가장 중요한 신앙에 의해 계속 연결되었다. 그 신앙은 그들이 이슬람 밖의 영역Dar al harb에서 살아남아야 한다는 공통의 믿음과 그들의 상업적 생계에 필수적인 파트너십과 코멘다 계약(commenda contracts)과 같은 관행을 지배하는 무슬림 법에 대한 공통의 수용이다. 우리는 종종 단지 그러한 네트워크들이 있었다고 추론할 수 있을 뿐이지만, 반면에 그들은 7세기 역사의 과정 동안 근본적인 변화를 겪었고, 그러한 변화의 식별은 이러한 역사 복원 과정의 또 다른 필수 요소이다.

이 프로젝트에 대한 하나의 도전은 자료 부족이다. 중세 무슬림 상인들에 의한 기록은 사라진 지 오래고, 중국의 유교 엘리트는 이들 외국인에게 거의 흥미를 느끼지 않았다. 우리는 그들에게 관심을 기울인 예외적인 작가들을 이용할 수 있을 뿐이다. 우리의 자료는 따라서 13~14세기 아랍 지리학자와 여행자 그리고 페르시아 역사학자들에게서나, 정부 기록, 역사, 지방지, 지리서, 족보와 위에서 언급한 예외적인 사람들의 저서를 포함한 중국 자료들에서나, 마지막으로 이들 커뮤니티에 의한 건축물과 무덤, 그리고 석비의 비문과 발굴된 난파선을 포함한 고고학 자료에서 골라 모아야 한다. 이러한 자료를 모으는 것은 아랍어나 페르시아어를 읽지 못하는 이에게는 벅찬 일이었다. 다행히도 그 위에 그려 놓은 더 많은 이야기를 끌어낼 만한 2차 연구와 방대한 번역 문헌이 있으며, 그 가운데 극히 일부만이 상인 커뮤니티 자체를 특별하게 다루지만, 역사 지리, 이슬람의 확산, 중국의 해양 행정, 그리고 해양 아시아 전반에 걸친 무역의 역사와 같은 주제들이 잘 연구되어 그룹들과 그룹들의 역사에 대한 복합적인 상황을 분별할 수 있게 되었다.

이러한 맥락에서 이 연구에 결정적 역할을 한 논저들, 즉 중국에서의 무슬림 상인 커뮤니티와 관련하여 가장 중요한 학문적 저작들 일부를 인정하는 것은 중요하다. 구와바라 지츠조桑原騭藏의 아랍계 관리이자 상인인 포수경蒲壽庚에 대한 연구는 커뮤니티에 관한 근대 연구의 시작을 열었다. 왜냐하면 구와바라가 송원 교체기에 포수경의 중요한 역할을 보여 줌으로써 중국에서의 무슬림 상인들을 다루는 자료에 대한 주목할 만한 정리를 찾아냈기 때문이다.[8] 최근에 휴 클락Hugh Clark과 빌리 소Billy So는 송대 푸젠福建에서의 해상 무역과 외국 상인을 설명하는 데 중요한 역할을 하였다.[9, 10] 이것은 취안저우의 푸젠항이 11세기 말부터 해외 무역 활동의 중심지였을 뿐 아니라, 송과 원대 모스크와 묘지가 남아 있고, 그리고 거기서 수백 개의 무슬림 비석의 비문이 발견되었다는 점에서 중요하다. 그런 점에서 1930년대에 당국에 의해 무시된 비석을 모으기 시작한 취안저우의 선생인 우원렌吳文良[11]에 대해, 그리고 평생 동안 그 돌들을 정리하고, 전사하고, 번역하는 작업을 하여 우리가 취안저우 무슬림에 대해 아는 것에 엄청나게 이바지한 천다성陳達生에 대해 특별히 언급할 필요가 있다.[12]

이 책에서 다루지 않는 주제를 지적하는 것도 중요하다. 무슬림 상인 활동의 지리적 범위가, 중국의 동남해안부터 동남아시아와 서부 인도양까지 압도적이기 때문에 동아시아 특히 한국, 일본, 그리고 유구 열도의 번영한 무역에 대해서는 다루지 않을 것이다. 무슬림 상인들은 이따금 그 나라들에서 활동한 것으로 알려졌지만, 역사적인 결과물을 만들기에는 충분하지 않았다.[13] 우리는 또한 중국에 엄청난 영향을 끼쳤고 또한 해로뿐 아니라 육로로도 온 인도 종교인 불교에 대해서도 거의 언급하지 않을 것이다. 특히 불교와 관련된 중국-인도 해상 무역과 교통이 특히 활발했던 6세기에서 10세기 동안 그 전파가 중요할지라도, 무슬림 상인들이 그러한 과정에 관여되었다는 시사점은 거의 없다.[14] 마지막으로 여기에서 내가 관심을 가지는 것은 그룹들과 그들의 경제적, 사회적, 정치적 역할에 대해서이다. 매우 중요한 주제인 그들의 종교와 신앙, 관행과 문화적 영향은 단지 지나가는 말로만 다루고 또 다른 연구를 기다려야 한다.

우리는 아시아 바다 여행의 매우 구체적인 현실을 염두에 두어야만 한다. 11세기까지 원거리 항해에는 코코넛 섬유 줄로 꿰매 연결한 널판자가 특징인 아랍 다우선과 다우선의 가까운 친척뻘인 동남아시아의 곤륜선(옮긴이 주: 崑崙船, 당나라 때 동남아시아 여러 나라의 대형 선박을 통틀어 이르던 말)이 지배적으로 쓰였다. 수마트라 해안에서 발견되었고 9세기 초로 편년되는 벨리퉁 난파선은, 원거리 무역에 다우선이 사용되었다는 중요한 증거를 제공한다(지도 2 참조). 전장 15.3미터(49.7피트)의 용골(옮긴이 주: 배의 밑바닥을 이루는 뼈대)을 가진 그 배는 60,000점의 화물을 싣고 있었는데, 그 대다수는 중국산 도자기였다. 우리가 다루는 시기의 끝 무렵인 것으로 추정되는, 바다에 뜬 다우선을 그린 아랍적인 묘사(그림 1.1 참조)는 선원과 상인 사이 관계를 보여 주는데, 선원들은 갑판에서 바쁘지만 상인들은 선박의 둥근 창밖을 바라보기만 한다. 이 그림은 배의 크기를 과소평가하고 있다. 선원의 규모를 말할 방법은 없지만, 문헌 증거는 다우선이 매우 많은 수의 선원을 실을 수 있음을 제시한다. 부주그 이븐 샤흐리야르(900~953)는 918년 시라프(옮긴이 주: Siraf, 이란 남서부 부셰르 주 캉간 군에 있는 도시)에서 사바(옮긴이 주: Saba, 네덜란드령 안틸 제도 중의 리워드Leeward 제도 북부에 있는 섬)로 가는 항해 도중에 배 3척의 손실을 묘사했는데,

그 배들에는 "1,200명의 사람들, 상인, 선주, 선원, 무역업자 및 기타 등등"이 승선하고 있었다고 한다.[15] 11세기쯤에 다우선은 철제 판자와 격벽 칸막이를 써서 배를 더 항해하기 적합하게 만들고 더 크게 만든 중국 정크선으로 대체되기 시작했다. 마르코 폴로는 유럽으로 귀환하던 여행 중에 탔던, 13개의 격벽 칸막이, 상인들과 상품 그리고 150~300명의 선원을 위한 60개의 선실을 갖춘 정크선을 묘사하였다.[16] 50년 후에 이븐 바투타는 정원 1,000명을 싣고 가는 조금 더 큰 중국 배를 묘사했다.[17] 이런 서술들에 나타난 항해술의 정교함은 해상 무역의 번영한 측면을 증언하지만, 폭풍과 모래톱, 해적이나 적대적인 정부로 인해 사망률이 높았다는 점을 포함해서 원양 항해가 위험하다는 사실에 대해 눈을 감아서는 안 된다. 중국에 여러 차례 다녀왔던 아브하라 선장을 묘사하면서, 부주르그는 다음과 같이 주장한다.

모험적인 사람들만이 이전에 이런 여행을 했다. 아무도 무사히 여행한 사람은 없다. 어떤 이가 중도에 죽지 않고 중국에 도달했다면 그것은 이미 기적이었다. 안전하게 돌아왔다는 소리는 듣지 못했다. 나는 그를 제외하고 아무런 사고 없이 두 번이나 다녀온 사람에 관한 얘기를 들은 바가 없다.[18]

비록 분명히 과장되었지만, 우리는 많은 아랍인과 페르시아인들이 중국으로 여행을 갔음을 알고 있기에, 부주르그의 발언은 중국 무역이 위험한 모험이었다는 평판을 예시하고 있으며, 그리고 고향에서 멀리 떨어져 있을 때 무슬림 상인들이 같은 종교 신자들의 모임과 지원을 찾는 경향성을 훨씬 잘 이해할 수 있게 한다.

이 책의 접근 방식은 역사와 관련된 것으로, 무슬림 상인 커뮤니티의 역사를 각각 별도의 단계인 5개 장으로 구성하였다. 첫째 장은 중국과 페르시아만 지역에 중점을 둔 사치품 무역인 당-아바스무역(700~879)이라는 위대한 시대로 시작한다. 8세기 초는 유라시아 역사에서 주목할 만한 시대였는데, 두 개의 위대하고 왕성한 제국이 육로로 보내는 사신을 통해, 그리고 중앙아시아의 군사적 경쟁자로서 서로 빈번히 접촉하고 있었다. 아바스 왕조가 다스리는 지역의 항구에서 페르시아인이 포함된 아랍인 모험 상인들이, 아시아 해양을 통해 적어도 두 세기 동안 활발하게 활동하였다. 아랍인 모험 상인들은 자신들이 벌이는 무역의 동쪽 종착역에 닻을 내리면서 중국에서 정착지들을 발전시켰다. 그들의 정착지들은 당 제국의 면 전초기지인 광저우와 대운하와 양쯔강의 교차지인 양저우에 주로 있었을 뿐 아니라 또한 남부 하이난海南의 아주 흥미로운 정착지도 포함되었다. 그리고 그들만이 있었던 것은 아니었다. 남아시아와 동남아시아 출신 무역업자들 또한 중국의 항구에 모여들었다. 하지만 페르시아인과 아랍인들은 서아시아와의 수익성 좋고 왕성한 사치품 무역을 지배했다. 그들이 가져온 향료, 진귀한 목재, 물소 뿔, 진주와 이국적인 상품들의 주요 소비자는 당 조정이었다. 아랍 여행가들과 지리학자들의 저작 덕분에, 우리는 아시아의 양단을 연결한 해로에 대해 꽤 많이 알게 되었고 중국인들의 생활과 관습에 대한 통찰력 있는 설명을 접할 수 있었다. 첫째 장에선 또한 바로 이 시기에 일어났던 사건인 이슬람교의 중국 도래를 살펴볼 것이다. 육로로 온 무슬림이 수도 장안長安에 머물렀다면, 이슬람교의 남부 전래에 관한 전통에는 무함마드 사망 후 한 세대 이내에 이슬람 선교사들이 도착했다는 전설이 있다. 무엇이 사실인지에 상관없이 이야기의 실존 바로 그 자체는 항상 존재했던 무슬림 커뮤니티의 종교적인 측면을 가리킨다. 그들이 접촉한 한漢과의 관계에 대해, 에드워드 H. 셰이퍼는 해양 상인들이 커다란 부를 얻었더라도 "중국이라는 강역의 주인들에게 심하게 학대당했다는" 사실에 주목했고,[19] 사실 우리가 보게 되듯이 상인과 당 조정과의 관계는 때때로 758년 광저우에서의 페르시아인과 아랍인의 학살, 760년 양저우에서의 학살과 879년 기독교도, 유대인, 무슬림과 조로아스터교도 학살처럼 적대감으로 나타났다. 마지막 사건이 특히 중요한데, 왜냐하면 이로 인하여 외국 상인들이 광저우를 포기하고 그들의 활동 거점을 동남아시아로 옮겼기 때문이며, 이로써 외국인 연안 커뮤니티의 첫 막이 사실상 끝나게 되었다.

짧지만 결정적인 2장은 879년 학살의 영향으로 시작한 무역의 근본적인 방향 전환을 다룬다. 아랍 자료에 의하면 879년 학살은 상인 커뮤니티를 광저우에서 동남아시아로, 특히 말레이반도의 칼라로 이동시켰는데, 칼라는 수 세기 동안 동아시아 상업 활동의 주요 기지로 이바지했다. 이들은 아바스 왕조가 다스리는 지역의 지속적인 경제적 활력과 남아시아 촐라, 스리비자야, 참파와 자와와 동남아시아 국가들의 번영에 힘입어 번창하였지만, 중국의 매력은 곧 다시 영향을 끼쳤다. 당 제국의 붕괴로 중국 동남쪽의 남당南唐, 민국閩國은 무슬림과 다른 외국 상인을 환영하였고, 몇 세기 동안 지속된 상업적 번영을 위한 서막을 열었다. 이 장은 중국이 당 스타일의 조공체제를 이용하여 해상 무역이 급증했을 때인 송 왕조(960~1279)의 초기 60년을 다루고 끝난다.

3장은 정부에 의해 세금이 부과된 자유 무역 시대인 1020년대부터 1279년의 송 말기까지의 무슬림 상인 커뮤니티의 다양한 면을 탐구한다. 이러한 접근의 중심에 해상 무역의 관리관청과 감독관청이 있다. 이러한 관청들은 외국 상인 커뮤니티의 조세 외에 전반적인 관리와 복지 기능을 담당했으며, 한때 도시 9곳에 설치되기도 했는데, 특히 광저우와 취안저우가 중요했다. 감독관청의 가부장적인 보호 아래 무슬림 커뮤니티는 번창하였으며 (적어도 12세기 말까지의) 지속적인 해상 무역의 성장과 일부 송 관리들의 인내심 있는 정책에 도움을 받았다. 그 결과로 상인 엘리트가 항구 도시들의 도회지 사회에 잘 융합되었다. 1120년대 북부 중국의 상실로 인하여 남송(1127~1279)은 해상 무역에서 거둔 징세에 더 의존하게 되었고, 11세기 아바스 왕조의 붕괴로 인하여 무슬림 무역 디아스포라, 또는 디아스포라에 대한 본국 지원이 약화됨으로써, 상황은 점점 더 복잡해졌다. 결과적으로 중국의 커뮤니티들은 아시아 바다를 통한 무역 디아스포라에 훨씬 더 중요해졌다.

4장은 몽골 정복으로 시작한다. 몽골 정복이 13세기의 대부분을 차지함에도 불구하고 해양 아시아에는 단지 1270년부터 영향을 끼쳤다. 4장은 1368년 원의 멸망까지 이어진다. 군사적으로 재구성된 유라시아 세계에서 몽골은 주로 자신들이 선호했던 상인들에게만 혜택을 주기는 했지만 해상 무역의 열성적인 지원자였으며, 동시에 일본, 베트남과 자와 침략을 통해 해상 세계를 군사화하였다. 13세기 말 대륙에 대한 몽골 내부의 갈등으로 인하여 서아시아로 가는 해로는 전략적이고 경제적인 중요성을 얻었는데, 이 해로가 쿠빌라이와 페르시아의 일한국에 있는 동맹을 연결하였기 때문이다. 따라서 서아시아와의 관계가 이전보다 훨씬 강력하게 재정비되었는데, 특히 몽골 또한 페르시아와 중앙아시아 출신 외국인들을 중국에 많이 데려왔기 때문이다. 중국 무슬림 커뮤니티에 대한 영향은 매우 심했는데, 왜냐하면 중국 무슬림 커뮤니티는 이전보다 훨씬 커졌고, 특권화되고 정치적으로 강력해졌지만, 또한 송 시기의 전임자들과 있었던 것보다 한족 귀족들과 더 한층 갈라서게 되었기 때문이다. 이러한 발전의 결과로 무슬림 무역 디아스포라는 다시 서아시아 모국에 닻을 내렸으며, 걸프만과 인도뿐 아니라 중국에서 정치적으로 강력한 상인들에 의해 지배되었다. 해양 아시아 세계 전반에 걸친 상업의 복잡성 증가가 동남아시아에서 활동 중인 눈에 덜 띄는 중국-이슬람 무역 디아스포라의 발전에 어떠한 결과를 초래했는지는 탐구할 주제이다.

마지막 5장은 명明 초기에 무슬림 커뮤니티의 쇠퇴를 다룬다. 몽골 지배의 붕괴로 무슬림들은 한때 특권 그룹이었다가 이국적이자 신뢰할 수 없다고 여겨지는 집단이 되었다. 명 태조는 외국 무역을 대폭 삭감하고 중국 상인들의 해외 무역을 금지하며 특정 항구에서 특정 국가와만 거래하도록 무역을 제한했고, 또한 모든 색목인色目人 (원 시기에 몽골을 도왔던 무슬림을 포함한 외국인들)에게 중국 의복과 성명을 채택하고 중국인과만 결혼할 것을 명령했다. 비록 15세기 초 영락제 통치 기간에 7차례에 걸친 무슬림 제독인 정화鄭和의 원정이 아시아 해양 세계와 이룬 가장 광범위한 상호 작용이었을지라도, 그 원정들은 오래 가지 못함이 드러났다. 정화와 황제는 그보다 더 오래 살 수 없었다. 그리고 명은 다시 바다에 등을 돌렸다.

수 세기 동안 중국에서 번성했던 무슬림 상인 커뮤니티에게 명 초기는 끝을 의미했다. 설상가상으로 왕조 교체기 취안저우에서 일어난 반무슬림 학살로 무수한 외국인들이 죽거나 불구가 되었다. 우리가 아는 수많은 가족이 도시를 떠나 시골로 가서 농민으로 새로운 생활을 받아들여야 했다. 해외 무역을 더 이상 할 수 없게 되어 도시에 남은 이들은 다른 직업을 선택했다. 또 다른 이들은 중국을 떠나 동남아시아에서 삶을 개척했는데, 그곳에서 그들은 상업 활동을 이어갔고, 중국계 무슬림들은 해당 지역 이슬람화의 자원 가운데 하나가 되었다. 중국에 남았던 사람들에 대하여 말하자면, 나는 그들의 정체성이 해양 세계를 통한 무역 디아스포라를 이끌던 능동적인 구성원에서, 그들의 자손들이 오늘날도 유지하고 있는 지위인, 소수민족으로 구조적으로 변화했음을 주장한다.

좀 더 넓게 보면 이슬람을 중국에 소개한 해양 무슬림 커뮤니티의 역할은 중국에서 이슬람의 역사적 서사에서 주목을 끌어 왔다. 최근에 중국 당국은 많은 중동의 아랍 정부들처럼 중국의 해상 실크로드의 증거로 그들의 유산을 포용하려 한다. 그러나 우리의 목적을 위해 이 연구에서 가장 주목하는 것은 세계사에서의 무슬림의 역할, 즉 수 세기에 걸친 해양 아시아의 상호 연결성이다.

1장

제국무역의
상인들

758년 9월 하순의 어느 날, 페르시아와 아랍인들이 국경 항구 도시 광저우를 습격했다. 두 개의 자료에 따르면 그들은 도시를 약탈하고 바다로 떠나기 전에 창고를 불태웠다.[20] 다른 자료는 아랍과 페르시아 출신 군대로 그들을 묘사하고 있는데, 자사刺史 위리견韋利見이 도시를 버리고 도망간 뒤에 그들이 도시를 점령했음을 다시 서술하고 있다.[21] 짧게라도 그들의 고향인 서아시아에서 수천 마일 떨어진 당의 주요 도시 가운데 하나를 얻을 수 있는 이들은 누구인가? 추측성 답변 가운데에는 그들을 새로 수립된 아바스 왕조의 반향, 즉 중앙아시아의 반란을 진압하기 위해 칼리프가 보낸 불만스러운 군대로 보기도 하고, 또는 페르시아 선원들을 포획하고 노예화하는 데 전문이었던 하이난의 군벌 풍약방馮若芳의 추종자들로 보는 것도 포함되어 왔다. 우리는 풍약방에 대해 뒤에서 더 말할 것이 있다. 그들은 또한 지역 관리들에 대한 불만이나 다른 무역 관련 이슈(때문에 창고를 불사른)로 화가 난 무역업자들일 수도 있다. 우리는 이 질문으로 다시 돌아가서, 여기서 이 사건이 당 문헌에서 아랍인에 대한 첫 번째 언급이라는 것을 충분히 주목해야 한다. 말하자면, 아시아 해양 무역의 첫 번째 위대한 시대의 초기 단계에 대한 이정표였다.

이 시대는 뒤를 이은 시대와는 전혀 다른 시기였다. 그 전성기에 서쪽의 아바스 왕조(750~1258)와 동쪽의 당 제국(618~907)이라는 두 위대한 아시아 제국 사이에 번창하고 이익이 되는 무역이 이루어졌다. 또한 대륙의 양단에서 중요한 변화의 시기이기도 했다. 아바스 왕조는 우마이야 왕조(661~750)가 시작했던 남서아시아와 중앙아시아의 이슬람화 과정을 계속했고, 바다로 나아가 그때까지 장거리 무역을 지배했던 페르시아 선원들에게 (둘을 구별하기 어려울 정도로) 아랍식 덧씌움을 추가했으며, 10세기까지 중국과 중국에 이르는 길에 대한 많은 정보를 축적했다. 그들 처지에서 당나라가 해상 무역에 가장 크게 관여한 것은 거대한 내부의 도전, 즉 안록산의 난(755~763)과 황소의 난(874~884)이 닥쳐 허약해진 왕조의 시기와 일치했다. 그리고 사실상 후자(옮긴이 주: 황소의 난)와 관련된 사건들로 인해 중국인의 해상 무역 참여는 장기간 공백을 초래하였다.

이런 배경에서 중국의 수많은 동남쪽 도시들에서, 특히 아랍인들에게는 칸푸Khanfu로 알려진 광저우에서 첫 무슬림 상인 커뮤니티들의 등장을 파악할 수가 있다. 이 커뮤니티들을 이해하기 위해서, 이 장에서는 그들의 발전 관련 역사 기록, 무역의 본질과 여행에 수반되는 도전, 커뮤니티 그 자체, 마지막으로 그 공백을 초래한 870년대의 단절을 살펴볼 것이다.

페르시아인, 아랍인, 그리고 무슬림

중국 자료에 종종 서역으로 언급된 서아시아에 대한 중국의 해상 접촉은 무슬림 상인들이 오기 전에도 오랫동안 존재했다. 사료와 고고학 증거는 1세기 초반에 중국과 서쪽의 동남아시아, 인도 남부와

로마를 연결하는 해상 무역의 존재를 가리키는데, 바로 중국의 비단, 로마 유리 제품, 포도주와 향료, 아시아의 다양한 지역산 진주, 상아와 후추를 활발하게 거래한 무역이었다.[22] 3세기 초 한 제국의 멸망 이후 특히 6세기 남북조시대에, 중국의 항구들은 말레이반도의 곤륜崑崙과 인도 남부 출신 상인뿐 아니라 인도에서 출가한 불교 승려들을 유치하였다.[23] 먼 서역과의 무역은 224년에서 651년까지 서아시아의 광대한 긴 땅을 통치한 사산 제국 출신 페르시아 무역 상인의 영역이었고, 그 시기 동안에 그들은 인도양에서 중국으로 활동을 확대했다.(그림 1.1)

중국에서의 페르시아 상인들의 도착 시점을 정확하게 특정하는 것은 불가능하다. 역사 기록은 페르시아에서 455년, 530년, 535년에 조공 사신이 왔음을 서술하지만, 그들은 거의 명백하게 육로로 여행했다.[24] 당나라가 들어선 지 반세기만인 671년에서야, 우리는 중국 구법승인 의정義淨의 여행 기록 형태로 중국에 있던 페르시아 선원에 대한 명백한 증거를 가지게 되었다.

가을 초(671년, 장안에서) 나는 뜻밖에도 황제 사절인 쿵조의 펑샤오취안을 만났다; 나는 그의 도움으로 광동의 마을에 왔다. 그곳에서 남쪽으로 출발하기 위해 페르시아 배의 선주와 만나는 날짜를 정했다 … 마침내 나는 두 번째 달에 광저우(광동) 해안에서 배에 올랐다. 함평咸平 2년(671년) 11월에 남해를 향해 항해했다.[25]

그림1.1 아랍 상인의 인도로의 항해
(출전: 하리리Hariri의 『마가마트Maqamat』, 파리 국립도서관 Paris Ms. Arabe 5847)

반세기 후(717년)부터, 우리는 실론에서 팔렘방(스리비자야)까지 35척의 페르시아 선단을 타고 항해하다가 결국 720년에 광저우에 도착한 인도 불교인에 대해 알게 되는데, 아마도 그림 1.2에 보이는 상인들을 만났을 것이다.[26] 727년 페르시아의 상업 활동에 대한 중국 승려의 설명은 그들이 다음과 같이 활동했음을 주장한다.

… 서해로 항해하는 데 익숙하고, 남해로 들어가 온갖 귀한 물건들을 얻기 위해 실론으로 향한다. 게다가 그들은 금을 얻기 위해 말레이반도의 쿤룬으로 향한다. 더욱이 그들은 광동으로 직접 가서, 다양한 종류의 비단 천과 부스러기를 얻었다.[27]

중국 승려 감진鑒眞은 748년 하이난 남부에서 난파된 여행 일기에서 매년 '페르시아 배 두세 척'을 나포하고 선원들을 노예로 삼은 지역 군벌을 만났다고 하고 있다.[28]

이러한 중국 시장에서의 페르시아 해상 개입에 대한 언급은 에드워드 셰이퍼Edward Schafer의 당나라 설화 속 이란 상인에 대한 묘사와 완전히 일치하는데, 그는 페르시아 상인이 전형적으로 부유하고 관대하며 때로는 마술사 같은 사람으로 여겨지는, 당나라의 흔한 문화적 인물이 되었다고 주장한다. 셰이퍼는 또한 이러한 상인 중 많은 사람이 북쪽에 사는 것으로 묘사되어 있으며 아마도 육로로 중국에 온 것으로 보인다고 주장한다.[29] 그러나 651년 무슬림 우마야드가 사

그림 1.2 당나라 시기 상인들. 왼쪽은 1971년 후난성湖南省 샹인현湘陰县 퉁지산桐子山 출토(후난성 박물관 소장), 오른쪽은 당나라 건원황제 장회이의 무덤 출토 (건원문화청 소장, 루수이추婄邃初 사진)

산 제국을 정복하고 아랍인과 이슬람이 중국에 도착한 것과 관련이 있는지는 불분명하다.

전통적으로 622년 무함마드에 의한 이슬람의 설립과 우마이야 왕조(661~750년)가 서아시아, 유라시아와 북아프리카 세계에 미친 혁신적인 영향은 아무리 강조해도 지나치지 않다. 그들의 반향은 확실히 중국에서 느껴졌다. 660년대에 당나라 조정은 마지막 사산 왕조통치자 야즈데게르드 3세의 아들인 피루즈卑路斯가 보낸 두 사절을 접대했는데, 피루즈는 토카리스탄土火羅으로 도망가서 사산조의 부흥을 위해 중국의 도움을 간청하였다. 670년대 초 피루즈는 장안에 직접 와서 그의 제국을 복구하는 데 당나라의 도움을 요청했고, 이에 대한 응답으로 고종은 이미 서쪽으로 파견한 당나라군과 함께 그를 (혹은 그의 아들 나르세스, 이에 대해서는 출처에 따라 다름) 보냈지만, 사실 당나라군은 타림 분지를 넘지 않았다.[30] 이 흥미로운 부차적인 일보다 더 중요한 것은 651년에 시작하여 750년까지 계속되는 우마이야 사절들의 꾸준한 흐름이었다.[31] 우마이야 사절 중 많은 수가 전통적인 조공 임무를 맡았지만, 8세기 초에는 당나라의 복종을 요구하기도 하였는데, 무슬림 군대가 당시 중앙아시아에서 극적인 팽창에 몰두하고 있었기 때문이었다.[32] 우마이야의 약점과 현종(712~756)의 팽창적인 외교정책은 중앙아시아에서 당나라의 세력을 되찾을 수 있게 해 주었으나, 751년 한국인(옮긴이 주: 고구려의 유민 출신) 장군 고선지高仙芝가 이끄는 당나라 군대가 탈라스(현재의 타슈켄트 인근) 전투에서 신흥 아바스 왕조(750~1258)의 군대에 패배하면서 갑작스럽게 끝났다.[33] 아바스 왕조의 칼리프들은 751년에서 798년 사이에 적어도 20차례의 사절을 당나라에 보냈으며, 최근에 발견된 묘비에 따르면 당나라가 아바스 왕조에 적어도 한 차례의 사절단을 보냈다는 것을 알 수 있다.[34] 우리에게는 또한 탈라스에서 아랍인들에게 붙잡혀 761년 광저우로 가는 상선을 타고 중국으로 돌아온 고선지의 군대 구성원인 두환杜環의 진술이 있다. 두환은 아바스 왕조의 초기 수도인 쿠파와 아바스 사회에 대해 설명하면서 중국 화가, 비단 직공, 금은 장

인들이 그곳에서 생활하고 일하는 모습을 묘사했다.[35]

아랍 상인들과 무슬림들이 당나라에 있다는 것은 의심의 여지가 없지만, 기록으로 뒷받침하기가 더 어렵다. 비중국 군대에서 아랍인은 물론 아바스 왕조와 관련된 사람들을 배제한다면, 아랍인에 대한 당나라의 언급은 드물다.[36] 당나라 문헌에서 아랍 상인에 대한 몇 가지 언급이 있다. 하나는 광저우의 페르시아 상점에서 한 젊은 남자가 아랍인에게 멋진 진주를 파는 것이다. 다른 하나는 이런 것이다. "고귀한 아랍인 무리가 중국의 사원에서 가치가 없는 보석을 산다. 그들의 왕은 보석 발견자에게 토후국을 제공했는데, 그것은 이전에 사막에서 물을 끌어내기 위해 보석을 사용했던 아랍인들의 것이었기 때문이다."[37] 당나라의 역사는 중국 남동부의 아랍인에 대한 두 건의 언급(각각 『신당서』와 『구당서』)만이 있는데, 이것들은 매우 중요한 것들이긴 하다. 첫 번째는 758년 아랍인과 페르시아인이 광저우를 습격하고 잠시 점령한 것을 기록하고 있다.[38] 둘째는 760년 양저우에서 수천 명의 아랍인과 페르시아인 상인들이 도시를 점령하고 약탈한 정부군에 의해 학살된 내용을 담고 있다.[39]

우리는 아래에서 이러한 중요한 사건들을 다시 살펴볼 것이다. 여기서 나는 중국 저술가들에 의한 페르시아인과 아랍인의 결합에 주목하고 싶다. 이것은 '파사波斯'와 '대식大食'이 다른 무엇보다도 우선 먼 나라에 붙여진 이름이지 그들 사이에 사는 외국인들에게 일반적으로 적용되는 용어가 아니었기 때문에, 이 외국인들이 누구인지 중국 저술가들이 혼동하는 점이 어느 정도 이해된다는 것을 반영할 수도 있다. 사실, 당나라에서 외국 상인을 묘사할 때 가장 흔한 용어는 페르시아인뿐만 아니라 티베트인, 터키인, 기타 유목민들에게도 가장 일반적으로 적용되는 용어인 '호胡'와, 일반적으로 외국인이나 이방인에게 사용되며 항구 도시에서 종종 발견되는 '번番'(蕃이나 藩으로도 쓰임), '번객番客'과 '호상胡商' 같은 조합이다.[40] 의심할 여지 없이 이러한 용어 또는 민족명은 모두 고도의 민족적 고정관념을 포함하고 있으며, 이는 다시 다룰 주제이지만, 여기서 중요한 점은 이 용어들이 중국 항구의 서아시아 상인들과 관련된 대부분 증거에 사용된 용어였다는 것이다.[41]

페르시아인들과 아랍인들이 중국에서 같은 이름이었다고 믿는 이유가 또 있다. 아바스 왕조의 사산족 패망 이후, 9세기 중반에는 페르시아인의 대다수가 이슬람교로 개종하였다.[42] 우리는 또한 이란 동부의 아바스 왕조의 속국이었던 무슬림 페르시아 사만 제국(819~999)이 해상 무역에 활발히 종사했다는 것을 알고 있다.[43] 아바스 왕조 초기에 대해서도 우리는 아랍인과 페르시아인의 혼합에 대한 두환의 증거를 가지고 있다. 두환은 대식大食(아바스 왕조)에서 "아랍과 페르시아인은 함께 살고 있다[大食波斯參雜居止]"라고 쓰고 있다.[44] 그러므로 그들이 바다를 통해 중국으로 가기 시작했을 때, 아랍 상인들은 페르시아 상인들과 동행하여 페르시아 배를 타고 여행했다고 추정하는 것이 타당하다. 그 후 아랍인의 수는 의심할 여지없이 증가했지만, 페르시아 상인과 아랍 상인의 혼동을 고려할 때, 그들의 중국 내 존재를 아랍-페르시아 커뮤니티의 존재로 간주하는 것이 최선일 수 있다.

아랍인에 대한 당나라의 언급이 드물다면, 무슬림에 대한 언급은 사실상 존재하지 않는다. 설령 당나라에 그들이 틀림없이 현존해 왔다고 하더라도 말이다. 우리는 먼저 사드 이븐 아비 와까스(Sa'd ibn Abi Waqqas, 撒哈八撒阿的乾葛思)의 아주 흥미롭지만, 전설적인 이야기를 무시해야 한다. 명과 청의 자료에 의하면, 그는 세 차례 중국을 여행했는데 629년에 선지자의 사절로 처음 방문했고, 마지막으로 광저우에 가서 두 개의 모스크를 짓고 결국 그곳에 묻혔다. 비록 중국 이슬람 전승의 중요한 부분이지만, 당나라 사료들로부터 이 이야기에 대한 근거를 찾을 수 없으며, 더욱이 무함마드의 동료가 중국으로 그렇게 일찍 갔다는 것은 매우 믿을 수 없는 일이다.[45] 내가 알고 있는 이슬람에 대한 중국 최초의 설명은 두환에서 온 것이지만, 그것은 종교로 명명된 것이 아니라 아랍인들의 종교적 관습으로 제시되었다.

이곳의 신사 숙녀들은 키가 크고 체격이 좋다. 그들은 고운 옷과 깨끗한 옷을 입고 있으며, 품행이 온화하고 우아하다. 여자들이 밖에 나갈 때, 그들은 반드시 베일로 얼굴을 가려야 한다. 겸손하든 고귀하든 모든 백성은 하루에 다섯 번 하늘에 기도한다. 그들은 종교적인 감시에 따라 고기를 먹으며, 동물을 죽이는 것이 가치 있다고 생각한다. 그들은 은칼로 장식된 은띠를 착용한다. 그들은 포도주와 음악을 금지한다. 그들은 다툴 때 때리지 않는다. 수만 명을 수용할 수 있는 기도실도 있다. 왕은 이레마다 기도에 참석하여, 높은 자리에 올라 백성들에게 종교법을 설명하면서 이렇게 말한다. "사람들의 삶은 매우 고달프다. 이것은 변하지 않는 하늘의 법칙이다. 만약 여러분이 음란, 납치, 강도, 비열한 행동, 비방, 타인의 희생으로 얻은 자기만족, 가난한 사람들을 속이고 미천한 사람들을 억압하는 범죄 중 하나를 저지른다면, 여러분의 죄는 가장 흉악한 범죄 중 하나인 것이다. 적에게 전사한 자는 천국에서 다시 태어나고, 적을 죽인 자는 (지상에서) 무한한 복을 누리게 될 것이다."[46]

또한 14세기 이후로 거슬러 올라가는 석비들에 대부분 새겨진 주장이지만, 중국의 가장 오래된 모스크인 광저우, 항저우, 양저우, 취안저우, 시안(당 장안)과 취안저우의 영산성묘靈山聖墓에 대한 당 기원설도 있다. 이 경우들 모두 당나라의 초기 연대에 대한 증거는 없으며, 학계에서는 송나라보다 앞선 연대의 것은 없다고 보고 있다.[47]

마지막으로, 당나라에 무슬림이 존재한다고 주장하는 페르시아와 아랍의 자료가 있는데, 이 점에서 우리는 퍽 운이 좋은 편이다. 아랍의 의사이자 지리학자 샤라프 알-자만 알-마르자위(Sharaf al-Zaman al-Marzawi, 1120년 사망)는 후기 우마이야 왕조(740년대) 무렵 시아파의 수니파의 박해를 피해 호라산(옮긴이 주: 이란 북동부의 역사적 지역으로, 지금의 투르크메니스탄 대부분과 아프가니스탄 북부, 타지키스탄도 포함)에서 중국으로 건너가 큰 항구(셰이퍼는 광저우라고 추측한다) 건너편 강에 있는 섬에 정착하여 얼마 동안 그곳에 계속 존재했던 시아파 무슬림 집단을 묘사했다.[48] 호라산의 시아파가 우마이야 왕조에 의해 박해를 받아 중국으로 도망칠 수도 있었지만, 중국 출처의 확증이 부족했기 때문에 이야기의 진실성은 의심스럽다.

칸푸(광저우)에 있는 무슬림 상인들의 설명은 『아크바르 알신 와일힌드』(『중국과 인도에 대한 설명Account of on China and India』)와 매우 다르다. 이 저작은 사실 916년에 아부 자이드 알 시라피Abu Zayd al-Sirafi가 편집하였으며, 별도의 저자가 있는 3개의 문서를 모은 것이다. 이 기록은 851년 인도를 다녀온 익명의 상인이 쓴 부분에서 나온 것이며, 중국에 대해 술레이만이라는 상인의 말을 인용하고 있다.

술레이만 상인은 상인들이 모이는 장소인 칸푸에 칸푸 지역에 가는 무슬림들 사이에 발생하는 사건을 해결하기 위해 중국 통치자가 임명한 무슬림 남성이 있으며, 그러한 사건을 중국 왕이 다른 방법으로 해결하지 않을 것이라고 보고했다. 양대 이슬람 축제 시대에 이 남자는 무슬림을 이끌고 기도하고 설교를 하며 무슬림의 술탄을 위해 기도했다. 술레이만은 이라크 상인들은 이 관직의 소유자가 내린 판결에 이의를 제기하지 않으며, 모두 그가 하나님의 책에 따라 강하고 영광스러운 하나님과 이슬람 율법에 따라 정당하게 행동한다는 데 동의한다고 덧붙였다.[49]

중국에 대한 관찰에서 발견되는 이 인용문은 아시아의 다른 곳에 있는 무슬림 상인 커뮤니티에 대한 설명과 매우 유사하며, 신뢰할 수 있는 것으로 널리 받아들여지고 있다.[50] 내가 알기로는 중국에서 이슬람의 관행에 대한 최초의 신뢰할 수 있는 설명이지만, 외국 상인 사회에 국한된 관행에 관해 설명하고 있다. 우리가 보게 될 것처럼, 그 종교적 관습의 편협함은 이 책이 다룬 기간 내내 중국의 항구 도시에서 이슬람교를 특징지었다.

아부 자이드 알 시라피는 또한 당나라 때의 한 아랍인에 대해 우리가 아는 유일한 설명에도 책임이 있다. 이븐 와흐브 알쿠라시Ibn Wahb al-Qurashi는 바스라 출신으로 871년 잔즈족이 바스라를 약탈한 후 시라프로 간 무함마드 가문의 일원이었다. 그곳에서 그는 중국으로 떠나는 배를 우연히 만났고, 즉흥적으로 배에 올랐다. 광저우, 즉 칸푸에 도착하자마자, 아랍인들에게 알려진 대로 그는 황궁의 알현을 바라고 수도로 나아가기로 했다. 두 달간의 여정을 마치고 도착한 그는 자신을 '아랍 예언자'의 후손이라고 알리는 탄원서를 제출했다. 황제는 칸푸 총독에게 "이븐 와흐브와 아랍 예언자와의 친족 관계에 대해 아랍 상인들에게 조사와 심문을 하라"고 명령했다. 긍정적인 보고를 받은 후, 황제는 통역사를 통해 이슬람과 그 예언자, 서아시아의 국가, 그 세계의 시대, 그리고 이븐 와흐브가 중국에 온 이유에 대해 자세히 듣고, 접견하는 것을 허락했다. 그 후 황제는 이븐 와흐브에게 선물을 주고 칸푸로 돌아갈 때 역마를 사용하라고 명령했고, 칸푸 총독에게 그가 떠날 때까지 그를 명예롭게 대하라고 지시했다. 이븐 와흐브는 또한 아부 자이드에게 장안에 관해 설명을 해 주었는데, 여기에는 관가와 상인 및 평민 거리 사이의 동서 분할과 같은 실제적 세부 사항이 포함되어 있었다.[51]

이것은 재미있는 이야기다. 나이가 들었지만, 감각은 온전하다고 묘사되어 있으며 사절도 상인도 아니지만, 자신의 종교적 혈통으로 유명해진 노인이 중국으로 여행을 갔다가 극적으로 성공했다는 것은 믿을 수 없는 점이 있다. 특히, 이븐 와흐브의 보고에 따르면, 무엇보다도 당나라 황제가 '세계의 중심에 있는' 이라크 왕과 '그의 주위에 있는' 다른 왕들, 즉 다섯 명의 왕만을 존경한다고 말하는 것은 상상도 할 수 없다.[52] 그러나 이븐 와흐브가 술레이만에게 제공하는 장안에 대한 놀랄 만큼 정확한 설명과 같은 기록의 다른 부분들은 진실성의 고리를 가지고 있다.[53] 나는 이야기의 기본적인 개요를 받아들이겠지만, 그것이 아랍 청중을 위해 창조적으로 형성되었다는 것을 이해한다. 그러나 중국에 거주하는 아랍인에 대한 우리의 관심사라는 측면에서 보자면, 칸푸의 상인들이 이븐 와흐브에 대해 상담할 때 그의 신분을 보증할 수 있는 기성 집단으로 대표된다는 것은 주목할 만하다.

*

중국으로 가는 길과 무역

당나라와 아바스 왕조의 무역이 존재했다는 것은 놀라운 일이다. 바스라에서 광저우로 가는 바닷길의 길이는 6,000마일이 넘었고, 복잡하고 위험했다(지도 1 참조). 아바스 왕조 시기에 직접적인 관계가 존재했을 뿐만 아니라 번영한 것은 세 가지 요인에 기인한다. 첫 번째는 정기적으로 항해를 할 수 있는 배의 존재였다. 즉, 동남아시아에서 쿤룬 배로 알려진 아랍 다우선은 못을 박은 판자가 아닌 바느질을 판자가 특징이었으며, 11세기까지 그러한 장거리 항해를 할 수 있는 유일한 해선이었다.[54] 그러한 배들이 실제로 중국으로 항해했다는 것은 서아시아산으로 보이는 두 난파선의 발견으로 입증되었다. 전술한 놀라운 도자기 화물을 적재한 벨리퉁Belitung 난파선은 1998년 수마트라와 보르네오 사이에 있는 벨리퉁섬 해안에서 발견되었다(지도 2 참조). 벨리퉁 난파선은 826년 이후로 연대가 추정되며, 압도적으로 배에 실린 중국 화물을 고려하면, 분명히 중국에서 온 것이었다.[55] 그 후, 2013년에 태국 만의 북쪽 끝에 있는 태국의 사뭇사콘 지방에서 놀랄 만큼 잘 보존된 다우선이 발견되었다.[56] 파놈 수린Phanom Surin 난파선으로 알려져 있는 다우선은 목재, 밧줄, 포장재를 보존한 맹그로브 늪에 보존되어 있었다. 파놈 수린 난파선은 8세기 후반으로 거슬러 올라가며, 크지는 않지만 화물창고가 드러났다. 그 배의 화물에는 광둥성, 태국의 몬어 사용 지역, 페르시아만의 도

사진 1.3 8세기 초 벽돌에 새겨진 서아시아 상인(태국 국립박물관 소장, 존 가이 John Guy, *Journal of the Siam Society*, vol. 105, 2017)

사진 1.4 8세기 서아시아 상인의 두상(태국 라차부리주 쿠부아 불교 사리탑 유적지 발견, 태국 국립박물관 소장, 존 가이John Guy, *Journal of the Siam Society*, vol. 105, 2017)

자기들, 그리고 가장 주목할 만한 것으로 페르시아의 팔레비 문자로 된 페르시아 항아리의 명문이 포함되어 있었다. 아마도 배에 타고 있는 상인이나 어쩌면 항아리의 생산자 이름일 '야즈드-보즈Yazd-bozed'라고 쓰인 이 명문은, 남아시아, 동남아시아 또는 동아시아에서 발견된 최초의 팔레비 명문이며, 서아시아와 중국 사이의 무역에서 페르시아 상인들의 역할을 가리킨다.[57] 하나는 벽돌에, 다른 하나는 타일에 새겨진 서아시아인의 두상이 태국에서 발견되었다(사진

1.3과 1.4). 둘 다 8세기의 것으로 추정되며, 동남아시아에 페르시아인이 존재했다는 더 많은 증거를 보여 준다.

두 번째 요인은 연간 날씨 패턴인 아시아 몬순인데, 아시아 몬순은 아시아 해역에서 장거리 여행을 용이하게 하고 조절하기도 했다. 특히 여름철에는 남서풍으로 인해, 겨울철에는 북동풍으로 인해 서-동과 동-서로 각각 쉽게 여행할 수 있었던 것은 물론, 이동 시간을 대폭 단축함으로써 인도양의 광활한 바다 횡단이 가능해졌다.[58] 세 번째는 아시아의 다른 쪽 끝으로부터 귀한 상품에 대한 두 위대하고 번영한 제국의 통치자들과 지배 계급들의 요구에 기반을 둔 무역 그 자체였다. 우리는 해상 상인들의 생명선이었던 이 무역으로 돌아갈 것이다. 텍스트와 고고학적 흔적 모두 활발하게 번창했던 상업에 대한 증거가 된다고 말해 두는 것으로 충분하다.

서아시아 상인들이 그들의 상업적 노력에 있어서 혼자가 아니었음을 강조해야 한다. 한나라부터 당나라 초기까지, 중국의 가장 중요한 해상 무역은 동남아시아 국가들과의 무역이었고, 항구 도시들에서는 그 지역의 쿤룬 상인들이 지배했다. 왕궁우王賡武에 따르면, 8세기 중반까지 쿤룬 상인들이 원거리 무역으로 페르시아인과 아랍인들에게 자리를 내주는 전환이 진행 중이었으며, 9세기에 와서 완전히 명백해졌다. 그러나 두 난파선의 경우처럼 중국과 서아시아를 오가는 과정에서, 또는 중국과 동남아시아를 배타적으로 오가는 과정에서 동남아, 특히 수마트라 동부를 중심으로 한 해상 강국 스리

비자야와의 교역이 항상 활발했다는 점을 강조해야 한다.[59]

9세기에 이르러 이 긴 항해를 어떻게 해야 하는지에 대한 지식은 중국어와 아랍어로 모두 항로를 설명할 수 있을 정도로 널리 퍼졌다. 정치가이자 지리학자였던 가탐賈耽(729~805)은 801년에 쓴 「광저우에서 바다를 통해 외국으로 가는 길廣州通海夷道」에서 수마트라, 실론을 지나 페르시아만, 바스라, 바그다드로 가는 항로뿐 아니라 동남아시아 해역을 통과하는 대체 항로, 아라비아반도를 건너 아프리카 북동부 해안으로 내려가는 항로까지 매우 정확한 항로 일정을 제공했다.[60] 지금은 사라진, 가탐의 세계 지리서 40장에서 발췌한 이 여정은 가탐 자신이 여행자가 아니었고 광저우에서 근무하지도 않았기 때문에 중국에 도착하여 수도로 나아간 선원들의 보고에 근거한 것이 분명했다.[61]

가탐의 여행 일정이 가치 있는 만큼, 아랍계 자료는 서아시아 선원들의 축적된 지식을 직접 활용한다는 점에서 우리의 목적에 더 유용하다. 851년에 쓰인 익명 여행자의 『중국과 인도의 설명Account of China and India』에는 광저우의 무슬림에 대한 설명이 인용되었고, 조금 후에 쓰인 이븐 코르다드베(885년 사망)의 『길과 왕국의 서Book of Routes and Realms』는 페르시아만에서 칸푸(광저우)로 가는 경로에 대한 자세한 설명을 제공한다.[62] 두 책이 제공하는 지리적 정보는 유사하며, 『길과 왕국의 서』가 더욱 학술적이고 권위적이지만, 여행기로서 아랍과 페르시아 선원들이 실제로 사용한 정보를 반영하였을 가능성이 더 크기 때문에 『중국과 인도의 설명』을 이용할 것이다.[63] 알 바스라와 알 울라의 화물이 운송된 곳인 주요 서부 종착역 시라프, 그리고 해적과 암초 때문에 때로는 위험한 페르시아만을 통과하는 여정의 설명 이후, 이 배들은 대양을 가로질러 인도 남서부 해안의 콜람 항으로 갔다.[64] 콜람 항에서 다른 선박은 10디르함(옮긴이 주: 사라센 제국의 은화) 또는 20디르함으로 평가됨에 반해 중국행 큰 배는 1,000 디르함으로 통행료가 평가되었다(지도 1 참조). 그곳에서 중국으로 향하는 배는 실론 남쪽 해안을 우회하여 뱅골만의 니코바르 제도에서 식량과 물을 보충하고, 이후 말레이의 칼라바에 정박한 다음, 믈라카 해협을 지나 티유마 섬, 참파 산핀 섬, 그리고 인근 산푸 섬에 추가로 기항하여 마침내 칸푸로 향했다. 게다가 중국 남부 해안이 위험한 암초와 폭풍으로 유명했다는 것에 주목하여 설명이 이어진다. 저자는 전체 여행 동안 총괄 시간표를 마련하면서 여행 내내 대략 음력으로 한 달(29~30일)을 콜람, 칼라 바르, 산프, 칸푸로 표시한 4개 구간 여행마다 각각 적용했다. 정박지를 이용하면, 전체 여행은 약 6개월이 걸릴 것이다.[65] 이 설명의 가장 눈에 띄는 점은 놀랄 만한 게 하나도 없다는 것이다. 그것이 묘사하는 길은 길고 복잡했지만 잘 알려져 있었고, 여행자들이 자주 다녔던 길이었다.

칸푸는 중국으로 가는 많은 아랍과 페르시아 상인들에게 끝이 아니었다. 중국 항로에 대한 설명에서, 『길과 왕국의 서』에서는 상인들이 먼저 루친(안남, 하노이)에 머무르고, 다음으로 칸푸, 다음으로 칸

주(취안저우), 그리고 마지막으로 대운하의 기점인 콴투(양저우)에 머무른다고 한다.[66] 양저우는 상당한 인구의 아랍인과 페르시아인이 있는 아시아 간 무역의 주요 상점이었는데 뒤에서 검토할 것이다. 더욱이 페르시아 상인들이 항구뿐만 아니라 많은 당나라 도시들에서 활동했다는 증거가 있는데,[67] 이는 외국 상인들이 지정된 항구 도시로 제한을 받았던 송 시대와 대조적이다.

물론, 이 여행을 불러일으킨 것은 이국적이고 많은 사람이 찾는 물건의 풍부함이었다. 이븐 코르다드베의 『길과 왕국의 서』에 실린 해양 아시아 전역의 상품 목록을 살펴보자.

동해에서 수출할 수 있는 것으로, 우리는 중국에서 흰 비단(하르), 유색 비단, 수놓은 비단(쿰카와), 사향, 침향沈香, 안장, 담비 모피(삼무르), 도자기, 실반지[마취약], 계피와 갈랑갈[쿨라난, 향신료와 약품]을 얻는다. 와크(옮긴이 주: 중세 아랍 문헌에 나오는 중국의 바다에 있다는 상상의 섬)에서 금과 흑단, 인도에서는 다양한 종류의 침향, 백단향, 장뇌, 장뇌수, 육두구, 정향, 카르다몸(옮긴이 주: 서남아시아산 생강과 식물 씨앗을 말린 향신료), 쿠베브(옮긴이 주: 자와·보르네오산 후추 열매), 코코넛, 풀로 짠 천, 무명 벨벳으로 만든 천, 코끼리 등을 얻는다. 세렌디브(옮긴이 주: 스리랑카의 섬 이름)에서 온 온갖 종류의 루비와 비슷한 돌, 다이아몬드, 진주, 크리스털, 금속연마용 사포, 말레이와 신단으로부터 온 후추, 칼라이qala'y라 불리는 주석, 남부 지방에서는 태닝과 염색을 위한 소방목蘇方

木, 그리고 더 강하고 향기로운 포도주를 만드는 데 사용되는 다디슈(하이퍼리쿰), 신드에서 온 퀘스탄(방향성 식물), 야자수와 대나무.[68]

이 많은 상품 중에서 두 개가 눈에 띈다. 로마 시대부터 유라시아 전 세계에서 중국에서 온 비단들을 많이 찾았다. 이븐 코르다드베가 세 가지 종류의 중국 비단들로 목록을 시작한 것은 아바스 왕조에서 비단에 대한 수요를 입증한다. 두 번째는 『인도와 중국의 설명』 저자가 묘사한 자기(porcelain, 磁器)이다. "그들은 응집력이 뛰어난 녹색 점토를 가지고 있으며, 그로부터 플라스크처럼 얇은 잔들을 제조하는데, 그 안에서 반짝이는 물을 볼 수 있다."[69] 그러나 만약 벨리퉁 난파선을 어떤 사례로 들어 본다면, 자기는 서쪽으로 가는 도자기ceramic 제품의 극히 일부만을 차지했다. 벨리퉁 난파선에서 출토된 6만여 점의 유물 중 400여 점이 자기였는데 레지나 크랄은 허베이의 반투명한 흥興 자기를 언급하며 확인하고 있다.[70] 하지만 또한 허난의 녹색 사기그릇, 저장의 청자, 그리고 가장 중요한 것은 후난 창사의 사기그릇 등 5만 7,500여 점이 있었다. 이 가운데 상당수는 분명히 서아시아의 소비를 위한 것이다.[71] 여기에는 서아시아에서 널리 모방한 형태의 흰색 잔과 접시, 아랍이나 페르시아 상인들이 수입한 것으로 추정되는 코발트를 사용하여 코발트블루를 생산한 허난의 궁셴 가마에서 나온 청화백자, 그리고 작은 도자기 조각들, 납덩어리들, 그리고 스타 아니스(옮긴이 주: 향신료 및 제약 화학 물질의 공급원으로 사용되는 스타 아니스 나무의 건조 과일)들이 보관된 큰 그릇인 광동 항아리(둔 쌴 단지) 등이 포함된다. 그것은 841년으로 추정되는 시라프의 금요 일 모스크 바닥에서 출토된 것을 포함하여 해양 아시아 전역에서 발 견되었다.[72] 창사에서 온 그릇들 중 일부는 아랍 문자를 대충 모방한 것으로 보이는 것도 있다. 천다성陳大成에 의하면, 후난성 창사長沙에 있는 당나라의 가마들은 '양저우 항을 통해 외국 무슬림 시장에 수출 하기 위해' 아랍 문구가 새겨진 도자기들을 포함한 도자기 대량 생산 을 위한 원형으로서 수입된 무슬림 도자기들을 이용하고 있었다.[73]

중국으로의 수입에 관해서는, "진주, 향료, 코뿔소와 코끼리[뿔과 상아], 거북 등껍질, 그리고 신기한 물건 등의 외국 상품들이 매일 오는데, 이것들은 사용 한도를 넘어 나라에 넘쳐난다."라고 말한 한 유韓愈(768~824)를 상기시킨다.[74] 우리가 주목할 것은, 서아시아에서 독점적으로 온 유향과 몰약과 같은 특정 상품에 대한 수요는 컸지 만, 그 수요가 채워질 수 없어 보이는 사치품 대다수는 남해 전역과 때때로 중국에서도 다양한 공급원을 가지고 있었다는 점이다.[75] 사 치품들에는 코뿔소 뿔, 상아, 물총새 깃털, 그리고 사실 이븐 코르다 드베가 인도와 동남아시아에서 생산되었다고 한 많은 상품들이 포 함되었다. 그러나 당나라 동안 그것들을 가지고 중국 항구에 도착한 아랍과 페르시아 상인들이 점점 더 늘어났다.

진주에 대해서는 특별히 언급해야 하는데, 진주는 동서 양쪽에 기 존 시장이 있었다. 아시아 해역 전역에서 진주층이 발견되었기 때문에, 어떤 지역도 진주를 독점하지 못했다. 특히 아시아 전역에서 크고 광택이 나는 진주들을 찬탄해 마지않았고, 휴대하기도 좋아서, 그것들이 국제 무역에서 중요한 역할을 했다는 것은 놀라운 일이 아니다. 실제로 에드워드 셰이퍼가 보여 주었듯이, 전형적으로 당나라의 페르시아 상인들은 매우 부유하며 값진 진주를 소유(또는 추종)한다고 여겨졌고, 고품질의 황홀함을 지닌 진주들도 드물지 않았다.[76]

우리는 당 시기 중국 항구와 페르시아만 사이에 유통된 무역의 양이나 가치를 가늠할 길이 없다. 769년에 시작된 광저우 총독 재임 동안, 이면李勉(715~786)은 뇌물 수뢰를 거부하였고 이에 서구에서 도착하는 선박의 수가 연간 4~5척에서 40척 이상으로 늘어나는 공을 세웠다.[77] 이러한 사태는 758년의 아랍-페르시아 침공의 후유증으로 광저우가 여전히 어려움을 겪고 있을 때 벌어졌다. 그러나 구와바라 지츠조는 엄청난 부를 축적할 수 있다는 광저우의 명성을 충분히 기록했으며, 이는 무역의 가치가 얼마나 큰가를 보여 주는 또 다른 척도로 볼 수 있다.[78]

서아시아 쪽에서는 882년에서 912년 사이에 중국을 방문한 시라프(오만) 출신의 유대인 상인 이샤크 빈 야후다에 대한 이야기를 담은 선장 부주르그 이븐 샤리야르(952년경)의 여행서인 『인도의 불가사의한 책』(950년경)도 인용할 수 있다. 그는 초기 자본인 200디나르를 다음으로 변화시켰는데, "사향, 비단, 자기, 보석, 그리고 다른 보석 원석들과 훌륭한 중국 상품들을 실은 배 한 척. 사향, 비단, 자기만 해도 300만 디나르에 달하는 것으로 보고되었다.[79]고 한다. 부주르그는 또한 이샤크가 루빈(중국 속주)의 통치자를 만난 알현 당시의 이야기를 다루고 있는데, 그때 통치자는 이샤크에게 그만큼 명백한 부를 자신의 궁정에서 본 적이 있냐고 물었으며, 이샤크를 '아랍인'이라고도 호칭했다.[80] 이샤크의 이야기가 유대인 상인들이 중국 무역에 개입했다는 증거라는 점과는 별개로—나중에 논의될 879년 대학살에 대한 설명으로 확인될 것—중국과 시라프 양쪽에서 부의 아우라가 느껴지는 이런 이야기는, 중국 시장이 분명 엄청난 이익을 얻을 수 있는 장소라는 희망을 확립하는 데 도움이 되었다.

당의 해상 무역 감독

중세 해양 세계 전반에 걸쳐, 지역 통치자들과 정부들은 해안에 도착한 상선에 자연스럽게 관심을 가졌고, 그들의 정책 안에 무역상 후원, 세금, 강제 구매, 자유 무역이 포함되었다. 많은 경우 외국 커뮤니티들은 그들 스스로 지역 통치자들을 대표하여 행동했다. 비록 후기 시대를 다루긴 하지만, 앙드레 윙크André Wink는 저작에서 적절하게 분석한다. 즉, "바디야(옮긴이 주: 크로아티아의 스코지 군도에서 가장 큰 섬) 나이두, 골콘다(옮긴이 주: 인도 중남부의 도시로, 텔랑가나 주의 주도이자 최대 도시)의 사이드, 말라바르(옮긴이 주: 인도 서남 해안 지방의 이름으로 오늘날의 케랄라 주의 일원)의 마필라 같은 전형적인 디아스포라 커뮤니티는 세입 징수에 뿌리를 둔 것으로 보이며 그리고 심지어 궁정 정치에 접근할 수도 있는 듯 보인다."[81] 고도로 발달한 정치 제도를 가진 서아시아에서도 해상 무역에 대한 정부의 관심은 주로 세입과 특정 상품에 대한 요구에 국한되었고 무역 장려에는 거의 관여하지 않았다.[82]

반면 당나라에서는 정부의 역할이 훨씬 더 컸다. 왕전핑Wang Zhenping에 따르면, 당 중앙 정부는 이론적으로 대외 무역에 관여하지 않았다. 오히려 무역은 (남해 무역을 위한) 광저우의 총독(한국과 일본과의 무역은 주로 양저우를 통한다)에 의해 감독되었고, 그리고 일반적으로 내시였던 '외국 선박과의 무역을 맡은 위원'(시박사市舶使)에 의해 임시로 감독되었다.[83] 후자는 해상 무역이 제공하는 사치품에서 황궁과 황실의 이익을 강력하게 대변했고, 에드워드 셰이퍼가 지적했듯이, 이 내시 관리들은 강제 징수와 부패로 악명이 높았다.[84] 실제로, 그들이 맡은 역할이 너무 두드러져 851년에 쓴 『인도와 중국의 설명』의 저자는 민간 총독들과 함께 광저우를 통치하는 내시들을 묘사했다.[85]

그렇기는 하지만 외국인의 눈에는 수입품에 대한 중국의 접근법이 매우 조직적이고 심지어 관대해 보였는데, 이는 『인도와 중국의 설명』에 나오는 중국의 절차에 대한 설명에서 볼 수 있다.

해상 상인들이 입항하자마자 중국인들은 상인들의 상품을 맡아 창고로 운반해서 최대 6개월, 즉 마지막 해상 상인들이 도착할 때까지 면책을 보장한다. 그리고 의무적으로 물건의 10분의 3을 현물로 받고, 나머지는 상인들에게 돌려준다. 통치자가 필요로 한 물건은 무엇이든 가져가지만, 통치자가 물건 값을 가장 비싸게 쳐서 즉시 지급하므로, 상인들에게 해를 끼치지 않는다. 통치자가 사는 상품 중에는 1몬드(옮긴이 주: 영국령 인도, 아프가니스탄, 페르시아, 아라비아에서 사용되는 전통적인 무게 단위를 가리키는 영어식 이름으로, 남아시아 지역마다 그리고 시대마다 25파운드(11kg)에서 160파운드(72kg)까지 다양하다)에 50파쿠지를 지불하는 장뇌가 있는데, 파쿠치는 1,000개의 구리 동전으로 된 단위이다. 만약 통치자가 사지 않았다면, 같은 장뇌는 공개 시장에서 그 가격의 절반만 받았을 것이다.[86]

당대 중국인들의 서술은 지방 관리들과 내시들의 학대에 중점을 두면서 훨씬 더 비판적이다. 해상 무역 문제를 다루는 데 이례적이었던, 834년의 칙령을 인용하면 다음과 같다.

남해에서 온 외국 선박들은 먼 나라에서 온 사람들이며, 우리 왕국의 자비로운 대우를 기대하고 있다. 그러므로, 외국인들의 감사를 끌어내기 위해 당연히 외국인들을 친절하게 대해야 한다. 그런데 우리는 최근 몇 년 동안 지방관들이 그들에게 과도한 세금을 부과하는 경향이 있음을 듣고 있으며, 원망의 목소리가 외국에까지 전해졌다고 한다. 말할 필요도 없이, 우리는 검소하고 금욕적인 삶을 살기 위해 노력하고 있다. 우리는 어떻게 신기한 외국의 것들을 바라야 할까? 우리는 그 외국인들이 그렇게 불안해하는 것에 대해 깊이 유감스럽게 생각하고 있으며, 심지어 현재의 과세 방식이 그들에게 너무 무겁다고 느낀다. 우리는 그들에게 관대함을 베풀어 그 사람들의 선의를 끌어내야 한다. 랑난, 푸젠, 양저우에 사는 외국인들에게 이 성들의 총독들은 위안을 주어야 하며, 이미 고정된 정박 의무, 조정의 구매, 정기 선물 등을 제외하고는 그들에게 추가 세금이 부과되지 않아 자유롭게 무역에 종사할 수 있도록 해야 한다.[87]

이러한 황실의 태도가 많은 영향을 미쳤는지는 의문이지만, 중국 사료들은 9세기 초의 총독이자 영남군 독군(督軍)인 왕악王鍔의 행동이 더 대표적이었음을 보여 준다.

서해와 남해에서 무역선이 도착하자, 왕악은 이익이 있는 모든 상품을 사들였다. 이러한 식으로 왕악 가문의 재산은 국고보다 많아졌다. 왕악은 사계절 내내 공익이라는 명분으로 구입한 뿔과 상아, 진주, 조개껍데기를 매일 열 척 이상 쉬지 않고 내보냈다.[88]

아무리 관점이 다르더라도 아랍과 중국 저술자들은 해양 무역에 대한 관리들의 주요 역할에 동의하고 있다. 그리고 관리의 역할이 사실 아시아의 다른 항구들과 극명하게 대조되었고, 중국 항구에 거주하는 상인 커뮤니티의 삶을 말해 주기도 했다.

중국에서 상인의 삶

834년의 칙령이 분명히 보여 주듯이, 많은 도시가 남해에서 오는 선박의 종착역 역할을 했고, 외국 공동체를 유치했지만, 공동체들에 대한 정보는 실망스러울 정도로 적다. 우리는 이미 대운하의 관문이라는 전략적 위치에 있는 양저우와 조우했는데, 양저우는 760년 페르시아인들과 아랍인들을 대학살한 장소이기도 했으며 동시에 중국에서 제조된 무슬림 도자기들이 수출되는 항구이기도 했다. 우리는 또한 자오저우交州(지금의 하노이 근처로 당나라의 최남단 항구)가 중국에 오는 아랍과 페르시아 선박의 중요한 기항지였다는 것을 알고 있다.[89] 이븐 코르다드베는 아마도 자오저우 또는 자오저우 항구일 루친을 일컬어 '중국의 돌, 중국 비단, 질 좋은 중국의 자기, 그리고 쌀'을 가지고 있으며 또한 번영하고 있다고 묘사했다. 그리고 그곳은 758년 페르시아와 아랍의 광저우 침공 이후 몇 년 동안 번영하였다.[90]

중국 해양 상인들의 삶이 어땠는지 엿보려면 칸푸(광저우)의 상점가로 눈을 돌려야 한다. 왕궁우의 말을 빌리자면, 이곳은 한족이 뚜렷한 소수 민족이었던 도시이자, 광둥성의 상인, 외국인 상인, 비한족이 거주하는 대규모 무역 정착지 또는 변경 정착지였다.[91] 10세기의 저술에서 알 마수디는 9세기 중반 칸푸 상인 커뮤니티의 놀라운 지리적 확산을 묘사했다. 도시 내에는 바스라, 시라프, 오만, 인도 도시들, 자베지(자와)와 신프(?)의 섬들, 그리고 다른 왕국들의 건물들이 있었고, 그것들은 상품과 화물로 채워져 있었다.[92] 도시는 750년에 광저우를 방문한 중국 승려 감진鑒真에게 깊은 인상을 주기에 충분할 정도로 상당한 규모였으며, 감진은 다양한 인종에 경탄하며 이런 묘사를 펼치기도 했다. "그 도시는 삼중의 성벽이 있다. 총독은 여섯 부대를 지휘하며, 그 위엄은 천자(즉, 황제)와 다르지 않다. 도시는 보라색과 진홍색으로 가득 차 있고 교외로 둘러싸여 있다."[93] 이 국경 전초 기지에 대한 그러한 존경스러운 인상은 북쪽의 대도시에서 온 중국 관리들에게 공유되지 않았을 수도 있지만, 헤이안 도시들이나 넓은 해양 아시아에 걸친 항구 도시들의 관점에서 볼 때 광저우는 마법처럼 보일 수 있었다.

광저우에서 외국인들, 특히 서아시아인들은 주로 외국인 총수의 권한 아래 '외국인 구역(번방蕃坊)'에 거주했다. 외국 상인들을 위한 분리된 주거지는 해양 아시아 항구들의 공통적인 특징이었기 때문에 아랍 독자들은 술레이만이 앞서 인용한 칸푸의 무슬림 커뮤니티에 관한 설명에 놀라지 않았을 것이다. 중국 자료들은 이에 대한 확신을 제공한다. 9세기 초의 저술에서 이조李肇는 외국 상인들을 주재하고 당국과 협력하여 도착한 배들의 선적을 작성한 번장蕃長을 언급한다.[94] 당나라 말기의 유순劉恂은 광저우 번장과의 만남을 다음과 같이 묘사했다. "나는 추수蕃酋의 집에서 그의 나라에서 가져온 페르시아 대추들을 먹은 적이 있다. 이 과일은 설탕 같은 색깔과 부드러운 껍질과 살을 가지고 있었고 처음에는 구운 맛이 다음에는 물에 끓인 것 같은 맛이 났다."[95] 중국 사료들은 거의 항상 '외국인'에 대해 애매한 '번番'이란 용어를 사용하기 때문에, 우리는 일반적으로 번장의 민족적 정체성을 결정할 수 없고 심지어 번장이 따로따로 한 명씩뿐이었는지도 판단할 수 없지만, 유순의 설명에 따르면 페르시아 대추는 '장'이 사실 서아시아인이었음을 강하게 시사한다.

술레이만이 광저우의 무슬림 판사에게 돌린 판결 기능은 중요한 당나라의 자료에 의해 뒷받침된다. 635년 『당률소의唐律疏議』의 6장에 따르면 다음과 같다.

중국에 거주하는 화외인化外人(중국 영향권 밖의 남자=외국인)에 대해서는 같은 집단의 사람들 사이에 저지른 모든 범죄는 그들의 관습과 법에 따라 재판을 하되, 다른 관습과 법을 가진 사람들 사이에 저지른 범죄는 중국 법에 따라 재판을 한다.

각주에 다음과 같은 자세한 설명이 있다.

화외인은 군주제 국가들에서 온 외국인들을 의미한다. 그들은 각각 다른 관습들을 가지고 있고, 그들의 법은 같지 않다. 그러므로 범죄자들이 바로 동일한 집단이라면, 그들은 자신의 법과 관습에 따라 심판되어야 하고, 반면에 범죄자들이 다른 집단이라면, 예를 들면 고려인이 백제인에 범죄를 저질렀다면 그들은 중국 법에 따라 심판되어야 한다.[96]

중국의 치외법권 적용에서 한국인들에게 적용되었던 것과 같은 미세한 차이들이 또한 서아시아인들에도 적용되었는지는 확실히 말할 수 없지만, 술레이만이 내놓은 증거는 그러한 경우에 중국 당국이 지리적 정체성보다는 종교적 정체성을 인정하는 것에 만족했음을 시사한다.

광저우에 외국인 거주지가 있었다고 해서 외국인들과 그 가족들이 거주에 만족했다는 뜻은 아니다. 전술한 사익을 위해 수입품을 징발한 악명 높은 왕악의 전기에는, "광둥인과 외국인(이인夷人)이 각기 번방에 살았다. 토지가 탐탁지 않아 그들은 강가의 시장 지역에서 살려고 했다."[97]라고 하였다. 왕악이 광저우에 다녀온 지 한 세대 후인 836년에 총독과 군사 총독으로 광저우에 온 노균盧鈞의 전기(『신당서』와 『구당서』에 약간의 차이가 있다)에 더 많은 정보가 있다는 것은 주목할 만하다. 노균이 어떻게 전임자들의 부패한 정책을 뒤집고 정직하게 통치하여 외국 상인들의 고통을 덜어 주었는지를 묘사한 후, 노균이 받아들일 수 없는 광저우의 상황에 대한 노균의 반응을 묘사한다. 외국인들은 중국인들과 함께 살며 혼인을 하고 있었고, 많은 외국인이 논을 사고 집을 지었다. 만약 지방 당국이 그들을 방해하려 한다면, 그들은 연합하여 반란을 일으켰다. 이에 노균은 외국인들에게 별도의 거주지(이처異處)에 살도록 강요하는 법을 제정하였고, 중국인과 결혼하거나 토지와 집을 취득하는 것을 금지하였다.[98]

이 설명은 어느 정도 변방 도시의 사회적 유동성을 반영하는데, 즉 이는 좋은 유교 관리였던 노균이 대항하려고 시도했던 유동성을 반영한다. 같은 책에서 광저우가 그곳에 보내졌던 죄를 지은 관리들의 자녀들이 사면된 후에도 돌아오지 못하고 발이 묶인 채로 지내는 유배지가 되었다고 한다. 노균은 그들의 의료와 결혼 생활에 필요한 도움을 주었고, 모두 수백 명의 가족을 도왔다. 노균의 3년 임기가 끝난 후, '수천 명의 중국인들과 외국인들'은 노균을 기리기 위해 사당을 지어 달라고 요청했다.[99] 우리의 목적상 중요한 질문은, 현지인들과 결혼하고 정착한 외국인들이 누구였는가이다. 그들은 링난에서 온 부족민이었는가, 동남아시아에서 온 상인이었는가, 아니면 동남아시아나 서아시아에서 온 상인이었는가? 『구당서』에서는 만료蠻獠라는 용어를 지역 주민들(토인土人)과 함께 살았던 사람들을 묘사하기 위해 사용했으며, 이는 지역 부족 민족을 의미하는 것으로 받아들여질 수 있다. 그러나 이 책은 또한 남해의 만박蠻舶이 광저우에 도착한 것을 언급하고 있으며, 『신당서』에서는 중국인들(화인華人)과 함께 살았던 사람이 번료蕃獠였다고 언급하고 있어서, 이처럼 서아시아인들을 가리키는 일반적인 글자로 사용하고 있음을 알 수 있다.[100] 이 증거로 볼 때 우리는 해양 상인들이 광저우의 지역 주민들과 섞여 있었던 사람 중에 분명히 있었다고 결론지을 수 있으며, 이들 가운데 페르시아인과 아랍인이 포함되었다고 단정적으로 말할 수 없지만, 그들이 제외되어야 할 이유는 없다. 더 넓게 보면, 이 문구는 적어도 외국인 상인 사회의 일부가 광저우에 뿌리를 내렸리고 체류자 신분보다는 정주자 신분으로 추정됨을 보여 준다. 이것은 중요한 발전이었고, 뒷 세기의 무슬림 상인 커뮤니티의 전조가 되었다.

중국 상인 커뮤니티에 대한 당-아바스 자료의 한 가지 한계는 개별 상인에 대한 정보나 내부 기능에 대한 정보를 거의 제공하지 않는다는 점이다. 위에서 논의된 『중국과 인도의 설명』에서 무슬림 판사와 함께 광저우 공동체에 대한 귀중한 설명을 제외하고, 술레이만의 설명과 다른 작자 미상의 자료들이 담긴 이 작품의 9세기 나머지 부분은 개별 상인이나 그들의 삶에 대해 아무것도 다루고 있지 않다. 그러나 현재 존재하는 것은 중국(인도, 여기서는 중국 부분만 관심을 갖지만)과 관련된 풍부한 설명 자료이다. 만약 우리가 이 자료를 무슬림 해양 커뮤니티가 중국에 대해 집단적 지식을 구성한 것으로 본다면, 이러한 텍스트의 분석은 커뮤니티의 사회적 위상과 그들이 접근할 수 있었던 각종 정보들에 대해 많은 것을 알려줄 수 있다.

우리가 중시하는 중국에 대한 설명은 9세기 설명 부분(저서의 후반부에 아부 자이드는 10세기의 정보를 추가한다)에서 나왔고 그리고 72개의 번호 항목에 제시된 광범위한 주제를 다루는데, 대부분은 『중국과 인도의 설명』 번역에 수록된 짧은 항목들이다.[101] 내용 중 일부는 해상 여행, 아시아 항구 도시, 인도에 할애되고 일부는 인도와 중국을 비교한다. 그러나 중국에 가장 관심이 컸고, 그 가운데 특정 주제들은 발생 빈도가 많다거나 또는 범위를 좁혀 세밀하게 다룸으로써 도드라졌다.

상업의 주제는 후자의 예이다. 비록 세 개의 항목에서만 다루어졌지만, 이것들은 저작에서 가장 긴 항목들 가운데 일부이다. 그들은 관리들이 도착하는 선박의 화물을 어떻게 처리하고 과세했는지(#34, 앞에서 인용), 대출, 대부, 채무 불이행 처리의 메커니즘(#44), 그리고 파산의 심각한 결과(#45), 즉 상인들에게 가장 중요한 모든 문제를 상세히 설명한다. 우리가 주목할지 모르지만, 신용 관행은 서면 합의에 기반을 두고 있었고 채무 불이행자들에게 적용될 법의 힘으로 뒷받침되었다. 상업과 직결되는 것은 중국 건물들에 대한 기록인데, 이 건물들은 나무로 지어졌으며(#60, 72) 따라서 광저우에 흔한 화재의 원인으로 묘사된다. 그 결과 창고의 연소로 중국-아랍 무역에서 상품의 희귀성을 증가시키는 결과를 빚었다고 한다.[102]

지금까지 가장 많이 보이는 두 가지 주제는 정부와 중국인들의 사생활이며, 전자는 크게 지방 정부 쪽으로 치우쳐 있다. 제국 전체에 관하여, 우리는 중국의 왕이 각각 왕자와 내시(#33)를 가진 200개 이상의 대도시를 가지고 있다고 하며, 왕 자신은 애매한 용어들로 묘사되는데, 세계의 4대 왕 중 한 명이고 아랍 왕 아래에 있지만, 로마 왕의 위에 있으며(#24), 지정된 상속자가 부족하고(#54), 신민들 사이에 경외심을 불러일으키기 위해 일 년 중 두 달을 은둔한다(#39) 등이다. 지역 정부의 기능과 관련하여, 실린 항목은 아랍 상인들의 직접 관찰을 반영하여 훨씬 더 지식이 풍부하다. 그들은 지방 관리들(#37, 38),[103] 그뿐만 아니라 세금(#40, 47; 중국에서는 토지세가 없고 인두세만 있다고 잘못 진술하였다), 법적 절차(#38, 58, 67), 동전(#34), 학교(#48), 제국 여행 시 필요한 서류(#43)에 대해 자세하게 서술한다. 한 흥미로운 글은 모든 지역에서 볼 수 있는 공공의 종을 묘사하고 있는데, 억울함을 겪은 사람은 누구나 종을 친 후 '왕자'에게 불만을 표시할 수 있다고 한다. 송나라 자료로부터 우리는 중국인들이 종보다는 북을 사용했지만 실제로 그러한 공공 고충 시스템을 가지고 있었다는 것을 알고 있다.[104] 마지막으로, 군대와 전쟁은 두 번만 언급하고, 그 다음에는 간략하게(#56, 72) 다루었는데, 이는 9세기 중반 이 상업계가 대체로 평화로웠음을 반영한다.

그 내용에는 해외 거주 중국인들의 삶을 묘사하는 항목과 매혹적인 관찰을 나열하고 있다. 외모와 관련하여, 우리는 중국인들이 '잘생기고 크며' 피부가 '하얀색에 붉은색'이고 매우 검은 머리를 가지고 있으며, 또한 여성은 머리를 드러냄에 반해 남성은 머리를 감싸며(#49), 모든 중국인이 비단옷을 입는데 겨울에는 여러 겹, 여름에는 한 겹(#21)이며, 중국인들은 거의 턱수염을 기르지 않는다(#65)고 했다. 음식과 음식 준비는 또 다른 일반적인 주제인데, 중국의 주요 식량인 밀과 쌀, 과수, 육류 도축 등이 모두 간략하게 설명되어 있다(#62, 72, 71). 가장 유익한 것은 #22이며, 모든 종류의 요리와 음식에 대해 자세하게 내용을 담고 있다.

　　그들의 음식은 쌀로 이루어져 있고, 때때로 그들은 밥 위에 붓고 먹는 쿠샨[찌개]을 요리한다. 왕실의 구성원들은 밀 빵과 모든 동물의 고기, 돼지고기 그리고 심지어 기타 동물들의 고기를 먹는다. 과일 중에는 사과, 복숭아, 유자, 석류, 모과, 배, 바나나, 사탕수수, 멜론, 무화과, 포도, 오이, 광택이 나는 오이, 꽃사과, 호두, 아몬드, 헤이즐넛, 피스타치오, 매실, 살구, 소르브, 코코넛 등이 있다. 그들 가운데 한 명의 집에 대추야자나무 한 그루가 [홀로] 있는 것을 제외하고는 그들은 자기 나라에 대추야자를 많이 심어 놓고 있지 않다. 그들의 음료는 쌀로 만든 술로 구성되어 있다. 그들의 나라에는 포도주가 없고, 그들에게 수출되지도 않았다. 그들은 포도주에 대해 알지 못하며, 마시지도 않는다. 식사로 식초, 술, 단고기 등을 준비한다.[105]

　　다른 주제로는 결혼(#57, 61), 질병과 약(#46, 72), 죽음과 매장(#35), '가난하거나 부유하든, 작거나 위대하든' 모든 중국인의 글쓰기(#36), 음악에 대한 사랑(#55) 등이 있다. 화장실 관습(#23, 71)과 남성의 할례 미비(#63)에 대한 매우 구체적인 정보도 제공되고 있으며, 중국인들은 "젊은 노예와 성교하기 위해 몸을 내맡긴다."(#59)라고 비난하고 있다.

　　마지막으로 중국 종교에 대한 몇 가지 언급이 있다. 그들의 동상

숭배(#64), 동상을 위해 말하는 승려들의 역할(#70), 그리고 영혼의 환생을 믿는 불교의 실천(#72)이다. 가장 비판적인 항목(23번)은 그들을 조로아스터교도들에 비유한다. "그들은 조로아스터교도들이 먹는 것처럼 썩은 음식이나 다른 비슷한 것들을 먹는다. 사실 그들의 종교는 조로아스터교도들의 그것과 유사하다."[106] 그러나 중국인을 개종시키는 것에 대한 우려를 암시할 만한 것은 아무것도 없다.

전체적으로 볼 때, 중국과 중국인에 대한 이러한 9세기 서술은 놀라운 지식의 폭을 드러내고 있지만, 분명한 한계를 보여 준다. 제국과 왕정에 대한 모호하고 때로는 허황한 생각과는 대조적으로, 우리는 상인 관찰자들로부터 기대할 수 있는 정부, 법률 및 제품의 요소에 대한 구체적이고 상세한 설명을 가지고 있다. 나는 사람들의 관습과 활동에 대한 설명이 우리가 본 것처럼 중국인들 사이에서 살고 심지어 중국인들과 결혼하면서까지 광저우에서 장기 체류하며 얻은 사회적, 심지어 개인적인 친밀함의 수준을 반영한다고 제안하고 싶다. 동시에, 이 기록들에서 '왕자'를 제외하고, 지역 엘리트들과의 중요한 교류를 암시하는 것은 아무것도 없다. 아마도 습관이 묘사된 도지사는 아마도 상인들을 위해 열린 연회를 포함한 공식적인 상호 작용의 결과일 것이다.

우리는 해상 상인들의 상호 작용에 대해 거의 무지하다. 우리는 『중국과 인도의 설명』을 통해 광저우 무슬림들에게 그들을 기도로 인도하고 매주 설교하는 수장이 있었다는 것을 알고 있다. 상인들이

남부 아시아와 동남아시아에서 추가적인 기업 관행을 가지고 있었
는지 우리는 알지 못하지만, 그러나 에드워드 셰이퍼는 페르시아 상
인들 사이의 상호 이익 연합이라고 부르는 것을 흥미롭게 엿봤음을
알 수 있다.[107] 그가 당나라 설화에서 발견한 세 가지 사례로 보면, 상
인들이 모여 교제를 하고, 그들의 보물을 비교하며, 어떤 경우에는
귀중한 진주를 사기 위해 자원을 모으기도 했다. 가장 흥미로워 보
이는 이야기를 살펴보자.

… 영웅은 장안에 있는 그의 외국인 친구들에 의해 보물 검사를 위한
회의에 참석하도록 초대된다. 여기서 그는 다양한 후(hu, 페르시아 상인)
들이 그들 상품의 상대적 가치에 따라 중요한 공식적인 위계질서에 앉아
있는 것을 발견한다. 그리고 예상대로, 영웅은 모든 것 중 가장 소중한 대
상을 가진 것으로 밝혀졌고 그리고 총회장을 수여받아 전임轉任하게 된
다.[108]

이 밖에도 당나라 광저우의 무슬림 상인들이 서아시아와 지중해
의 이슬람 무역 메커니즘을 사용하고 있음을 추측할 수 있다. 여기
에는 자금 모집에서 어느 정도의 재정적 보안을 제공하는 보편적이
고 제한된 투자 파트너십(무파와다와 이난)과 대리점 관리자가 자본이
나 상품을 위탁받는 계약을 위임하는 것이 포함되었다.[109] 예를 들어
투자자나 상인이 자신의 상품을 다른 사람에게 맡길 수 있도록 허

용하고, 투자자나 상인이 그 상품을 처분할 때 그를 대신하여 행동하고, 그 수익을 그에게 제공함으로써, '경제적 환경에 따라 필요하다면 관계자, 동료, 심지어 낯선 사람에게도 권한과 권한을 위임할 수 있도록'하는 구속력 있는 관행도 있었다.[110] 비록 이 서술이 11세기 서아시아의 자료들에 기초하고 있지만, 광저우 무슬림들은 중국인들에게 주어진 서면과 같은 것보다 신뢰와 명예에 더 의존하는 이러한 관행 또는 거의 비슷한 것을 이용했을 가능성이 크다. 상업에서 윤리의 중요성을 보여 주는 사례로, 우리는 아마도 758년 이전에 중국 무역에 관여하고 그곳을 여행했던 작은 오만 시장 마을 출신의 '알 사히르'로 알려진 아부 우바이다 '압달라 이븐 알 카심'의 사례를 들 수 있다. 한번은, 침향 무역에 종사하는 그의 파트너가 가격을 낮추기 위해 아마도 중국으로부터 온 목재 수송품을 폄하하고, 구입후에는 똑같은 상품의 가격을 올리기 위해 칭찬했다는 것을 알게 되자 그는 제휴를 끊었다.[111]

중국의 아랍-페르시아 상인들은 단순히 부를 추구하는 고립된 개인이 아니라, 해양 아시아가 본 것 중 가장 효과적이고 통합된 원거리 무역 네트워크를 만드는 디아스포라의 일부였으며, 그들의 성공은 공유된 가치와 상호 신뢰에 크게 의존했다. 동시에, 무역도 무역 디아스포라도 고정된 실체가 아니었다. 우리가 아래에서 보게 될 것처럼 둘 다 8세기와 9세기에 극적인 발전을 겪었고, 그것은 중국에서 벌어진 그들의 이후 역사에 심대한 결과를 초래하게 된다.

정착의 흥망성쇠

우리가 이 책에서 탐구하는 무슬림 커뮤니티의 700년 동안, 후기 당나라 시절은 아마도 가장 극적이었을 것이다. 그 당시는 758년 아랍-페르시아인이 한 광저우 습격, 760년 양저우에서 벌어진 페르시아인과 아랍인에 대한 학살과 무슬림의 더 큰 학살, 그리고 879년 광저우에서 벌어진 무슬림, 기독교인, 조로아스터인들에 대한 더 큰 학살이라는 세 가지 충격적인 사건으로 특징지어졌다. 이것들은 모두 앞에서 언급되었다. 여기서 우리의 관심은 이러한 사건들이 어떻게 중국 서아시아 커뮤니티의 역사를 형성했는지에 초점을 맞출 것이다.

758년과 760년의 사건들 사이에 뚜렷한 연관성은 없지만, 둘 다 755년에서 763년까지 당나라를 파괴하고 한때 왕조를 무너뜨릴 정도로 위협했던 안록산의 난 때 일어났다. 반란은 주로 북부에서 일어나 싸웠는데 755년 6월 반란군이 장안을 점령하고, 현종과 현종의 수행원들이 쓰촨으로 도주한 사실이 가장 유명했지만, 초기 반란 이후 10년 동안 만연했던 혼란스러운 상황으로 인해 제국 전체가 심각한 영향을 받았다. 초기 반란은 많은 지역 반란(특히 757년 안록산 암살 이후)을 일으켰고, 결국에는 여러 측면에서 중앙 정부 권력의 약화를 초래하였다.[112]

양저우 학살은 사실 이 반란 시절의 산물이었는데, 왜냐하면 유전劉展의 반란을 진압하기 위해 파견된 소위 정부군이 양저우에 진입하면서 일어났고, 페르시아와 아랍의 저명한 상인 커뮤니티가 그들이 벌인 약탈과 살육의 특별한 표적이었기 때문이다.[113] 학살에 대한 네 가지 설명 사이에는 그 커뮤니티의 본질을 어느 정도 밝혀 주는 흥미로운 불일치가 있다. 그 설명들은 지역 반란을 진압한 두 명의 당나라 장군들의 전기에서 찾을 수 있다. 『구당서』·『신당서』의 정경산鄭景山 열전에서 둘 다 "수천 명의 아랍 상인과 페르시아 상인이 목숨을 잃었다."라고 진술했다.[114] 이와는 대조적으로, 마신공馬神功 열전에서는 둘 다 페르시아 상인만이 살해되었다고 언급하고 있다.[115] 아랍인들은 왜 생략되었는가? 나는 이것이 양저우에 있는 페르시아 커뮤니티가 오랫동안 유지해 온 특성을 반영하고 있고, 아랍인들은 당시 막 결합했던 것이라고 주장하고 싶다. 우리는 대학살 이후 그 커뮤니티에 대해 아무것도 모르기 때문에, 그 커뮤니티와 커뮤니티가 해 온 남해 무역이 얼마나 오랫동안, 얼마나 넓은 범위로 피해를 입었는지는 추측만 할 수 있을 뿐이다. 9세기부터 별개의 페르시아 커뮤니티가 지속되었다는 증거가 하나 있다. 장기간 중국을 여행한 기록(당나라 후기를 알 수 있는 중요한 자료를 담은 일기)을 남긴, 일본 승려 엔닌圓仁은 839년 양저우에 머물면서 지방 사찰의 발코니를 수리하기 위한 공식적 자금 청탁을 받자, 어떻게 '페르시아국波斯國'으로부터 1,000관의 현금(수리에 필요한 10,000관 중) 기부로 결론이 내려는지를 묘사했다.[116] '국國'은 일반적으로 국가를 의미하기 때문에 그 용도가 궁금하다. 그러나 복원 프로젝트의 지역적 특성 때문에, '페르시아국'은 페르시아인들을 총칭하거나 (아마도 아랍인들을 포함하여) 커뮤니티를 위해 연설한 페르시아의 우두머리들을 언급했을 가능성이 크다. 어쨌든, 페르시아인들은 760년 학살에서 분명히 살아남았다.

758년 양저우와는 달리, 광저우는 반란의 현장과는 거리가 멀었고, 정부는 (티베트와 위구르 병사들의 도움으로 이루어진) 수도 탈환 작전에 몰두하고 있었기 때문에, 국경 항구에서의 아랍인과 페르시아인의 습격은 아무런 반응을 끌어내지 못한 것으로 보인다. 이 장에서 시작된 습격에 대한 설명은 『구당서』와 『신당서』에 각각 두 곳씩 총 네 곳에 자세히 설명되어 있다. 『신당서』 연보에서 가장 정보성이 낮은 부분은 아랍인과 페르시아인이 광저우를 '도둑질'했다고 간단히 말한다.[117] 페르시아(페르시아인)에 대해서, 비록 『신당서』에서는 페르시아인들이 아랍인을 따라 아마도 바다로부터 '습격'하여 광저우시를 점령하고, 상가를 불태웠다고 하지만, 이 두 사서는 두 집단이 어떻게 도시를 약탈하고, 창고와 상가를 불태우고, 그러고 나서 바다로 떠났는지를 묘사하는 데 크게 일치한다.[118] 『구당서』에서는 "광저우[의 관리들]는 아라비아와 페르시아의 군사들이 도시를 포위했고, 총독 위리견韋利見은 도시를 버리고 잠적했다고 기억[보고]하고 있다."라고 매우 다른 설명을 제공한다.[119] 그들의 차이점이 무엇이든 간에, 네 건의 설명 모두 이것이 실제로 급습한 것이지 도시를 점령한 것이 아니라는 것에 동의한다.

이 장을 시작한 질문으로 돌아가자면, 이 습격자들은 누구이며 어디서 왔을까? 750년 바그다드를 아바스조의 수도로 건설한 후 무역 활동이 활발해진 결과라는 설과 또는 탈라스 전투에서 패배한 고선지를 돕기 위해 칼리프가 보낸 아랍 군대가 반란 진압에 불만을 품고 있다는 두 가지 설,[120] 모두 논리적으로 설명되지 않기 때문에 가능성이 매우 낮아 보인다. 불행한 상인들의 소행이라는 것 또한 가능성이 없어 보인다. 그들은 도시 폭동을 일으켰을 수도 있지만, 묘사된 바와 같은 습격은 단순한 파괴보다는 약탈을 암시한다. 오히려, 가장 유력한 설명은 그들이 하이난 남부의 해적 강호 풍약방馮若芳의 추종자들이었다는 것이다.[121]

앞서 광저우에 대한 묘사에 인용된 중국 승려 감진은, 749년 자신이 타고 있던 배가 태풍으로 침몰할 뻔하면서 하이난섬에 뜻밖의 상륙을 했다.[122] 하이난섬에 도착한 감진은 감찰관의 호위를 받으며 남쪽의 만안주萬安州(지금의 링수이)로 가서 현감 풍약방에게 3일간 접대를 받았다. 이는 감진에 따르면 다음과 같다.

풍약방은 매년 두세 척의 페르시아 상선을 나포하여 자신과 노예처럼 부리는 선원들을 위해 상품을 빼앗았다. 이 남녀 노예들이 사는 곳은 북쪽으로 사흘, 남쪽으로 닷새를 가야 찾을 수 있었다. 이 지역의 마을들은 풍약방의 페르시아 노예들의 고향이 되었다.[123]

광저우를 습격하기 불과 10년 전의 이 기이한 이야기는 송나라 초기의 문학서인 이방李昉의 『태평광기太平廣記』에 실린 글로 뒷받침되는데, 이 글에서는 정저우(현재의 하이난성 남서부 야셴)에 금, 코뿔소뿔, 상아, 매부리바다거북으로 가득 찬 진무진陳武振의 당나라 장원 이야기를 다루고 있다. 이 부의 원천은 해안에서 자기 배가 침몰된 '서쪽에서 온 상인'들로부터 나왔다. 이렇게 하는 데 성공한 것은 상선이 나타나면 주문을 외워 산에서 풍랑을 불러 배를 해안에 가두도록 하는 그의 모득법牟得法 덕분이다.[124] 이 설명은 개요의 '환술幻術' 부분에서 나온 것이므로 그 신뢰성에 의문을 제기할 수 있다. 그러나 감진의 설명과 현저한 유사점은 풍약방이 진무진의 모델이었을 가능성이 크다는 점이다. 그리고 하이난의 남해안은 남쪽에서 광저우로 가는 가장 흔한 바닷길을 따라 바로 놓여 있었다는 점에 주목해야 한다. 아마도 가장 중요한 것은, 최근 몇 년 동안 고고학자들이 하이난 남부에서 당과 송 시대까지 거슬러 올라가는 고대 이슬람 커뮤니티의 결정적인 증거를 발견했다는 것이다. 두 개의 버려진 무슬림 묘지가 해안 지역(한 곳은 링수이, 다른 한 곳은 야셴)에서 발견되었으며, 수많은 무덤과 석탑이 아랍어로 새겨져 있다. 이들 중 어느 것도 날짜를 제공하지는 않지만, 11세기에 하이난으로 무슬림들이 유입된 것과 이것들이 관련이 있을 수 있음을 다음 장에서 논한다. 이들 중 일부는 적어도 양식적으로 9세기까지 거슬러 올라갈 수 있고, 일부는 페르시아어 칭호를 가지고 있어 당 커뮤니티와의 연관성을 보

그림 1.5 하이난 출토 당나라 무슬림 묘비(출처: 광동성 박물관)

여 준다(그림 1.5 참조).[125]

758년의 습격으로 돌아와서, 풍약방에게 붙잡혀서 그의 명령을 따르던 상인들과 선원들이 페르시아와 아랍인들의 배를 좌초시키지 않았을까? 그들이 풍약방의 손아귀에서 벗어나 무리를 지었고, 스스로 행동하지 않았을까? 우리는 추측할 수밖에 없지만, 당-아바스 무역의 정상적인 경계 밖에서 살아가는, 바로 이 하이난의 서아시아인들의 존재가 광저우에 해적과 같은 급습을 감행했던 자들의 후보로 그럴싸해 보인다.

　습격자들의 신원이 무엇이든 간에, 습격 자체는 광저우 항구에 있어서 매우 어려운 시기의 시작이었다. 우리가 앞에서 관찰한 바와 같이, 이면李勉의 칭송받았던 영남 총독 재임 기간 동안, 서쪽 지역에서 도착하는 배가 연간 40척 이상으로 증가한 것은 8세기 후반의 예외적인 일이었다. 앞서 763년 해상무역관(내시)은 군정책임자를 없애고 부하들에게 도시를 약탈하게 했다.[126] 그다음으로 773년에 그의 후계자를 배반하고 살해한 관리가 3년간 도시를 장악했다. 775년에 8,000명의 병력을 거느린 노사공路嗣恭 장군이 도시를 점령하고 '동료 반역자' 1만 명을 죽임으로써 질서가 회복되었다. 노사공은 또한 반란군을 섬겼던 상선 선원들(상박지도商舶之徒)을 처형하고 수백만 관에 달하는 상인들의 가족 재산을 몰수하며 상인 커뮤니티에 대항했는데, 몰수한 재산을 수도로 보내는 대신 자신을 위해 보관했다. 황제는 이것에 불쾌해했고, 노사공의 군사적 성공에 대해 보상하지 않았다.[127] 놀랍지 않게도 이는 또한 광저우의 외국 상인들을 틀어지게 했으며, 그 결과 그들은 아난(하노이)의 항구를 선호하게 되었다.

　792년에 조정은 영남 총독으로부터 광저우의 무역 문제를 황명으로 해결해 달라는 요청을 받는다.

　최근, 귀중하고 낯선 물건을 실은 많은 선박이 아난으로 가서 거기 시장에서 거래합니다. 저는 아난에 관리를 보내어 시장을 폐쇄하고자 하오니,

폐하께서 이 관리와 동행할 중앙 관료 한 명을 보내 주시기를 바랍니다.

황제가 그 요청을 들어주려 했지만, 재상 육지陸贄는 문서를 제출해 요청을 반박했는데, 이 문서는 발견된 당나라 문서들 중에서도 가장 명확하게 시장 원리를 언급하고 있다.

먼 나라의 상인들은 그저 이익을 추구할 뿐, 온건히 대하면 오고, 끊임없이 괴롭히면 떠나곤 했습니다. 광저우는 항상 다양한 배들(즉, 남해 무역을 하는 상인)이 모이는 항구였지만, 지금은 갑자기 마음이 바뀌어 안남으로 갔습니다. 만약 이것이 과도한 세금과 간섭 때문이 아니었다면, 그것은 분명히 (광저우 관리들이) 그들을 대접하지 않고 해야 할 대로만 지도했기 때문일 것입니다.[128]

육지陸贄는 나아가 아난과 광저우 모두 제국의 일부였기 때문에 한쪽을 다른 쪽과 차별하는 것은 불공평하다고 주장했다. 아난 항구를 폐쇄하려는 시도가 있었는지는 확실하지 않지만(입항은 그 요청이 거부되었음을 암시한다), 사실은 9세기에 광저우가 해상 무역에서 지배적인 위치를 되찾을 수 있었고, 위에서 분석된 아랍측 자료에는 이를 반영하듯, 8세기의 고충에 대해 어떠한 언급도 하지 않고 있다. 그 후 879년의 학살이 일어났다.

758년과 760년의 사건처럼, 학살은 각각 874~878년, 878~884년에 벌어진 왕선지王仙芝와 황소黃巢의 반란으로 야기된 국가적 격변 시기에 일어났다. 로버트 서머스의 판단에 따르면, 이 긴 반란 기간은 '수십 년 전에 시작된 긴 사회적 혼란과 광범위한 군사화의 마지막 단계'였다.[129] 아이러니하게도, 광저우는 우발적인 희생양에 가까운데, 879년 5월에 황소와 그의 군대가 광저우에 접근했을 때, 그들이 약 9개월 전에 허난에서 시작된 더 강력한 정부군에 쫓겨 남쪽으로 도주하던 긴 시간이 끝나 가고 있었기 때문이다. 광저우의 군사 총독인 이초李迢가 항복을 거부하자, 황소의 군대는 도시를 습격하여 약탈하였다. 네 명의 중세 아랍 저술가들이 약탈과 살육에 대한 기록을 제공했지만, 아부 자이드 알 시라피와 알 마수디(896~956)의 저서가 가장 가치가 있다. 아부 자이드의 기록은 가장 초기(914년경)에 해당하며 가장 상세하다.[130] 황소와 반란의 기원을 묘사한 후, 아부 자이드는 다음과 같이 계속 서술한다.

이윽고 전투력, 병력 규모, 권력에 대한 욕망이 충분히 강해졌을 때, 그는 칸푸를 포함한 중국의 대도시로 행군했다. 칸푸는 아랍 상인들의 목적지이고, 바다를 출발해 며칠만 여행해도 신선한 물이 흐르는 거대한 강을 타게 된다. 처음에 칸푸의 시민들은 그에게 저항했지만, 그는 264년(877~878년)에 포위 공격을 오래 펼쳐서 그들을 시달리게 했고, 마침내 칸푸를 점령하고 칸푸의 백성들을 칼로 베었다. 중국 사건 전문가들은 원주민인 중국인과는 별개로 그에게 학살당한 무슬림, 유대인, 기독교인, 조로아스터교도들의 수가 12만 명이라고 보고했다. 이들 모두는 여기 이 도시에 정착해서 상인이 된 사람들이었다. 이들 4개 커뮤니티의 희생자 수가 알려진 유일한 이유는 중국인들이 그들의 수를 기록해 왔기 때문이다. 황소는 또한 뽕나무들을 포함한 칸푸의 모든 나무를 잘랐다. 중국인들은 뽕나무의 잎을 누에의 사료로 사용하기 때문에 뽕나무를 참고로 든다. 나무의 파괴로 누에들은 죽었고, 이것은 특히, 아랍 땅에서 비단을 사라지게 했다.[131]

알 마수디의 버전은 아부 자이드의 것과 대체로 일치하지만, 사망자의 수를 20만 명으로 '엄청난 수의 주민'이라고 한다. 또한 황소의 군대는 광저우 외곽의 뽕나무 농장을 파괴하여 "뽕나무의 파괴로 인해 이슬람 국가로의 중국 견직물 수출이 중단되었다."라고 기술하고 있다.[132] 황소의 뽕나무 파괴에 대한 두 설명이 일치한다는 것은 당나라 때 수출 상품으로서 견직물의 중요성에 대한 중요한 증언을 제공한다.

비록 12만 명이라는 아부 자이드의 수치가 많은 역사가에 의해 액면 그대로 받아들여졌어도, 아마 그것이 중국 인구조사에서 수치들이 유래했다는 주장 때문일지라도, 그 수치와 알 마수디의 훨씬 더 큰 수치는 확실히 과장된 게 분명하다. 851년의 기록에는 9세기 세계의 많은 주요 도시들의 인구를 능가하는 많은 수의 서양인이 광저우에 모였다는 암시가 없다. 더 나아가, 우리가 당나라 시기 광저우로 들어오는 연간 선박 수량에 대한 당의 통계가 40척(770년대 초)뿐이라는 것을 고려한다면, 설령 그들이 광저우로 갈 수 있었다고 하더라도, 그러한 숫자가 광저우에 고용될 방법이 없었음을 분명히 해야 한다.

그렇기는 하지만, 황소와 황소 추종자들의 손에 의해 큰 규모의 비극이 일어났다는 것은 의심의 여지가 없다. 게다가 아부 자이드는 아랍인들이 중국과 한 해상 무역의 중요성을 심대하게 받아들였다. 아부 자이드의 설명을 더 보자면, 비록 성공하지 못했지만 당나라가 튀르크 왕 타그하즈가즈에게 어떻게 반란을 진압하는 데 도움을 요청했는지를 묘사한 후, 무역에 대해 다음과 같이 기술했다.

그러고 나서 [중국인들]은 그 [발전]을 쫓아서 중국인들과 [무역]을 하려고 여행해 온 [외국] 상인들에게 폭군처럼 손을 뻗었다. 그리고 이런 일이 벌어지면, 그 안에 아랍의 선장과 선주들에 대한 폭압과 침략이 출현하면서 결부되었다. 그러고 나서 그들은 상인들에게 [법적 합의에 따르면] 구속력이 없는 일을 [하도록] 강요했고, 상인들의 재산을 강제로 빼앗아 갔다. 그들은 지금껏 관습으로 허용하지 않았던 것을 활동의 일부로 합법화시켰다. 그러자 하나님, 그 분의 이름이 거룩하사, 그들에게서 축복을 완전히 거두셨다. 그리고 바다는 [통행자들]의 자리를 금해 버렸고, 이름이 칭송받으시옵는, 전능하신 분이 발한 명령으로, 황량함이 (멀리) 시라프와 우만까지 배 선장과 안내자들에게 떨어졌다.[133]

이러한 아랍측 자료의 세부 사항을 중국 자료들로 입증할 수는 없지만, 중요한 것은 아랍인들의 단절, 배신, 상실감(재산의 손실은 상인들에게 작은 문제가 아니다)이다. 우리가 다음 장에서 보게 되듯이, 그들과 (적어도) 아시아 전역의 많은 동료 상인들은 중국에서 동남아시아로 사업을 옮겼다. 따라서 이 학살은 결과적으로 중국에서 무슬림 커뮤니티를 재건할 전환기의 시작을 의미하지만, 뚜렷하게 다른 기준과 사례로 볼 때, 서아시아에서 중국으로 가는 전체 항로를 횡단하는 선박이 훨씬 줄어들면서 더욱 세분화된 원거리 무역으로 전환하는 데 기여했을 가능성이 있다.

전체적인 당나라 시기를 고려하면, 나는 광저우의 서아시아 상인들이 이례적인 위치를 차지했다고 본다. 중국(특히 궁정)의 고급 시장을 먹여 살린, 그리고 중국 남부를 훨씬 뛰어넘는 대규모 도자기 생산을 지원한 매우 수익성이 높았던 무역의 필수 중개자로서, 그들은 자유주의 정부 정책의 수혜자였으며 광저우(양저우와 같은 다른 도시들)에 정착하고 번영할 수 있었다. 그러나 그들은 또한 부패한 관리들의 억지스러운 요구에 좌우되었고, 더 심각한 것은 그들이 폭력의 대상(때로는 대리인)이었다는 것이다. 이것은 의심할 여지 없이 당나라에서 광저우가 변경이며 식민지적 성격이라서, 그곳에서 수입 사치품의 주요 소비자인 황실을 대표하는 내시들과, 봉기를 조장하고 진압했던 군부가 지나치게 큰 역할을 할 수 있었다. 그러나 서아시아 상인들의 엄청난 부와 인종적, 문화적 이질성이 자신들의 상당한 인구수와 결합하면, 그들은 또한 쉬운 표적이 되어 버렸을 것이다. 이러한 폭력의 요소는 이 시기의 특징으로 보이는데, 다음 송나라(960~1279) 시기에는 외국인 상인과 관련된 대규모 폭력이 중국의 항구 도시에서 존재하지 않았기 때문이다.

2장

무역의
전환

879년의 광저우 대학살이 동시대 중국의 사료에서 전혀 언급되지 않은 것은 당나라의 선입견을 보여 주는 것일 수 있다. 황소의 도시 약탈은 『구당서』와 『신당서』에서 간략하게 다루는데, 반란 서술 초반에 광저우가 또다른 희생자로 나오나 그에 따른 경제적 손실은 인정하지 않고 있다. 사실, 황소의 반란은 당나라가 결코 회복하지 못할 정도로 제국의 조직에 큰 파열을 이루었다. 884년 반란이 실패할 때까지 조정은 쓰촨으로 망명하는 것을 견디었고, 다른 반란의 위협에 직면했고, 수도를 재건하기 위해 외국 군대에 의존할 수밖에 없었다. 이국적인 사치품에 대한 제국의 욕구가 고갈되었을 뿐만 아니라, 남쪽에서는 오대십국시대(907~960)를 초래할 제국의 해체가 진행되고 있었다.

중국 항구 도시들의 해양 상인들에게, 그 학살은 한 시대의 종말을 의미했다. 아바스 왕조는 870년대 초 메소포타미아 저지대의 잔지의 난(the rebellion of Zanj slaves, 이븐 와브를 바스라에서 몰아내고 결국 중국으로 가게 한 사건)과 899년 동부 아라비아에서 일어난 카라미타Qarmatian 반란으로 도전에 직면하고 있었다.[134] 그러나 G. S. P. 프리먼-그렌빌에 따르면, 836년 바그다드에서 사마라로 수도를 옮긴 후 892년 다시 바그다드로 수도를 옮기면서 두 도시에 대규모 건축 프로젝트가 이루어졌고 향신료, 비단, 금, 노예와 같은 사치품에 대한 수요가 증가했다고 한다.[135] 따라서 서아시아에서 사치품에 대한 수요가 줄어들지 않으면서, 해상 무역은 계속해서 번창했다. 그러나 다음 세기의 대부분에 걸쳐 주요 해상 무역은 동남아시아에서 발견되었고, 중국의 무역은 주로 멀리서 이루어졌다. 이것은 동남아시아 국가들에 큰 영향을 미쳤고, 무슬림 무역 디아스포라를 중요한 방식으로 형성했다. 따라서 10세기 후반에 상인들이 중국으로 돌아갔을 때, 광저우와 다른 지역의 새로운 사회 질서는 당나라의 그것과 달랐다.

관련된 것이 무엇인지 분명히 하기 위해서, 우리는 항구에서 항구로 끊임없이 이동하는 떠돌이 체류 상인들(비록 아시아 몬순의 특성상, 여전히 항구에서 몇 달 동안 기다려야 할 수도 있음에도 불구하고)과 항구 도시에 거주한 사람들을 구별해야 한다.[136] 1장에서 보았듯이 광저우, 양저우를 비롯한 중국 도시에 거주하게 된 많은 서아시아 상인들은 전혀 아무렇지도 않은 듯하지는 않았다. 아시아의 해상 무역과 관련된 광대한 거리와 상품을 보관하기 위한 상인들이 대규모로 필요함을 고려할 때, 동아시아에 기지를 갖는 것은 그들의 개인적인 모험뿐만 아니라 떠돌이 상인들을 위해서도 필수적이었고, 이 두 가지 모두 무역 디아스포라의 중요한 요소였다. 그들이 광저우에서 오는 배편을 잃은 것은 그 기지였다.

동남아시아의 변화

아부 자이드Abu Zaydj가 황소 학살을 매우 생생하게 묘사한 결과로, 이슬람 상인들과 아마도 다른 외국 상인들도 동남아시아로 그들의 활동 기지를 이전했다(지도 2 참조). 비록 많은 항구 도시들이 기지 이전으로부터 이익을 얻었지만, 그중 가장 중요한 곳이 아마 말레이반도의 서해안에 있는 칼라Kalah였을 것이다. 내가 '아마'라고 말하는 이유는 칼라가 인도, 중국, 동남아시아에 대한 10세기 아랍어 설명에서 두드러지게 등장하지만, 그 위치를 포함한 구체적인 사항에 대해서는 저술자들의 의견이 상당히 엇갈리기 때문이다. 그들은 10세기 칼라가 시라프와 오만에서 중국으로의 여행에서 중간 지점 역할을 했다는 해상 무역의 중심적인 지위에 대해 합의했다. 914년경에 쓰인 책에서 아부 자이드는 칼라를 자와 왕국의 섬 도시(자와라고 했지만 아마도 스리비자야를 언급한 듯함)로 묘사했고, "중국과 아랍 국가들 사이의 중간에 있었다."라고 말했다.[137] 마찬가지로, 940년 경 아부 둘라프Abu Dulaf는 칼라가 오만에서 '중국으로 거의 반쯤' 떨어진 곳에 있다고 묘사했다.[138] 칼라가 정확히 어디에 있었는지는 상당한 논란거리였지만, 칼라가 말레이반도의 서쪽 해안 어딘가에 있었다는 게 일반적인 합의였다.[139] 또한 중국 문헌에서 언급되는 겔루드哥羅 주와도 관련이 있다.[140]

아랍 저술자들은 칼라의 정치적 위상에도 의견이 달랐다. 위에서 언급한 바와 같이, 아부 자이드는 이 지역을 자박 또는 스리비자야의 일부로 묘사했고, 『중국과 인도의 설명』(851년경)과 마찬가지로, 이븐 코르다드베(903년경)는 티베츠가 중부 수마트라 또는 심지어 인도의 힌두 통치자로 묘사한 자밧 알-힌디 제국 아래에 두었다.[141]

가장 다른 점은 아부 둘라프 미사르 빈 알무할릴의 이야기인데, 그는 비록 무슬림 통치자와 함께 있지만, 칼라를 사실상 중국의 속국으로 묘사하고 있다: "왕은 중국 왕의 가신이며, 왕의 이름으로 쿠트바(옮긴이 주: 이슬람 모스크에서 금요 예배 전에 하는 설교)를 한다. 칼라 왕의 키블라(옮긴이 주: 이슬람 교도가 예배 시에 향하는 방향)는 그를 향해 있고, 칼라 왕의 기도원은 중국 왕에게 바쳐진다."[142]

　10세기 저술가 중 아부 둘라프는 동아시아를 실제로 방문한 몇 안 되는 저술가 중 한 명이어서 칼라에 대한 그의 저술은 중요하지만 동시에 문제가 있다. 아부 둘라프는 홍해 근처 얌보 출신의 시인으로, 940년경 부하라의 사산 제국 궁정에서 재직하다가 사절단의 일원으로 중국으로 건너갔다. 아부 둘라프는 해상으로 돌아온 후 (사절단은 육로로 중국에 갔다), 자신의 여행을 묘사한 기사를 썼다. 기사가 남아 있지 않아 다른 사람들의 글에 있는 인용문으로만 그 내용을 알 수 있다. 티베츠가 주장한 것처럼, 아부 둘라프가 해상여행을 한 적이 없고 중국 요소를 강조하는 칼라에 대한 정보를 중국에서 만난 중국 상인들로부터 끌어냈을 수도 있다.[143] 또한 그는 중국 상인들과 함께 칼라로 여행을 가서 그들의 어학적 지식에 의존하여 그 도시에 관한 전문 지식을 이용해 추정했을 가능성도 있다.[144]

　칼라의 진화하는 역할에 대한 가장 유익한 설명은 10세기에 쓰인 알 마스드의 작품이다. 황소가 자행한 광저우 학살을 묘사하고 나서, 알 마스드는 개인 상인을 예로 들어 새로운 무역 패턴을 설명한다.

트란스옥시아나의 도시인 사마르칸트 상인이 풍부한 재고품을 가지고 그의 나라를 떠나 이라크로 왔다고 한다. 그는 거기에서 물건을 가지고 바스라로 가서, 오만 땅으로 배를 타고 바다를 건너 중국까지 절반쯤에 있는 칼라로 갔다. 오늘날 이 도시는 중국에서 온 배들과 마주치는 시라프와 오만에서 온 회교도 배들의 만남 장소이다. 과거에는 중국 선박들이 오만, 시라프, 파르스 해안(페르시아), 바레인, 우불라와 바스라에 도착했고, 이 나라들에서 중국으로 직접 항해한 적이 없었다. 왜냐하면 우리는 더 이상 [중국] 통치자들의 정의와 그들 의도의 정직함에 의존할 수 없기 때문이다. 그리고 중국의 상태가 우리가 설명한 대로 되었기 때문에, 그 [상인들]은 이 중간 지점에서 만나게 된다. 그래서 [사마르칸트에서 온] 상인은 칼라에서 칸푸 항구로 가기 위해 중국 배에 올랐다.[145]

이 구절은 몇 가지 근거에서 주목할 만하다. 사마르칸트에서 칸푸로 가는 상인의 여정은 부유한 상인이 다른 사람들의 배를 타고 여행하는 실제 경로를 보여 주는 드문 기회를 제공한다. 중국 선박들이 오만, 시라프 및 다른 항구들을 항해한 과거에 대한 진술은 문제가 있는데, 비아랍 자료들 중에는 그들이 10세기까지 페르시아만에 도달하기는커녕 인도양을 관통했다는 증거가 없기 때문이다. 아랍 자료에서 언급하는 '중국에서 온 배'는 중국으로 가는 페르시아 배를 지칭한다는 후라니의 주장에 대해서는, 알 마스드가 언급하는 '중국 배'가 페르시아만으로 직접 항해하는 중국에서 온 배를 지칭할 수 있으므로 '중국 배'로 더 잘 표현될 수 있다고 제안하고 싶다.[146] 그러나 이 용어를 어떻게 이해하든지 간에, 그것은 해양 역사학자들이 많이 주목한 변화, 즉 동아시아와 서아시아 사이의 상품 이동 내의 직접 무역에서 분할된 무역으로의 변화를 가리킨다.[147] 마지막으로, 알 마스드는 광저우에서 황소 학살과 그 이후의 불안정한 상황이 칼라의 새로운 무역 패턴을 일으켰다는 것을 명확하게 확인시켜 준다. 실제로 이 주장은 지리학자 이드리시의 것과 같은 후대의 아랍어 문헌에서 반복해서 나온다.

중국의 국정이 반란으로 어려움을 겪고 인도에서 폭정과 혼란이 심해지자 중국 주민들은 자와가Djawaga나 다른 섬들로 자신들의 상업을 옮겼다고 한다. …(중략)… 이러한 이유로 이 섬은 인구가 많고 낯선 사람들이 자주 방문한다.[148]

이드리시가 자와가와 칼라를 혼동한 것은(아니면 그가 사실 완전히 다른 항구에 관해 이야기하고 있었나?) 아랍어 문헌들이 빈번한 불일치와 심지어 모순된 점까지 들면서 제기하는 난점을 강조하고 있다. 그러나 그들은 소수의 중국, 인도, 고고학적 자료들로 10세기 동남아시아의 활기찬 상업 문화를 뒷받침하여 묘사하는 데 동의한다. 칼라가 가장 중요한 위치를 차지하는 동안, 다른 항구들도 번영했다. 그의 초록인『아자이브 알힌드(인도의 마블스)』에서 선장 부주르 이븐 샤리

야르(952년경)는 칼라 외에도 종종 카올라, 판수르, 람브리(또는 라무리)의 항구를 언급한다.[149] 전략적으로 중국과 동남아시아 사이의 해상 항로에 있는 참파는 또한 상인들의 무역과 정착을 위한 중요한 장소였으며, 우리는 아래에서 더 말할 것이다.

아랍 문헌에서는 상업 중심지로 언급하지 않았지만, 동부 수마트라에 있는 스리비자야의 수도 팔렘방(또는 스리부자)은 9세기와 10세기의 대부분 동안 서아시아인들과 다른 사람들에게 명백한 주요 항구였는데, 보르네오와 같은 스리비자야의 속국들은 팔렘방을 통해 중국과의 모든 무역을 총괄했다.[150] 더 중요한 것은 스리비자야의 믈라카 해협 지배로 손쉬운 수익원이 마련되었다는 점이다. 『아자이브 알힌드』(1000년경)는 중국으로 항해하는 배들에 세금을 부과하는 스리부자의 마하라자를 묘사하고 있다.[151] 그리고 이것의 유력한 예로, 시라프 출신의 유대인 상인 이샤크 빈 야후다가 중국 무역에서 거둔 성공이 1장에 묘사되어 있는데, 그는 최후로 그의 배가 나포된 후 수마트라에서 살해되었다.[152] 스리비자야의 힘을 고려할 때, 칼라가 스리비자야의 일부(또는 적어도 속국)가 아니었다면 칼라가 번영할 수 없었을 것이기 때문이다.

10세기에 스리비자야와 함께 동남아시아 해양의 또 다른 강대국이었던 자와에 대해서도 언급되어야 한다. 전체 지역 인구 1,000만 명의 절반을 차지하는 자와섬은 특히 10세기 전반에 수도가 섬의 중심부에서 동쪽으로 이동한 이후 해상 무역에 적극적인 역할을 했다.[153] 자와 항구는 아랍 지리학자들에 의해 거의 언급되지 않지만, 우리가 보게 될 것처럼, 스리비자야의 경우보다 더 자와는 특히 대외 무역이 극적으로 성장한 10세기에서 13세기 사이에 장거리 해상 무역에 깊이 관여하였다. 실제로, 이 시기의 자와 기록은 자와 항구 내의 상인 조직과 고도로 자본화된 상인들을 묘사한다.[154]

다양한 상인 집단 또는 무역 디아스포라가 10세기 동남아시아의 해상 상인 커뮤니티를 형성했다. 중국어나 아랍어 자료에서는 거의 다루지 않았지만, 말레이시아, 수마트라, 자와와 동남아시아의 다른 지역에서 온 상인들이 의심할 여지 없이 가장 많았다. 그들의 존재는 자와해에서 발견된 두 척의 10세기 난파선에서 극적으로 나타난다.[155] 인탄 난파선은 길이 30m, 폭 10m의 동남아시아산 선박 잔해(쇠못이 없는 것으로 나타남)로 구성돼 있으며 배수량은 200t 안팎으로 추정된다. 1990년대 자와해의 수마트라 동쪽 해안에서 발견되었다. 수마트라에서 자와로 가는 도중 침몰한 것으로 추정되며, 연대는 920~960년 또는 그보다 조금 후로 비정된다. 이 배의 대부분이 중국산으로 추정되는 화물에는 그로테스크한 동물 가면을 모티브로 한 자와 청동 제품, 중국 유약 도자기, 납으로 만든 중국 동전, 그리고 일부에 명문이 새겨진 중국 은덩이가 포함된다. 5,000량(약 185kg)의 은덩이가 회수되었는데, 이에 대해 트위체트Twitchett와 스타르가르트Stargardt는 송 정부의 996년 은 수입의 1.15%에 해당함을 계산했다.[156]

치르본 난파선도 동남아시아산으로 인탄 난파선보다 약간 작았으며 길이는 25m, 기둥은 11.5~12m였다. 이는 중국 남부의 동전과 968년의 도공의 흔적을 근거로 살펴보면 10세기 중반의 것으로 추정된다.[157] 화물은 주로 50만에서 60만 개의 중국 도자기로 이루어졌으며, 서아시아산 유리, 인도산 청동, 아프가니스탄 청금석 원석, 동남아시아산 켄디(그릇), 중국산 은덩이, 그리고 해양 아시아 전역에서 온 많은 다른 상품들로 구성되어 있었다. 호르스트 리브너Horst Liebner는 고고학적 자료에 대해 공들여 분석을 했는데, 그 배가 원래 광저우의 남한南漢 왕국에서 출발해서 동남아시아의 여러 곳에 정박하여 비중국 화물을 싣고 동부 자와의 목적지로 가는 중이었다고 주장했다. 리브너는 더 나아가 도자기의 분포가 단일 소유자를 가리킨다고 하면서, 더 나아가 약 500만 명으로 추정되는 자와의 인구가 연간 4~5척 이상의 선박 화물로는 수용할 수 없을 정도로 힌두교 의식과 장례식 그리고 일상에서 도자기를 사용했다고 주장한다.[158]

우리의 목적과 관련된, 치르본 난파선에서 발견된 가장 중요한 유물들은 이슬람과 관련된 유물들이다. 금이나 은과 같은 금속을 사용하여 보호 부적이나 와팍을 주조하는 데 사용된 것으로 보이며 아랍어 단어 '알-말킬라 알-주아히드 알-카하르'가 새겨져 있는데, 이는 '모든 힘은 알라, 하나님, 전능함의 소유'로 번역된다. 또한 많은 수의 이슬람교 나무 구슬들이 있는데, 대부분은 알라를 상징하는 명문이 새겨져 있다.[159] 이러한 유물들은 자와에 무슬림 공동체가 존재한다는 것을 강하게 시사한다. 그 구성원들은 거의 틀림없이 상인이었을 것이고, 따라서 무슬림 무역 디아스포라가 동남아시아의 남쪽 지역까지 확장되었음을 나타낸다.

아부 둘라프의 칼라에 대한 묘사로 돌아가서, 그가 언급한 중국 선박들은 다른 집단, 즉 중국 상인들을 가리킨다. 이 주장을 수용하기 위해서는 동남아시아에서의 중국 상인들의 활동이 송나라 시대에 잘 기록되어 있지만, 당나라 때 그들이 남해로 갔다는 증거는 전혀 없고, 우리는 그것을 확인할 중국의 자료가 부족하므로 약간의 주의가 필요하다. 나는 이 점에서 아부 둘라프를 받아들이는 편이다. 왜냐하면 부분적으로는 그가 해로를 통해 귀국했다고 가정한다면 칼라에 있는 중국 선박의 존재는 통역에 의존하지 않고 직접 관찰했을 것이고, 또한 외국 무역선들이 광저우를 떠나 생긴 공백이 중국 선박들이 남쪽으로 모험을 떠나는 자극제가 될 수도 있었기 때문이다.

그러나 다른 집단들은 무슬림, 힌두교도, 페르시아인들이 거주하는 파티마 왕조의 저술가 알-아지즈에 의해 언급된다.[160] 동남아시아에서 타밀 선원들의 오랜 역사와 그리고 10세기 동안 친해양적인 촐라 제국에 합병된, 벵골만을 가로지르며 번창하는 나가파티남 항구의 존재, 그리고 남부 인도의 번창하는 상인 길드의 존재를 고려할 때 힌두 상인들의 존재는 별로 놀랍지 않다.[161] 그러나 이슬람교도와 페르시아인을 병치하는 것은 인종과 종교가 뒤섞이는 것처럼 기묘하다. 비록 그들 중 많은 사람이 무슬림이었지만 아마도 페르시아인들은 1장에서 언급했듯이, 해양 아시아에서의 언어적이고 물리적인 특성 때문에 선택되었을 것이다. 앙드레 윙크가 기록한 '무슬림'에 대해 말하자면, 10세기까지 영구적인 무슬림 커뮤니티는 879년 이전의 중국은 말할 것도 없고 신드, 구자라트, 스리랑카(사란디브), 마바르(말라바르)와 같은 멀리 떨어진 커뮤니티에 자리 잡았고, 이들 커뮤니티는 아랍의 뿌리를 가지고 있는 반면에, 결혼 또는 '임시 결혼(무트아)'은 명백하게 아랍 정체성을 약화시켰다.[162] 따라서 알 아지즈가 '아랍인'이 아닌 '무슬림'을 사용하도록 자극한 것은 칼라 무슬림의 민족적 다양성이었을 수 있다.

중국 문헌에 점성占城으로 나오는 참파는 정황적이긴 하지만 10세기 이후에 활발한 무슬림 상업 커뮤니티를 가리키는 또 다른 동남아시아 현장이었다. 이 점에서 중요한 것은 중국과 남해 사이를 오가는 선박들의 자연스러운 기항지가 될 수 있는 중국과의 근접성이었다. 피에르 이브 망갱Pierre-Yves Manguin은 참파 항을 '중동과 아프리카, 중국을 연결하는 긴 사슬의 연결고리 중 하나'라고 묘사하면서 "이 정착지보다 더 정상적인 것은 없다."라고 주장했다.[163] 참파는 송나라 때 가장 활발한 조공국 중 하나로, 장미 향수, 유리, 그리고 자수 직물과 같은 서아시아의 많은 물품을 정기적으로 보냈다.[164]

오대의 사료에 처음 나와 송 사료에도 반복된 "참파의 풍습과 의복이 대식大食(아라비아)의 것과 비슷하다."라는 참파에 대한 관찰은, 참파 문화에 무슬림의 영향력이 상당했음을 시사한다.[165] 제프 웨이드Geoff Wade는 또한 종교적 영향력의 직접적인 핵심을 다음과 같이 제시했다. " … 제물 노트에서 산 소를 죽이는 것에 대한 매혹적인 언급은 '그들이 도살되려고 할 때' '영매'는 기도를 하도록 지시받는데, 이는 '아 루오 허 지 바A-luo-he-ji-ba'와 같이 들린다." 그는 계속해서 이것이 이슬람교도들이 음식을 위해 동물을 죽일 때 하는 기도의 시작이라고 설명한다.[166]

망갱은 후주와 송나라 초기에 참파가 중국에 포가산莆可散이란 이름을 가진 대사를 보낸 것을 인용한다. 망갱은 그를 아부 하산('포'는 아랍어 '아부'의 일반적인 줄임말로 여김)으로 보는데, 게다가 그는 무엇보다도 서쪽 지역의 산물인 아라비아 병과 장미수를 가지고 왔다.[167] 동남아시아 군주들이 중국에 공물을 전달하는 임무에 아마도 상인인 아랍인들을 이용한 것은 우리가 돌아갈 지점이다. 그러나 망갱은 또한 980년대의 일련의 극적인 사건들을 인용했는데, 망갱은 이 사건들을 수백 명의 이슬람교도가 참파에서 탈출한 계기라고 본다.

베트남의 루키통[劉繼宗]이 왕위를 찬탈한 후, 986년부터 참파에서 남중국으로 이주가 있었다. 그 해에 푸로에Pu Lo E가 이끄는 약 100명의 참파 출신 외국인들이 하이난에 도착했고, 광둥성에서는 거의 500명이나 되는 사람들이 중국의 보호를 요청했다; 그들은 987년에 니녠빙을, 그리고 988년에 후쉬안을 우두머리로 하였다. 여러 차례 제안되었듯이 만약 후쉬안이 후사인(후hu는 쉽사리 '아랍어 h'로 번역된다)이라는 것이 인정된다면, 그것은 다시 한번 참파에서 온 무슬림들의 문제이다. 이것은 다양한 문헌 자료에 의해 확인된다. 그중에는 삼불제의 푸 가문의 족보가 있는데, 이 족보에 따르면 하이난성의 이 '외국인'들이 참파에서 왔다고 한다.[168]

푸 허썬과 푸 로에에 대한 언급은 이 연구에서 상당히 중요한 문제를 제기하는데, 즉 '푸蒲'라는 성은 아랍어 '아부'의 번역어였고 따라서 아랍어 또는 적어도 서아시아 출신이라는 것이다. 오대 왕조, 특히 송나라 때는 동남아시아와 서아시아에서 온 수많은 공물 사절단이 포씨 가문으로 확인된 사람들에 의해 주도되었다. 그리고 송나라 때 광저우와 취안저우의 항구에서 포라는 성씨를 가진 외국 상인들에 대한 언급이 있었다. 우리는 3장에서 이러한 사례로 돌아갈 것이다. 만약 번역 문제를 다룬다면, 이 개인들이 서아시아인—아마도 무슬림—상인이었다는 추정에 나는 동의한다. 그 문제는 논란의 여지가 있다. 첫 번째, 많은 학자들은 포가 중국의 오랜 성씨이기 때문에 그러한 이름을 가진 개인들의 해외, 특히 무슬림 기원에 대해 어떠한 가정도 할 수 없다고 주장한다. 두 번째로, 포가 인도네시아어인 누산타라의 칭호인 품풀포pulmpulpo처럼 비중국어 호칭의 번역일 수 있다고 주장한다. 세 번째로, 'p'가 있는 '푸Pu'는 '아부Abu'의 서투른 번역이라고 할 수 있다.[169] 이에 대해, 포는 사실 이 시기 이전의 중국 성씨이지만 드물었고, 해외에서 온 많은 조공 사절들에 대한 설명은 확실히 아니었다.[170] 포에 관해 제안된 다른 번역과 관련하여, 이것이 스리비자야나 자와의 사절단 중 일부를 설명할 가능성이 있는 반면에, 이와 반대로 우리는 서아시아 국가들을 대표하거나 아랍(대식大食)으로 확인된 수많은 포라는 성씨를 가진 사람들을 알고 있다. 대부분의 포들이 아랍어 이름의 그럴듯한 번역에 익숙해진 이름이라는 사실은 말할 필요도 없다. 마지막으로, 974년 송나라 조정에 파견된 아랍 사절인 불나해不囉海의 사례를 언급함으로써 '아부'의 번역으로서의 '포'의 적합성에 대해 말하자면, 포의 장점은 그것이 '포' 또는 '부'로 발음되는 가장 인정받는 중국의 성이었고, 외국이름을 중국어(아마도 공무원 또는 서기)로 번역을 한 사람에게 그것은 논리적인 선택이었다는 것이다. 요약하면, 이것은 증거가 필요 없는 문제이지만, 여기서 나는 이 분야에서 일하는 대부분의 학자와 같이 포/아부 연결을 받아들인다.

그러므로 10세기 참파에서 무슬림의 해상 주둔에 관한 증거는 결정적이지는 않지만, 특히 중국 간 무역로를 따라 있는 참파의 핵심적인 위치를 고려할 때 나는 그럴듯한 설득력이 있다고 믿는다.[171]

앞 페이지에서 자세히 설명한 것처럼, 칼라와 10세기 동남아시아의 다른 항구에 무슬림과 다른 외국 상인 집단의 존재는 동남아시아와 중국 모두에게 중요한 결과를 가져왔다. 케네스 홀Kenneth Hall은 외국 상인들이 동남아시아 사회에서 변화의 자율적 주체로 기능하는 단순화된 모델을 거부하면서도 외부의 영향에 수용적이며 훨씬 더

상호작용적인 모델을 제안한다. 중국(및 기타 육상 제국)의 영토적으로 정의된 정치체와는 대조적으로,

동남아시아의 정치체는 상대적으로 개방적이고, 사람 중심적인 영역이었고, 인접하지 않은 사람들은 외부 상업 및 문화 네트워크에 참여할 기회 등 자치권을 일정 정도 부여받았다. 지역 클러스터는 적절하게 지역 자원이 되었을 뿐만 아니라 그들만의 문화적 관행을 가져온 새로운 거주 '외국인'의 주기적인 유입을 환영했는데, 그들은 지역사회 자원이 되기도 하지만 자신들만의 문화적 관습을 가져오기도 하였다.[172]

홀은 또한 이러한 새로운 상업적 현실이 '동남아시아의 궁정들뿐만 아니라 평민들의 삶과 심리적 안녕을 향상시킴으로써 결과적으로 일반적인 번영'으로 이어졌다고 제안한다.[173] 비록 그가 10세기에 대해 구체적으로 쓰고 있지는 않지만, 나는 스리비자야의 오랜 지배력이 버마, 말레이반도, 자와, 인도 남동부의 국가 건설 벤처에 의해 도전받았던 시기에 특성화가 잘 작동한다고 믿는다.

중국인들에게 있어서, 그들의 역할이 주변적이었던 아시아 해상 무역의 활력은 유망한 경제적 기회를 제공했다. 공교롭게도, 오대 (907-960) 시대에 중국의 동남쪽 해안을 따라 있는 해양 왕국들은 그 기회를 이용하기 시작하기에, 따라서 중국인들을 위한 해양 활동의 새로운 시대를 시작하기에 좋은 위치에 있었다.

남부 왕국과 무역의 부활

여러 가지 면에서 중국 남해와의 무역 관계에서 최악의 상황은 9세기 후반 황소 대학살 이후에 일어났다. 황소의 남부 원정이라는 짧은 시간 동안, 광저우는 황폐화되었고 또한 남부 전역의 지방 관리들과 통치 구조들은 심각하게 사기가 떨어졌다. 907년에 당나라가 공식적으로 멸망하기까지 수년간 남부 지역 대부분을 지배했던 대다수 군벌들이 입으로는 장안에 계속해서 봉사했음에도 불구하고, 잇따른 정치적 균열이라는 면에서 당나라는 사실상 남쪽에서 끝이 났다.

이름에서 알 수 있듯이, 오대와 십국 시대는 두 개의 역사 중 하나였다. 북쪽에서는 당나라가 멸망하고 송(907-960)이 세워지기까지 53년 동안 5개 왕조가 황하 계곡의 상당한 지역을 지배했다. 반면, 중국 남부의 9개 왕국(10번째는 북쪽에 있음)은 북부 왕조보다 훨씬 작았지만, 대부분은 특히 송나라의 남부 정복이 978년까지 완료되지 않았기 때문에 더 오래 지속되었다. 9세기 후반의 혼란스러운 상황에서 시작된 이 왕국들은 대체로 도적질로 출발한 사람들에 의해 세워졌다. 여기서 우리와 관심을 가진 것은 연안의 세 나라인데, 그 나라들은 해외 무역과 직접적으로 관련된 국가였기 때문이다.[174]

광둥의 남한南漢, 푸젠의 민閩, 저장의 오월吳越, 세 해상 왕국은 9세기 후반에 지방 당국들(민과 오월의 경우는 전직-강도)이 문제가 많은 지역에 질서를 가져왔고 10세기의 대부분을 지속한 비교적 안정적이고 번영한 정권을 만든 것과 유사한 역사가 있다.[175] 그들은 또한 해상 무역에 대한 접근과 의존을 중요한 수입원으로 공유했다. 그들의 역할은 주로 상품의 환적과 관련이 있었는데, 10세기의 여러 궁정에서 남해의 사치품 수요가 컸다고 한다. 오월과 취안저우가 송나라에 병합되기 직전인 977년에,[176] 송나라 정부는 광난, 참파, 스리비자야, 자오저우(베트남), 취안저우, 량저 또는 외국산 '향료, 약재, 향수, 코뿔소 뿔과 상아' 같은 남해 상품에 대한 민간 무역을 금지하려고 시도했다. 그것 때문에 남한(광난), 민(취안저우)와 오월(량저)의 해외무역 역할이 강화되었다.[177]

남부 왕국의 빈약한 역사 자료에서 그 활동에 대한 언급은 거의 없지만 매우 시사적이다. 918년에 광저우는 쓰촨성과 구이저우성까지 서쪽으로 진출한 진주 및 다른 귀중한 물건들을 수집한 것으로 묘사되었고, 그것들과 관련된 '과도한 쾌락과 사치스러운 욕망'으로 인하여 그러한 상품들이 국가들 사이에서 선물을 주는 데 사용되었다. 실제로 후당의 건국 황제가 후량으로부터 923년에 권력을 장악한 직후에 남한으로부터 사절을 받았을 때, 그의 주요 관심사는 남해 무역의 상황을 아는 것과 그리고 남해 상품의 형태로 오는 남한 조공의 신속한 도착에 대한 관심 표명이었다. 게다가 광둥성에는 해양 세계가 크게 발달하여 925년 남한의 통치자가 남해에서 백룡白龍의 보고를 받고 연호를 '백룡'으로 바꾸었다.[178] 또 다른 자료는 취안저우의 번창하는 무역을 묘사한다.

　왕연빈王延彬(왕심지王審知의 조카이자 취안저우의 자치 총독)은 30년
(904-934년) 동안 통치했다. 해마다 수확이 좋았고 남부 야만인들의 무
역선이 끊이지 않았다.[179]

　'남방 야만인들의 배'(만박蠻舶)는 동남아시아의 무역업자들을 강
하게 시사하고 있으므로 우리는 아랍인들과 다른 서아시아인들의
존재 여부에 대해서 추측할 수만 있다.

　남동쪽 해안을 따라 펼쳐진 이 무역의 가장 주목할 만한 특징은
그것의 양이 아니라 그것을 촉진하는 국가들의 역할이었다. 앙겔라
쇼텐함머Angela Schottenhammer에 따르면, 남부 통치자들은 "이 무역에서
얻은 이익을 그들 자신의 사적인 소비 욕구뿐만 아니라 국가의 정치
적, 경제적 유지를 위해 사용하려고 했다. 따라서 해상 무역은 사적
이익보다는 정치 경제적 목적을 위해 주로 사용되었다."[180] 쇼텐함머
는 10세기 취안저우의 통치자들이 국경에서의 무역에 세금을 부과
하는 것을 자제하였고 그리고 주로 수출 지향적인 도자기 생산을 위
한 가마 개발을 후원했다고 주장했다.[181] 푸저우의 민閩 항구 도시에
서 독점세무국(각화무권貨務)은 수입품에 대한 과세를 담당했으며, 동
시대의 한 자료는 기관장인 장목張睦이 "왕심지의 푸저우 무역 초대
에 응한 외국 상인들에게 친절하고 강압적이지 않았다. 그리하여 정

부의 세입은 매일 증가했다.˝라고 서술했다.[182]

이 기간에 연안 국가들이 수행한 적극적인 역할은 두 가지 측면에서 중요했다. 그들의 친무역 정책은 의심할 여지 없이 무역을 하거나 심지어 중국에 정착하는 것이 안전하다고 해상 무역업자들을 안심시키는 데 도움이 되었다, 왜냐하면 앞서 인용한 아랍 저술가들에 따르면 무역업자들이 9세기 후반에 중국으로부터 사업의 기반을 옮긴 주요 이유는 중국의 억압적인 역할에 대한 그들의 인식과 관련이 있었기 때문이다. 그러므로 광저우의 서아시아 공동체의 부활은 남한의 통치 기간에 시작되었다고 보는 것이 타당하다. 둘째로, 동남쪽 왕국들이 무역을 지지하는 정책으로 세운 본보기는 송나라에게 중요한 것이었다. 비록 송나라가 해외 무역에 대한 접근법을 갖추기 위해서는 몇 세대가 필요했지만, 이는 중국 왕조 중 가장 무역 친화적인 것으로 입증되었다.

송 초기의 무역과 조공

960년 후주의 장군 조광윤趙匡胤(927~976)이 세운 송나라 황실은 당나라 멸망 이후 53년 동안 중국 북부를 통치한 6번째 왕조였다. 978년에 완성된 남방 정복 이후에야 점차적으로, 이 왕조가 지속력을 가진 위대한 왕조라는 것이 분명해졌다. 그리고 심지어 거란 랴오허에서부터 북동부까지 16개의 분쟁 중인 국경 현을 통합하지 못함에도 불구하고 25년 전쟁에 참여한 사람들은 비록 성공하지 못하였으나 많은 사람들의 눈에 왕조의 성공 자격을 입증해 보였다.

북방 왕조였던 송은 남방에서 동남부 왕국의 선례를 따라 무역을 적극적으로 장려했다. 송나라는 남한을 정복한 다음 해인 971년에 광저우에 해상 무역 사무소(시박사市舶司)를 설치하여 해상 무역을 장려하고, 당연히 세금을 부과하고 통제하려는 바람을 분명히 표현하였다. 후자는 2년 후 정부가 11세기까지 유지되었던 것으로 보이는 무역에 참여하기 위해 해외로 나가는 중국 상인들의 모험을 금지했을 때 분명해졌다.[183] 그 후 987년에 태종(976~997)은 무역상인들을 중국으로 초청하기 위해 4개의 임무에 8명의 환관 수행원들을 남해로 보냈다. 2년 후, 항저우에 두 번째 시박사가 생겼고, 이어 992년에는 밍저우에 세 번째 시박사가 문을 열었다. 『송사宋史』에 따르면, 이 무역 사무소들이 열린 결과는 아라비아, 굴루오, 자와, 참파(남베트남), 보르네오, 필리핀, 스리비자야(수마트라의)에서 온 외국인들이 모두 무역하러 왔다는 것이다.[184]

비록 해상 무역에 대한 공식적인 관심이 당나라와 뚜렷한 대조를 이루었지만, 두 가지 측면에서 당나라의 관행은 여전히 영향력이 있었다. 첫째, 송나라 조정은 이 교역이 해상무역청의 메커니즘을 통해 정기적인 정부 감독의 범위 내에서 운영된다는 것을 인정하는 것, 그리고 무역—특히 탐나는 아로마와 향—을 내시들의 통제하에 있는 내궁 활동으로 만들려고 시도하는 것 사이에서 망설였다. 둘째, 송나라는 당-송 시대에 다수의 항구를 포함했던 해상 무역을 시박사가 설치된 광저우에 이어 항저우와 밍저우로 재편하려고 분명히 시도했는데, 항저우와 밍저우는 한국, 일본, 류큐 열도와의 무역이 지배적이었다. 장기적으로 조정이 남해 무역을 독점하거나 광저우로 국한할 수 없었고, 실제로 다른 10개의 도시가 해상 무역 사무소나 감독관(시박제거사市舶提擧司)을 한때 유치했다.[185] 3장은 송의 해양 정책의 특징인 감독관들과 자유무역 제도를 주제로 한다. 여기서 우리 관심사는 황제의 이익과 광저우의 역할이 모두 두드러졌던 왕조의 첫 60년이다.

송나라 초기의 남해 무역과 관련된 가장 잘 기록된 활동은 960년부터 1022년까지 송나라 제1대 황제의 치세 동안 남해 지방에서 도착한 88차의 조공 사절단 활동에 가장 잘 기록되어 있다.(표 2.1 참조).[186] 송 시기 대외관계의 독특한 성격을 많이 기록했다. 동아시아 지역의 다국가 현실을 중국 제국사의 주요 왕조들 가운데 송만은 받아들일 수밖에 없었다. 1005년 이후 요나라, 1142년 이후 금나라에게 송나라 황제는 조공을 보낼 수밖에 없는 관계였고, 금나라 황제들을 '형님'이라고 부르도록 강요받아서, '천자'라는 황제의 주장을 거짓으로 만들었다.[187] 물론 왕조에 군사적 위협이 되지 않는 남해 국가들과의 조공 관계는 많은 면에서 당 체제의 부활을 구성하는 전통적인 형태와 내용이었다. 당나라와 마찬가지로, 조공품이 매우 원하는 사치품으로 구성되었다는 사실은 여러 면에서 조공-무역 협정이었다

표 2.1 북송에 온 조공 사절단

	해상 동남 아시아	동남 아시아	서 아시아	남해 합계	대륙 동남 아시아	동북 아시아	내륙 아시아	대륙 합계
태조 960-975	18	4	4	26	2	16	24	42
태종 976-997	21	2	8	31	14	18	25	57
진종 998-1022	13	6	12	31	16	12	74	102
인종 1023- 1063	7	4	2	13	13	1	54	68
영종 1064-1067	0	0	0	0	1	0	1	2
신종 1068- 1085	8	3	7	18	6	7	25	38
철종 1086-1100	5	1	3	9	4	5	26	35
휘종 1101-1126	5	0	1	6	11	10	8	29
합계	31	20	37	134	113	69	237	373

출처: Robert Hartwell, *Tribute Missions to China*, 960-1126

는 것을 의미했다.

　송나라 초기 남해 조공 사절은 세 가지 특징을 갖는데, 그들에게
는 광저우를 통해 수로가 뚫려 있었고, 상대적으로 적은 수의 국가
들이 포함되어 있었으며, 해상 상인들, 특히 아랍 상인들의 역할이

컸다는 점이다. 970년 송나라가 남한을 멸망시킨 후, 남해 조공 사절단은 광둥성 연안의 중국 수역에 들어가 호위를 받으며 광저우 항구에 들어갔고, 그곳에서 머문 후에 수도인 카이펑으로 여행했다. 이러한 관행은 971년 광저우에 해양 무역 사무소가 문을 연 것과 결합되어 광저우로 가는 해양 무역업자들의 활동을 다시 집중시키는 효과를 가져왔다. 더 위의 해안에 있는 취안저우와 푸저우 같은 항구들은 의심할 여지 없이 무역을 계속했지만, 법에 따라 선박들은 화물을 평가하고 세금을 징수하기 위해 해양 무역 사무소(광저우가 아니라면 밍저우나 항저우에 있는)에 정박해야 했다.

960년에서 1022년 사이에 10번의 남해국이 송나라에 사절단을 보냈는데, 57번의 사절단 중 아라비아(대식大食; 아마도 아바스 왕조)가 21번, 스리비자야(삼불제三佛齊)가 16번의 사절단을, 인도(천축天竺)가 10번의 사절단을 파견했다. 동남아시아 대륙에도 비슷한 패턴이 엿보인다. 이 기간에 동남아시아 지역에서 온 67번의 사절 중 참파가 37번이었고, 베트남이 26번이었다. 그러므로 우리는 해양 아시아 전역에 분포된 소수의 국가가 왕조 초기에 송나라와 함께 남해 외교 활동을 지배했음을 알 수 있다.

사절들에 관한 우리의 정보는 놀랍다. 첫째, 아라비아와 다른 서아시아 국가들의 사절들은 모두 명백하게 아랍어 이름을 가졌지만, 우리 예상대로 다른 나라 사절들도 많았다. 구체적으로 스리비자야에서 온 5회의 사절단(976년, 983년, 988년, 1008년과 1017년)에 7명, 참파에서 온 5명(960년, 960년, 972년, 999년과 1011년), 보르네오에서 온 1명(977년)이 있다. 둘째, 이들 외교 업무가 꽤나 연속적이었다고 보이는데, 이들 중 4명의 아랍 사절이 3번 이상 대사 또는 부사로 참여했기 때문이다. 995년, 1011년, 1019년에 포타파리蒲陀婆離(아부 마흐무드 다왈Abu Mahmud Dawal?)가 아라비아를 대표했다. 961년, 972년, 990년에 포하산蒲訶散(아부 아이 핫산?)이 참파를 대표했다. 특히 흥미로운 것은 포압타려蒲押陀黎(아부 아딜Abu Adil?)인데, 988년에는 스리비자야에서, 995년과 998년에는 아라비아에서 사절단을 이끌었다. 1004년에는 아라비아를 대표하는 포가심蒲加心(아부 카심)이 1011년 무스카트(물순勿巡, 옮긴이 주: 오만 동북부에 있는 알하드al-Hadd 서안西岸의 수르Sur항港 인근)의 대사를 지냈으며, 이후 1015년에는 남인도 촐라주(주련국注輦國, 옮긴이 주: 촐라Chola의 음역으로 『송사宋史』, 『제번지諸蕃志』, 『문헌통고文獻通考』, 『영외대답嶺外代答』에서 모두 주련注輦으로 기록하고 있는 데 반해, 『대당서역기大唐西域記』에서는 '주리야珠利耶'로 음역하였다. 대략 9세기 초부터 남인도 지역에서 흥기하기 시작하여 13세기경 남인도의 대국으로 성장함)의 대사를 역임했고 1019년에는 아라비아의 대사를 역임했다.[188] 상인이자 아랍인으로 추정되는 포노갈蒲盧歇에 대한 흥미로운 설명도 있는데, 이는 조공 임무에서 그러한 상인들의 역할에 대한 통찰력을 제공한다.[189] 중국에서 자와로 가는 도중, 포노갈의 배는 폭풍으로 손상을 입었고 브루나이(발니勃泥)에 정박하게 되었다. 브루나이의 왕 샹다는 푸가 중국에서 왔다는 것을 알고, 배를 만들어 977년에 수도에 도

착한 사절단(그는 사절로 임명되지 않았다)을 안내하도록 명령했다.[190]

위에서 논의한 바와 같이, 학자들 사이에 이 사절들이 인종적으로 아랍인인지는 의견 차이가 있지만, 증거는 그들이 아랍인이라는 것을 강하게 시사한다. 더 나아가, 앞에서 검토한 남아시아와 동남아시아의 항구 도시들에 아랍 무역 디아스포라가 거주하며 해 온 무역 활동이, 적어도 국가간 관계에서 정치 엘리트 층에 침투하는, 조공 임무 사절들의 존재로 반영되었다는 놀라운 결과를 낳았다고 나는 제안한다. 조공 임무는 종종 험난한 긴 여행이며, 중국 관료주의에 대한 지식이 있고, 궁정 고객들의 까탈스러운 의도를 파악하고 있어야 하기 때문에, 동남아시아 통치자들이 이미 알고 신뢰하는 아랍 상인들에게 눈을 돌리는 게 놀랄 만한 일은 아니다.

무슬림 상인들이 동남아시아 통치자들에게 제공했던 음식의 종류는 자후드 쿠타라는 이름의 나이 든 무슬림 선장이 자박의 왕(스리비자야)을 알현했다는 이야기에서 부주르그가 설명한다.[191] 긴 대화가 끝날 무렵, 자후드는 물고기 한 종류의 길이를 보여 주기 위해 다리를 꼬고 앉는 자세(비르실라)에서 벗어나 다리를 뻗은 것으로 궁중 예절을 위반했다. 자후드의 나이와 명백한 피로를 언급한 그의 관리와의 대화 후에, 왕은 무슬림들이 관습에서 면제될 것이라고 명령했고, 부주르그는 그 이후로 무슬림들이 "원하는 대로 왕 앞에 앉을 수 있다."라고 덧붙였다.[192]

조공 임무로 돌아가면, 아랍 상인이자 대사인 포희밀蒲希密(아부 하미드)의 이야기가 송나라 초기 사절 중 가장 잘 기록되어 있으며 유익하다. 우리는 포희밀이 976년에 아랍의 왕 가려불珂黎佛의 공물을 가지고 궁궐에 나타났을 때 포희밀에 대해 처음으로 알게 된다.[193] 17년 후에 우리는 아라비아에서 지명된 사절일 뿐 아니라 '선주'(박주舶主)로도 묘사된 그에 대한 소식을 다시 듣게 된다. 고령으로 인해, 포희밀은 광저우 북쪽으로 여행을 할 수 없어서 그의 자리에 부사인 이아물李亞勿을 보내 『송사』에 보존된 주목할 만한 편지를 황제에게 보냈다.[194]

이 편지는 남해 공물의 세계에 대한 독특한 내용을 제공하는데, 나는 그 전체를 인용한다. 송나라 공물 제도를 찬양하는 수사적인 번영으로 시작하여, 그 임무의 기원과 황실에 갈 수 없는 그의 실망을 묘사하고 마지막으로 포희밀이 이아물을 통해 보내는 공물에 대해 자세히 설명한다.

무수한 별들이 되돌아와 북극성에 절을 하면서 아래로 늘어진다. 수백 개 계곡의 샘물이 동해로 흘러내린다. 황제는 사절단이 해외가 아니라 고향처럼 느끼도록 대하면서 여행 중인 사절단으로 하여금 먼 길을 평화롭게 보내도록 한다. 하늘과 땅의 미덕이 하나가 되는 황제 폐하의 위엄이 있고, 황제의 아우라는 일곱 통치자(즉, 태양, 달, 다섯 행성)와 같고, 황제는 자비롭게 무수한 왕국을 돕고, 그 빛이 네 야만인을 비춘다고 나는 생각한다. 지속적인 노래는 땅을 치는 이 사람들을 조화시킨다. 그들은 통역사들에게 경의를 표하고 진주 공물을 바치기 위해 걷는다. 비록 나의 관습은 다르지만, 나는 중부 지방(즉, 중국)을 존경하며, 나의 마음은 오래전부터 태양과 천궁의 풍요에 기울어져 있었다.

이것은 10세기에 아랍 이슬람교도가 표현한 놀라운 언어이다. 북극성과 황제를 천상과 지구가 하나로 통합된 것으로 언급한 것은 중국 우주론에 끌릴 뿐만 아니라 고전적인 암시도 포함하고 있다. '땅을 치는 사람들'은 '격양지민擊壤之民'을 번역한 것으로, 문자 그대로 땅을 치는 것을 의미하며, 놀이(푸시핀?)를 의미한다. 『사해辭海』에 따르면, '격양擊壤'이란 글귀는 한漢 대의 『제왕세기帝王世記』에 나오는 것으로, 요 임금 시대를 "세계가 평화롭고 백성들이 아무 일도 없었고, 80~90세의 노인들이 땅을 치고 노래하던" 때라고 묘사했다.[195] 포희밀은 그 구성에 중국 문학자의 도움을 받았을 것이다. 그런데도 그가 이 언어로 그의 편지를 시작하기로 선택한 것은 주목할 만하다. 그러면서 편지는 계속된다.

이전에 제가 고국에 있을 때, 광저우의 외국인 단장(번장番長)으로부터 [아랍인들이] 수도로 가서 공물을 바치라는 명령을 받았다는 편지를 받았다. 그는 황제가 [외국인들에게] 관대한 호의를 베푸는 정책을 공표하고 광난의 관리들에게 먼 나라의 상품들을 풍부하게 만들기 위해 외국 상인들을 존경하고 위로하도록 명령한 현자적인 미덕을 칭찬했다.[196] 그러고 나서 나는 항해하는 배에 타 농산물을 수집했다.

　이 구절은 우리에게 사절단 임무의 시작과 실행을 보는 드문 시각을 제공한다. 그리고 우리가 볼 수 있는 것은 바로 복수 행위자들의 업무이다. 즉 임무를 요청하고 지방 관리들이 '먼 나라의 물건들을 풍부하게 만들기 위해 외국 상인들을 존경하고 위로하는' 데 관련된 송의 궁정, 선주이자 전 대사인 포희밀에게 요청을 전달한 아랍의 우두머리(번장), 그리고 바그다드 칼리프의 축복을 받은 것으로 추정되지만 개인적으로 조공 물품의 수집과 운송을 맡은 포희밀 자신. 그러고 나서 편지는 포희밀이 카이펑에 갈 수 없는 사정을 설명한 것, 포희멀의 조수인 이아물로 하여금 대신 가게 지명한 것, 그가 보내는 공물에 대해 자세히 설명하는 것으로 끝이 난다.

　용왕전을 체험하고, 옥황상제의 주변을 둘러보고, 도교의 덕행을 기리는 것이 나의 오랜 목표였다. 이제 다섯 양의 도시(즉 광저우)에 도착했지만, 나는 아직 황궁에서 멀리 떨어져 있었다. 나는 또한 늙고 허약하며, 병들고 잘 지낼 수 없으며, [궁전의] 붉은 문을 꿈꾸고 있으며, 시력이 손상되고 마음이 아프다. 나는 이제 이아물에게 공물을 가져오라고 설득했고, 공물을 보충하기 위해 공손히 외국 비단과 약을 준비했다. 신하 (포)희밀은 코끼리 상아 50개, 유향 1,800근, 연철 700근, 붉은 실이 달린 면화, 오색 꽃무늬 외국 비단 4단, 흰 유누오 천 2개, 유약병 1개, 특이한 돌

멩이 1개, 그리고 장미 물병 100개를 선물한다.

　우리는 다시 중국 문화 수사학의 유창한 적용을 볼 수 있는데, 포희밀이 수도를 방문하지 못한 것에 대한 후회, 이아물(일설에서는 아마도 포희밀에게 처음 편지를 쓴 사람)에 대한 그의 지명, 그리고 공물 물품 목록을 표현하는 데 사용된다.[197] 마지막은 왕실과 부유한 개인들이 특히 선호하는 상아, 코뿔소 뿔, 향, 장미 물병과 같은 외국의 사치품들로 인상적인 목록이지만, 또한 비단과 연철, 중국인들이 풍부하게 가지고 있던 상품, 높은 수준의 서아시아 공예 기술에 대한 증거도 포함했다. 우리는 포희밀이 보낸 공물에 대한 답례로 황실 서예 작품, 비단옷, 그리고 다양한 은과 비단 상품들을 줬다는 것을 알게 되었다.[198]

　이 이야기에는 후신이 있다. 포희밀의 편지가 도착한 지 2년 뒤인 995년에, 포압타리浦押陀離(아부 아딜)는 궁정에 조공 사절단을 이끌고 갔고, 993년과 마찬가지로 포희밀의 편지와 훨씬 더 호화로운 선물이 있었다. 포압타리는 숭문전에서 열린 알현에서 통역을 통해, "상업적 이익을 추구하는 아버지 포희밀이 배를 타고 광저우에 왔고, 아버지가 돌아오지 않은 채 5년이 지났을 때 어머니는 아버지를 만나라고 나를 이 먼 거리로 보냈다. 광저우에 도착해서 아버지를 만나 보았다."라고 하였다. 그는 2년 전에 주어진 황실 선물에 대한 아버지의 감사를 전했고 감사의 표시로 새로운 선물을 제공했다. 이에 대해 태종은 포압타리에게 옷과 모자, 허리띠를 주었고, 심지어는 잠자리까지 마련하였으며, 잔치를 베풀어 돌아가기 전 몇 달 동안 쉬게 하였다. 태종은 또한 포희밀의 선물과 같은 양의 금을 포압타리에게 보냈다.[199]

포희밀과 포압타리 부자는 976년부터 988년까지 5차례의 조공 임무도 수행했다. 우리는 또한 이 마지막 기록을 통해 포압타리의 어머니(그리고 포희밀의 아내)가 여전히 993년 임무 이전에 포희밀이 왔던 곳인 아라비아에 있었다는 것을 알 수 있다. 여기서 우리는 중국에서의 장기적인 업무, 스리비자야에서의 정치적 중요성, 그리고 아라비아를 오가는 지속적인 여행을 포함하는 아랍 상인 디아스포라의 가장 높은 수준의 유동성을 볼 수 있다. 광저우에 있는 외국인 지도자에 대한 언급도 중요하다. 이는 당나라 이후 처음으로 그 도시에 아랍인 거주지가 있음을 언급한 것일 뿐만 아니라 그의 모국과 소통하여 조공과 무역을 촉진하는 데 있어 지도자의 역할을 보여 주기 때문이다.

1022년 진종이 사망할 무렵, 남해 조공은 중단되었다. 1019년 아랍의 조공 이후 1055년 다음 조공까지 36년의 공백이 있었다. 1017년 스리비자야의 조공은 1028년에도 이어졌지만, 1077년의 다음 조공까지 49년의 공백이 있었다. 인도와 출라는 각각 1030년대에 조공을 했지만, 각각 36년과 34년의 공백이 있었다. 비슷한 패턴을 고려에서도 볼 수 있다. 1014년과 1021년 사이의 6번의 조공이 1030년에 이어졌고 그다음에는 1068년까지 다른 조공이 없었다. 대조적으로 티베트, 호탄, 쿠차와 같은 서부와 북부의 국가들에서 온 조공은 동남아시아 대륙의 참파와 베트남에서 온 선교와 마찬가지로 11세기 내내 높은 빈도로 계속되었다.

이 모든 발견에 대한 설명을 시도하려는 것은 내 의도가 아니지만, 해상 조공의 일반적인 중단은 설명이 필요하다. 한 가지 이유는 경제적인 것이었다. 11세기 초까지, 중국과 남해 사이의 무역량이 계속 증가하면서 조공 체계에 부담을 주고 있었다. 1016년에 광저우의 진석청陳石淸은 조공 사절단의 규모에 제한을 둘 것을 다음과 같이 제안하였다.[200]

> 대사, 부사, 판관, 방수관(防授官)이 있는 사절단은 아라비아, 촐라, 스리비자야, 자와의 경우 20명, 참파, 탐브라링카(단류미丹流眉), 보르네오, 굴루오(고라古邏), 필리핀(마일摩逸)의 경우 10명으로 제한되어야 하며, 여행 서류를 제출해야 한다. 외국인 손님들을 거짓으로 대신한 광저우의 번객蕃客은 유죄 판결을 받아야 한다.[201]

우리가 알다시피 광저우에 기반을 둔 외국 상인들이 과거에 조공 사절단에 참여했기 때문에, 이 제안이 받아들여진 것은 아마도 그들을 목표로 하지 않았을 것이다. 오히려, 그 사절들은 많은 수의 광저우 상인들이 그들 자신의 무역에 참여할 기회를 이용하는 핑계로 사용되었을 가능성이 있어 보인다.

1020년대 후반부터 공물 임무가 중단된 또 다른 이유는 인종(재위: 1022–1063) 황제가 해외 조공에 관한 관심이 앞서 세 전임자보다 적었기 때문이다. 인종의 세 전임자들 모두는 해외 조공에 의욕적으로 관심이 있었다. 사실 송나라 조공 제도의 분명한 정점 중 하나는 1007년 이후에 일어났는데, 그때는 『천서天書』와 잇달아 다른 길조들이 불가사의하게 발견됨으로 인해 진종(재위: 997-1022)이 방대한 규모로 국제적 차원에서 고대의 제사를 수행하게 되었다. 1008년에 아랍의 사신이자 배의 선장인 포마물타파리蒲麻勿陀婆離[아부 모하마드 다왈?]는 궁정에서 태산으로 가서 봉선封禪 의식을 거행했을 뿐만 아니라, 사절단의 일원인 이마물李麻勿은 황제에게 1피트 2인치짜리 옥패를 선물했는데, 그의 5대 조상이 서인도(서천西天)에서 구했으며, '중국의 현인 황제'가 봉선 의식을 지낼 때 공물로 바쳐야 한다는 지시와 함께 보냈다고 설명했다.[202] 3년 후 진종이 산시성의 분수汾水에서 이 제물을 바쳤을 때, 아랍인들은 이번에는 이전에 사절단을 보낸 적이 없는 서아시아 3개국을 포함한 다른 나라들의 사절들과 함께 다시 궁정에 동행했다.[203] 송나라 역사에서 이 기이한 사건을 어떻게 생각하든 간에, 그것은 분명히 1005년 요나라와 체결된 굴욕적인 평화 조약의 결과로 진정한 천자의 정당성과 위신을 부여받고자 하는 진종의 열망 때문에 추진되었고, 이러한 맥락에서 모든 조공 사절은 유용한 목적을 수행했다.

대조적으로 진종의 치세는 유황후에 의해 8년간 섭정을 받았고, 어린 인종은 1031년에야 그의 개인적인 치세를 시작했다. 따라서 조공의 공백은 왕조의 위신과 정당성 문제에 덜 관심이 있는 정치 문화로의 세대교체를 반영했을 가능성이 크다.[204] 이러한 해석은 또한 1070년대에 있었던 빈번한 해상 조공의 재개가 신종(재위 1067-1085)의 통치를 특징짓는 강력한 외교정책과 일치한다는 사실과도 부합할 것이다.

역사학자 헤르만 쿨케는 유라시아 전역에 걸쳐 세 개의 강력한 새로운 왕조가 동시에 출현한 것에 주목했다. 969년 이집트의 파티마 왕조, 985년 인도 동부 해안의 촐라 왕조, 그리고 960년 송 왕조는 '인도양 무역 시스템을 방해하기 시작한' 정권들이었다. 파티마 왕조는 쇠퇴하고 분열된 아바스 왕조[205]에 도전장을 냈다. 즉 파티마 왕조는 홍해의 중요성을 키우고 따라서 그들의 배들이 직접 항해했던 인도 남서부 말라바르 해안의 역할을 증가시켰다. 촐라는 1025년에 해군 원정을 통해 동남아시아 스리비자야의 오랜 패권에 도전했다. 그리고 송은 "처음부터 해상 무역을 촉진하고 통제하여 다른 어떤 중국 왕조보다 더 성공적이었다."[206] 이 공식에 반대하기는커녕, 나는 쿨케의 송에 대한 특성화를 인정할 것이고, 그리고 성대한 의례 계획을 가진 신종이야말로 해양 아시아와의 관계에서 당의 조공 질서를 재현하려는 송의 시도가 종료됨을 의미한다고 말할 것이다. 아바스 왕조와 당나라의 초기 지배는 페르시아만과 홍해, 인도의 동서 해안, 스리랑카, 스리비자야, 참파, 그리고 일본과 한국이 모두 역할을 하는 진정한 다극 무역 체제에 자리를 내주었다. 늦었지만 성공적이었던 송나라의 대응은 조공 무역에서 상대적으로 자유로운 무역으로 이행했는데, 정부의 주된 기능은 해상 무역에서 얻은 수입을 거두는 것이었다. 3장에서 보게 되듯이, 이것은 중국의 항구 도시에 있는 무슬림 상인 커뮤니티의 역사에서 새로운 시기를 열었고, 더이상 단순히 중국과 서아시아에 머무르지 않고 인도양과 동남아시아 전역의 수많은 커뮤니티를 포함하는 무슬림 무역 디아스포라의 일부였다.

3장

상인
커뮤니티의
성숙

11세기 초부터 13세기 몽골 제국이 부상하기까지, 해양 아시아는 번성한 다극 무역 체제로 상호 연결되었고, 이는 유라시아 전역에 걸쳐 국가들이 발전하는 데 상당한 영향을 미쳤다. (비록 사치품은 계속 거래되었지만) 초기 수 세기의 사치품 무역보다는 덜 초점이 맞춰져 있었고, 새로운 상품, 대량 상품, 새로운 종류의 배들이 포함되어 있었다. 무슬림 무역 디아스포라는 다양한 상인 집단에 의해 도전받았지만, 증가하는 민족적, 지리적 다양성으로 인해 디아스포라의 앵커로서 서아시아 항구의 중요성이 줄어들면서 중요한 방식으로 진화했다. 결과적으로, 중국 남동부의 항구 도시들의 해양 커뮤니티들은 당나라의 이전 커뮤니티들과는 상당히 다른 활기찬 문화를 창조했다.

새로운 해상 무역 시스템

10세기 후반 파티마 왕조, 촐라 제국, 그리고 송 제국의 출현은, 2장 끝에서 논의한 바와 같이, 해양 아시아에 새로운 상업 형태를 만들어 낼 세력을 분명히 끌어 왔다. 하지만 당-아바스 왕조 시대와는 대조적으로, 2장에서 설명한 변화 덕에 그들은 모두 다국적 맥락으로 운영되고 있었다. 송나라의 친무역 정책과 세계에서 가장 크고 역동적인 경제가 결합했을 때, 결과적으로 해양 세계를 통해 더 많은 국가들이 원거리 무역에 참여하고, 더 많은 상인 단체들과 더 많은 상품들이 거래되었다.

서아시아에서는 이집트의 부상이 교역로를 바꾸는 데 이바지했고, 홍해의 아덴과 지다의 출현, 인도양의 유대인 카리미 상인들의 적극적인 역할을 이끌어 냈지만, 그 무역의 가능성이 실현되는 데는 한두 세기가 걸렸다.[207] 더 즉각적으로, 아바스 왕조의 붕괴는 10세기에 서부 페르시아만의 바스라와 다른 항구들에 페르시아 해안의 시라프와 오만의 그림자를 드리우는 결과를 초래했고, 이어서 11세기에는 키시가, 12세기에는 호르무즈가 영향력을 행사했다. 남쪽으로는, 이집트와 인도양 및 그 너머의 무역이 파티마 왕조(979~1175)와 아유비드 왕조(1175~1250)의 치하에서 발전하여, 아덴의 카리미 상인들의 힘을 강화했는데, 그들의 배는 멀리 중국까지 간 것으로 알려졌다.[208]

이러한 새로운 정치적, 상업적 패턴은 중국과의 직접 무역을 끝내지 못했다. 이 시기의 중국 무역에 대한 아랍어 설명은 드물긴 하지만, 막대한 부를 창출했다는 명성을 말해 준다. 1138년에 위대한 상인이자 선주인 라미슈트의 대리인이 50만 디나르의 가치가 있는 화물을 가지고 광저우에서 돌아왔다. 라미슈트 자신이 중국에 갔다는 증거는 없지만, 일찍이 메카에 요양원을 기부한 자선가로서, 그의 대리인의 배가 도착한 후 메카에 있는 카바 전체를 덮을 수 있는 중국산 비단을 제공했다고 전해진다.[209] 그렇게 화려하지는 않지만, 두 개의 다른 설명은 이 원거리 무역의 중요한 세부 사항을 보여 준다. 작가 이븐 하우칼은 961년경 바스라에서 만난 상인 아마드 이븐 알

시라피를 다음과 같이 묘사하고 있다.

왕자보다 더 자랑스러운 이 남자는 상당한 재산을 소유했고, 관리자가 그의 사업 문제를 처리했다. 그는 멀리 있는 파트너와 대리인들과 접촉했다. 그의 창고는 향신료, 귀중한 돌과 향수로 넘쳐났다. 그의 배들은 인도와 중국, 잔지바르 해안을 향해 항해했다.[210]

13세기의 저술가 사디는 카이스에서 중국에서 그리스에 이르는 상품 시장을 지휘하는 상인을 묘사했다. 낙타 150마리와 노예 40명을 거느린 상인은 사디에게 말했다.

나는 페르시아 사프란을 비싸다고 알고 있는 중국으로 운반한 다음 그릇을 중국에서 그리스로, 그리스 양단을 인도로, 인도산 철을 알레포로, 알레포의 유리잔을 예멘으로, 예멘의 줄무늬 재료를 페르시아로 가져가고 싶다.[211]

더 동쪽으로 가면, 촐라의 영향은 꽤 달랐다. 거대한 제국들이 전형적으로 육지로 둘러싸인 아대륙에서, 촐라는 바다를 마주했다. 탄센 센에 따르면, 촐라 통치자들은 자신들의 농업 기반을 지역 간 및 해상 상업 네트워크에 연결하기 위해 노력했고, 1025년과 1067년의 탐험에서 자신들의 해군력을 사용하여 동부 인도양에서 스리비자야의 역사적 지배를 끝냈다.[212] 동서 무역의 중심에 있는 그들의 위치는 모두에게 이익이 되었고 무역 체계의 구조를 완전히 형성했다. 센은 "촐라의 무역 창고는 인도양을 가로지르는 상인들과 상품들의 이동을 매우 쉽게 하는 자연환경과 경제 구조를 모두 제공했고 해양 세계의 주요 시장들을 연결함으로써 '세계 경제'의 후속적인 출현에 기여했다."라고 썼다.[213]

동남아시아에서, (특히 1025년의) 촐라 해군 원정대는 해상 무역에 대한 스리비자야의 패권을 효과적으로 종식시켰고 캄보디아 크메르 제국과 버마 파간 제국의 남쪽 확장의 한 요인이 되었다.[214] 케네스 홀은 송이 펼친 친무역 정책으로 무역이 급증하자 해양 동남아시아는 매우 불안해졌는데, 이에 스리랑카인, 미얀마인, 말레이인들이 동남아시아의 해양 무역을 오랫동안 지배해 온 스리비자야에 도전하게 되었다고 주장했다. 그리고 케네스 홀은 14세기 초까지 생겨난 다섯 개의 분리된 무역 상업 지역을 확인했다.[215]

10세기 후반에 리씨 가문이 대월(베트남)을 설립한 것은 중국 제국으로부터 영구적인 분리가 되리라는 것을 의미했다. 남쪽 참족과의 베트남 전쟁은 강력한 참파 군주가 북쪽의 이웃 국가들과의 관계를 안정화시킨 11세기 중반까지 다소 불안정한 상황을 만들었다.[216] 여기서도 무역의 역할은 강력했다. 10세기부터 15세기까지 대월에 대한 모모키 시로의 연구는 대월이 11세기와 12세기에 걸쳐 어떻게 번영했는지를 보여 준다.[217] 그는 또한 10세기와 11세기 동안 송나라 조정의 남해 무역 일부 제한에도 불구하고, 대월의 비조공 무역량이, 문서로 잘 정리된 송나라와 대월 사이 조공 무역량을 능가했다고 주장한다.[218]

동아시아에서 송나라는 동북과 서북쪽에 있는 거란의 요나라와 탕구트의 서하, 그리고 1127년 이후에는 만주뿐만 아니라 사실상 중국 북부 전체를 포함한 여진의 금과 경쟁해야 했다. 한과 당이 했던 것과 달리 송나라가 중앙아시아로 이어지는 비단길을 통제할 수 없어서, 남해의 나라들뿐만 아니라 일본과 한국과의 해상 무역이 중요성이 특별히 부각되었다.[219] 모모키 시로와 하스다 다카시는 11~14세기에 "동북아시아가 처음으로 국제 무역 네트워크에 깊이 편입되었다."라고 기록했지만, 야마우치 신지는 "아시아 대륙과의 빈번한 해양 무역을 통한 사람, 상품, 정보의 교류가 활발했던" "일본-송 무역의 시대"라고 말한다.[220 221]

우리가 위에서 논의한 11세기부터 13세기까지의 해양 아시아 국가들의 정치적 성격의 극적인 변화는 무역 자체의 변화와 병행된다. 비록 당나라와 아바스 왕조의 무역을 지배했던 사치품들이 계속해서 수요가 많았음에도 불구하고, 그 사치품들은 광범위한 상품군에 합류되었고 때로는 그 상품들에 의해 가려졌다. 송의 해상 무역에 대한 그의 고전적인 연구에서, 폴 휘틀리는 거래된 91개의 상품을 설명하기 위해 중국의 자료를 이용했다.[222] 중국의 주요 수출품은 도자기였다. 아시아 각지의 고고학적 발견에서 알 수 있듯이, 종종 해외 선박의 바닥짐으로서 이중 임무를 수행했던 송나라 도자기의 수요는 세계적 차원이었으며, 이에 대규모 가마 단지가 광저우와 취안저우의 남동부 항구 도시들에 집중되어 있었을 뿐만 아니라 장시성 같은 내륙으로도 확장되어서, 1장에서 설명한 당나라 수출 산업을 더욱 확장시켰다. 도자기 외에도 송나라의 수출품은 비단, 식료품(대부분 큰 도자기 용기), 책을 포함한 공산품, 그리고 13세기에는 특히 구리와 주석이 포함되었다. 실제로, 정부는 구리 동전 수요 때문에 비효과적이긴 하지만 반복적으로 수출을 금지하려고 노력했다. 수입품에 관해서 송나라 도시 소비자들은 일반적으로는 아로마로 번역하지만, 향, 향나무, 향수, 의약품뿐만 아니라 진주, 상아, 코뿔소 뿔, 면직물, 흑단黑檀, 소방목蘇方木, 후추와 정향丁香을 포함하는 향약香藥에 대한 큰 욕구를 키웠다. 이 상품 중 다수가 동남아시아에서 왔지만, 서아시아에서만 온 몇몇 상품들이 있었고, 특히 유향은 매우 인기 있었다.[223]

송나라와 원나라 시대에 동남아시아와의 중국 무역을 다룬 데릭 헹의 연구는 중요한 통찰력을 제공한다. 그는 앞서 언급한 사치품 무역에서 대량 상품의 대량 거래로의 전환을 충분히 서술했을 뿐만 아니라 상품 마케팅의 변화도 파악한다. 11세기 후반에 시작된 무역은 '대량의 상품 선적, 해운 무역에 중국 상인들의 직접적인 참여, 그리고 문제의 상품 등급 관련 지식의 소유'로 특징지어졌다.[224] 마지막 요점은 중요하다. 왜냐하면 헹은 아로마와 같은 동남아시아의 중국 수출품들, 그리고 비단, 특히 도자기와 같은 중국으로부터의 수입품들 양쪽에서 어떻게 상품의 등급이 증가하는지를 보여 주며(고품질 대 저품질, 그리고 그사이의 수준), 점점 더 복잡한 상업 네트워크와 상업적 지식의 개선을 제안하기 때문이다. 왜냐하면 등급별로 다른 등급의 시장이 존재한다는 확신이 있는 경우에만 상업적으로 의미가 있기 때문이다.[225]

상업 확장의 기저에 깔린 요인으로 동아시아와 동남아시아 전역에 걸친 중국의 원양 선박 또는 정크선(말레이 종에서 유래)의 사용 확산을 든다. 그 배들은 아랍 다우 및 많은 동남아시아 선박이 러그/장부촉 구조로 되어 있는 데 반해 쇠못의 사용으로 정형화되었고, 항해에 도움이 되는 선미 방향타와 자기 나침반을 사용하였다. 2장에서 우리는 10세기 동남아시아에서 중국 선박에 대한 아랍인의 언급을 접했지만 이는 다른 증거로 입증할 수 없다. 대조적으로 12세기와 13세기에 여진과 몽골로부터 왕조를 보호한 해군의 발전과 대규모 상선의 출현에서 송나라가 친해양으로 방향을 전환한 것에 대한 충분한 자료가 있다.

로중팡의 선구적인 업적 덕분에 송나라 때 중국 정크선의 역할이 잘 기록되어 있다. 송나라의 43개의 지방(그중 9개는 주요 조선소가 있다)에서 온갖 종류의 배를 생산했다. 이들 중에는 취안저우의 특산품이며 25~30피트의 선폭에 달하는 거대한 크기 때문에 소위 '고래(해추海鰍)'라고 불리는 것들이 있었다. 로의 말을 들어보자.

중국의 정크선은 튼튼했다. 그 선체는 여러 겹의 널빤지로 만들어졌다. 그것은 선실, 승객들을 위한 객실, 그리고 충분한 화물 공간이 있었다. 그리고 안전했다. 그것은 물이 새지 않는 격벽, 소방 장비와 구명보트를 가지고 있었다. 그것들 중 일부는 천 명의 승객과 승무원을 태울 수 있었다고 한다.[226]

선박 건조 자체가 다국적이었고, 많은 필수 재료들이 해외에서 왔다.

돛 제작용 면화, 누수 방지용 수지와 송진, 안료용 푸른 녹, 노란색 납과 진사辰砂, 니스용 용의 피, 붕사硼砂, 금박, 생가죽과 등나무는 말할 것도 없이 모두 외국 산이다. 밧줄용 코이어 야자 섬유와 부레풀 같은 물품들은 멀리 근동과 인도양의 섬들에서 왔다.

조선업이 중국 동남부의 산림자원을 고갈시키면서 목재까지 일본에서 수입하게 되었고, 미리 톱질한 전나무, 삼나무, 말 밤나무 판자가 중국의 조선소로 운송되었다.[227]

정크선의 개발에 대한 이러한 관심은 정크선이 오랫동안 아시아 해역을 항해했던 다우와 다른 선박들을 대체하지 않았다는 사실을 모호하게 해서는 안 된다. 반대로, 13세기 동남아시아에서 중국의 특징 및 기술과 뚜렷하게 다른 비중국적 요소를 결합한 하이브리드 정크선의 출현을 초래한 상호작용과 함께 그것들이 공존했다고 믿을 만한 충분한 이유가 있다.[228] 중국 정크선의 부상은 분명히 중국 상인들이 남해로 이동하는 것과 관련이 있지만, 이 두 가지는 동의어가 아니었다. 우리는 적어도 한 무슬림 상인이 그를 위해 만든 정크선을 가지고 있었다는 예를 들 수 있다.[229] 게다가 어떠한 국적의 상인들도, 중국인이든 다른 사람이든 자유롭게 배를 이용할 수 있는 통행권을 구입했다.

이러한 점들은 각각 남송 초기와 후기의 두 정크선의 발굴에서 비롯된 고고학적 기록으로 뒷받침된다. 남해 1호 난파선은 1987년에 광둥의 타이산 앞바다에서 발견되었다. 이 배의 길이는 21.8m로 자와해의 벨리퉁과 치르본 난파선에 버금가는 크기였고, 13개의 칸(정크의 격벽 구조를 활용)이 있었다. 이 배는 중국에서 60,000에서 80,000개의 화물을 싣고 출발했다. 여기에는 금, 놋쇠, 철제품, 유물, 은괴, 그리고 많은 양의 도자기와 동전이 포함되어 있었다. 대부분의 도자기는 취안저우로 추정되는 푸젠성 가마에서 나왔으나, 각각 장시성과 저장성의 유명한 경덕진景德鎭과 용천龍泉의 가마에서 나온 것들도 약간 포함되어 있었다. 6,000개의 동전은 동한부터 남송 초기의 소흥紹興 연간(옮긴이 주: 1131~1162)까지 연대가 다양했다. 또한 명백히 비중국적인 디자인의 은색 허리띠를 포함하여 외국 상인 승객(선주가 아니라면)을 암시하는 고급스러운 물건들도 조금 있었다.[230]

두 번째 난파선은 취안저우의 옛 항구였던 후저우에서 발견되었고 1974년에 발굴되었다(그림 3.1). 24×9m의 대형 선박으로 12개의

그림 3.1 1973년 8월에 발견된 취안저우의 허우저우선后渚船 난파선(취안저우 카이위 안사開元寺 전시관 소재)과 배 모형(사진_취안저우해외교통사박물관 홈페이지)

격벽이 있으며, 정확한 연대는 1277년으로 추정된다. 배에 실린 많은 컨테이너에는 송나라 황실의 라벨이 붙어 있어 송나라 황실이 소유하고 있었을 가능성이 있으며, 취안저우에 도착하였을 때 몽골에 의해 취안저우가 함락된 것을 발견하고서는 의도적으로 침몰시켰을 가능성이 제기되고 있다.[231] 중국에 도착했다는 것은 의미심장하다(그리고 그 시대의 난파선은 드물다). 왜냐하면 이 배의 화물은 개오지 조개껍질, 후추, 빈랑나무 열매, 거북이 껍질, 진사辰砂, 소말리아 호박과 2,300kg의 향긋한 동남아시아 목재와 향신료로 가득 차 있었기 때문이다.[232]

따라서 이 두 척의 난파선은 송나라의 수출을 위한 도자기와 금속 그리고 수입을 위한 향신료와 아로마의 중요성에 관한 기록을 확인시켜 준다.

송의 무역 장려

지금까지 설명한 바와 같이 해상 아시아 전역에서 국가 시스템을 발전시키고 상업화를 확대하는 것과 조선 및 해상 기술의 발전이 혼합된 데에는 송 정부의 역할을 추가해야 한다. 송 정부의 친무역 정책은 중국의 다른 왕조들뿐만 아니라 11세기와 12세기 해양 세계의 다른 국가들과도 차별화되었고, 해양 무역 시스템의 발전에 결정적이었다.

젊은 시절 아버지를 따라 광저우로 건너가 해상 상인들의 활동을 직접 목격한 주욱朱彧(12세기 초)에 따르면, 남쪽에서 중국 수역으로 들어오는 외국 선박들은 전형적으로 노섬Ru Island에서 송나라 당국과 마주쳤는데, 그곳에서 망박순검사望舶巡檢司 관리들이 술과 고기 선물로 환영하고 광저우로 호송할 군대를 제공했다. 그러고 나서 그들은 광저우나 다른 공식적으로 허가된 항구로 호송되었다. 그들이 정박한 후, 그 배들은 해상 무역 감독관 근처의 섬에서 무장 경비를 받았다. 그곳에서 관리들은 (어떤 상품의 강제 매입을 포함하여) 그들의 상품을 검사하고 세금을 부과할 기회를 가졌고, 그 후에야 외국 상인들은 상품들을 시장에 판매하는 것이 허용되었다.[233]

주욱은 어릴 때 관찰한 광저우 무역에 대한 논의로 제한했지만, 1080년 이후에는 시박사市舶司나 시박제거사市舶提擧司가 있는 항구가 여러 개 있었다. 송나라 초기 광저우(971년), 항저우(989년), 밍저우(992년)에 세워진 3개 외에 나머지 4개는 북송(1074년 상하이上海, 1087년 취안저우, 1088년 산둥반도의 미저우密州, 1113년 슈저우秀州)에서 만들어졌다.[234] 후대의 시박제거사 중에서, 취안저우의 것이 가장 중요했다. 이는 취안저우가 빠르게 해외 무역의 최고 항구의 위치를 차지했기 때문이다. 사실 상인 커뮤니티에 대한 우리의 정보는 대부분 취안저우와 광저우에서 나온다.[235] 복수의 시박제거사는 해외 상인들에게 그들이 사업할 수 있는 항구를 선택할 기회를 제공했고, 시박제거사 자체는 광범위한 무역 관련 활동에 주목했다.

해상 무역 감독기구들은 중세 해양 세계에서 독특한 기관이었다. 감독관들은 일반적으로 재정위원회의 고위 관리들이었고, 어떤 경우에는 주현의 지사로 동시에 임명되었지만, 그들의 활동에 대해서는 재정위원회의 명령에 따랐다. 그러한 활동은 당연히 세금 징수에 중점을 두었고, 그들의 책임에는 외국 상인들을 위한 편의 제공도 포함되었다. 12세기 후반의 주거비周去非에 따르면, 해상 무역 감독기구는 "나라가 외국 야만인들을 평화적으로 키우기 위해", "상인들에게 세금을 부과하고 상인들을 보호하기 위해" 설립되었다.[236] "[강력한] 바람 때문에 해안에서 표류할 때 손상되거나 선주가 탑승하지 못한 외국 선박은, 현지 관리들에 의해 구조되어 화물들을 기록하고 선주의 친척이 화물들을 되찾게 할 것이다."[237] 남송에서는 난파 선원들과 같은 긴급 구조가 필요한 사람들에게 송환을 기다리는 동안 수당을 지급하였다.[238] 또한 매년 10월에 취안저우와 광저우의 해상 무역 기구들은 각 지역에서 300관에 상당한 비용을 들여 외국 상인들을 성대한 잔치에 초대했다.[239]

감독기구가 거둬들인 세금은 두 종류였다. 정부가 많은 상품을 강제로 구매하였고, 상인들에게는 구리, 금, 은 또는 도자기, 비단과 같은 무역 상품으로 대가를 지불했다.[240] 정부가 이윤을 남기고 상품을 재판매할 수 있게 한 시장보다 낮은 가격으로 이루어진 이러한 구매는 시장보다 낮은 가격으로 이루어져 정부가 이윤을 남기고 상품을 재판매할 수 있었고, 일반적으로 선박 화물의 40~60%를 차지했다.

강제 구입 대상을 포함한 모든 수입품에 먹인 기본관세는 10%였고, 990년대에 20%로 잠시 인상된 것을 제외하면 북송 시기 대부분에 걸쳐 그대로 유지되었다. 그러나 12세기 초에 섬유와 같은 '조잡한 상품(조색粗色)'과 많은 귀중한 상품 같은 고급 상품(세색細色) 사이에 더 큰 차이가 생겼다. 처음에는 조잡한 상품에 30%의 세율이 부과되었으나, 1136년 이후에는 15%로 바뀌었다.[241] 주욱은 12세기 초 광저우에서 이 복잡한 세금의 작용을 다음과 같이 묘사한다.

10% 단위를 사용하면 진짜 진주, 보르네오 장뇌 등 모든 고급품이 10%, 거북이 등껍질, 소목蘇木 등 모든 조잡품이 30%로 부과돼 시장 관계자들의 평가가 엇갈리고 있다. 세금 징수 후에 상인들은 그들의 상품을 돌려받는다. 상아와 유향 중량 30근의 위탁품은 세금과는 별도로 모두 공식시장에서 독점구매 대상이기 때문에, 상아 출하량이 많은 상인은 30근 이하로 나눠야 규정상 공식시장에서 면세받을 수 있었다.

정부가 지급하는 낮은 가격이 상인들을 힘들게 하고 있다는 점을 지적하자면, '상인들이 감히 거역할 수 없는' 제도를 속이려 한 데 대한 처벌이 바로 그런 것이다.[242]

해상 무역은 정부에게 수익성 있는 수입원이었다. 북송 시기 대부분에 걸쳐 무역으로 인한 연간 수입은 현금으로 약 50만 관이었고, 정부 전체 수입의 작은 부분만을 차지했다. 그러나 해상 관세는

1102년부터 1110년까지 평균 110만 관으로 증가했고, 이후 12세기 중반에 200만 관 정도로 증가해서, 재정적으로 곤란한 상황에 있었던 남송 정부에는 특히 중요한 자금이 되었다.[243]

주목해야 할 것은, 신종(재위 1068~1085)의 치하에서 해양 조공이 새롭게 꽃을 피웠다는 점이다. 표 2.1에서 보듯이 1023년부터 1067년까지 13번의 남해 조공 이후에, 신종 통치 18년 동안 18번의 남해 조공이 있었다. 마찬가지로 고려는 38년간의 공백을 끝내고 1068년부터 1085년 사이에 7차례의 사절단을 보냈다. 18차례의 남해 사절단 중 4회는 참파에서, 3회는 아라비아에서, 3회는 스리비자야에서 왔는데, 역시 세 나라는 송 초기에 압도적이었다. 1071년과 1081년의 잔지바르, 1072년의 무스카트, 1074년의 바레인 등 서아시아의 4개 국가에서 온 조공도 주목할 만하다. 신종의 통치 이후 조공은 북송이 끝날 때까지 여전히 인종 시대보다는 높았지만, 더 낮은 수준에서 계속되었다. 이러한 조공을 부활시킨 이유는 분명히 경제적인 것이 아니라 선종의 아들 희종(재위 1100~1126)에 의해 나중에 되풀이된 선종의 더 강력한 외교정책 때문이었다.

북송 말기의 경제적으로 더욱 중요한 진전은 새로운 해상무역기구의 설립이었는데, 1074년 상하이에, 1087년에 취안저우에, 1088년 자오저우에, 1113년 양저우에 각각 해상 무역 기구를 두었다.[244] 이 새로운 기구들은 모든 해상 무역을 세 개의 항구로 돌리려는 송나라 시도의 끝을 의미했다. 그리고 세 개의 기구가 더 열리면서 남송을 통한 지속적인 다항 무역의 시대가 시작되었다. 이 새로운 기구 가운데 단연코 가장 중요한 것은 취안저우였는데, 왜냐하면 합법이든 불법이든 해상 무역으로 오랫동안 번창해 온 항구가 예전에는 그렇지 않았더라도 광저우를 포함한 남송의 다른 모든 항구를 압도할 수 있게 해 주었기 때문이었다.[245] 사실, 취안저우로부터의 수입은 의심할 여지 없이 위에서 설명한 연간 50만에서 100만 관으로 해양 수입이 증가한 요인이었다.

송나라의 무역 장려 정책은 1137년에 고종(재위: 1127~1162년)이 표현한 것이 가장 유명하다. 고종은 중국 북부를 여진족에게 빼앗긴 후 왕조를 재건하려고 노력하면서, "해양 무역에서 얻는 이익이 가장 크다. 제대로 관리된다면, 수입이 수백만 관에 이를 수 있다. 이것이 사람들에게 세금을 부과하는 것보다 낫지 않은가? 따라서 백성의 세금 부담을 덜어주기 위해 해상 무역에 더 많은 관심을 기울여야 한다."라고 강조했다.[246] 9년 후에, 황제는 광저우에서 관리로 재직할 때 부당하게 상품 가격을 논의하여 상인들에게 해를 끼쳤다는 이유로 관리를 강등시키면서 다음과 같이 말했다. "해상 무역에서 나오는 이윤은 국가 재정에 많은 기여를 한다. 이전의 규정에 따르면 나라 사람들이 와서 거래하도록 장려해야 한다."[247]

이러한 격려는 고종만 한 것이 아니었다. 우리는 앞에서 설명한 무역 기구들의 온정주의적 기능에서 살펴보았다. 그것은 우리가 돌아가야 할 주제인 특출나게 가치 있는 화물을 공식적으로 들여온 상인들에게 상을 내리는 송 정책에서 분명했다. 이는 1080년에 제정된 금지령에도 반영되었는데, 이는 당나라와의 극적인 대조를 보여 주는 것으로, 우리가 1장에서 본 것처럼 광저우에 게시된 것은 부에 대한 확실한 여권으로 간주되었다.[248]

외국 상인들을 환영하는 정부의 태도와 신뢰할 수 있는 높은 관세 수준은 중국 항구를 정착해 사업하기에 매력적인 장소로 만들었다. 당나라와 대조적으로 이 항구들은 더 이상 제국의 국경 지역에 있지 않았다. 동남쪽 해안은 송나라 제국의 정치에 완전히 통합되었고, 푸젠성과 저장성 같은 지역들이 제국에서 가장 경제적으로 번영하고 정치적으로 성공한 지역으로 부상했다. 결과적으로 외국 상인 커뮤니티는 이전보다 더 경제적 주류에 통합되었다.

해양 상인 공동체

젊은 시절 광저우를 탐험하면서 주욱은 그가 마주친 다양한 사람들과 관습에 매료되었다. 주욱은 배와 항해에 관한 세부 사항 외에도 중국 체스(장기)를 변형한 도박에 대해 말했다.[249] 주욱은 야만인임에도 불구하고 '글을 쓸 수 있는' 고려인을 언급한다.[250] 주욱은 광저우의 외국 상인들이 공통으로 소유했던 큰 힘을 가진 개인들인 흑인 '악마 노예(귀노鬼奴)'를 묘사한다.[251] 그리고 주욱은 스리비자야 출신의 한 남자가 광주의 외국인 지역에서 열린 축하 잔치에 참석하여

『공최명왕경孔崔明王經』을 암송했다고 한다. 그는 암송자가 본문의 적절한 읽기(진언眞言, '참된 단어')를 알지 못한 점에 매우 비판적이었다. 오히려 다음과 같이 말했다.

그 소리는 정말로 병에서 끓는 국을 따르는 것 같았고, 더구나 대대로 전해 내려오는 『공최명왕경』의 암송 소리를 하나도 닮지 않았다. 나는 말했다. "이 책은 번역을 많이 거쳤기 때문에 원래와 차이가 나기 쉽다. 그러나 일반 관습에 따르면 고인을 소환하는 데 이 책이 쓰이는데, 중국인의 영혼들이 어떻게 이 소리를 이해할지 모르겠다."[252]

완전히 중국화한 외국 종교인 불교에 대한 자신의 지식을 이용하여 주욱은 적어도 광저우의 맥락에서는 동남아시아의 관습이 부정확하다고 본다. 왜냐하면 현지 영혼들이 그 암송을 이해할 수 없기 때문이다.

주욱의 기록에서 알 수 있듯이, 송나라 때 광저우 거리나 다른 해상 무역항을 산책하는 방문객은 알려진 세계의 모든 지역에서 온 사람들을 만났을 것이다. 그가 언급한 한국인들과 일본인들은 주로 연락선이 가장 가까운 항저우, 밍저우, 취안저우의 북쪽 항구에서 발견되었다. 사실, 중국과 한국(고려) 사이의 교역량이 너무 많아서 수많은 아랍 상인들이 (물론 중국을 통해) 그곳에 진출했다고 한국 자료에 기록되어 있다.[253] 동남아시아인들은 중국-동남아시아 무역 번창의 핵심 주역들로 매우 쉽게 눈에 띄었다.[254] 불교 암송을 후원한 스리비자야 불교도들은 그런 존재의 한 예를 보여 준다. 13세기 스리비자야 상인인 스누오웨이가 다른 예를 보여 주었는데, 그는 취안저우에 무슬림 묘지를 세웠다. 아래에서 상세히 논의할 이 사건은 송나라 시기 중국에서 이슬람의 국제적 성격이 점점 더 중요해졌음을 보여 준다.

우리의 방문객은 또한 송 시대까지 특히 촐라 제국의 부상 이후 해양 아시아 전역에서 활동했던 남아시아 선원들과 상인들을 만났을 것이다. 불교의 전승 관련 중국-인도 접촉의 오랜 역사를 고려하면, 인도 출신 승려 나호라囉護哪가 옹희雍熙연간(984~988)에 취안저우에 도착한 것이 놀랄 일은 아니다. 그러나 도착한 그를 대하는 반응은 교훈적이었다. 외국 상인들(番商)은 나호라에게 금, 비단, 보석을 선물로 퍼부었고, 나호라는 13세기 초에 여전히 번성했던 보림원寶林院이라는 사원을 도시의 남쪽 교외에 지었다.[255] 1281년 취안저우에 세워진, 시바에게 바쳐진 힌두교 사원이 진정으로 주목할 만한데, 힌두교 사원에는 타밀어와 중국어 비문이 완비되었다. 비록 (위대한 칸에게 바치는 기도문인) 비문의 날짜와 내용이 원나라 초기로 되어 있지만, 몽골의 지배를 받은 지 불과 5년 만에 이러한 사업이 일어났다는 점에서 송 후기 취안저우에 중요한 타밀-힌두 커뮤니티가 있었을 것이다.[256]

중국의 해외 상인들과 그들을 운송한 선원들은 당나라 항구에서는 보지 못한 또 다른 집단이었다. 몇 가지 예를 들어, 왕원무王元懋는 불교 수도원에서 잡일을 하며 자랐지만, 스님들과 함께 공부하며 외국을 배울 수 있었다. 나중에 그는 참파(점성占城)로 상선을 타고 갔고, 중국어와 외국어(예컨대, 참어)를 모두 능숙하게 썼기 때문에 참파 왕의 사랑을 받아 공주와 결혼했고 10년 동안 그곳에서 살았다. 그 후 그는 취안저우로 돌아와 정착한 해상 상인이 되었다.[257] 임소경林昭慶(1027~1089년)은 원래 장저우(漳州, 푸젠)에 있는 개원사開元寺의 승려로 가난한 가족에 의해 그곳에 보내졌다. 젊은 승려로서 그는 해외 무역에 과감히 뛰어들었다. 지역사회 사람들의 재정적인 지원을 받아서, 임소경은 해상 무역 그룹(해상집단海上集團)을 조직하고 황우皇祐 연간(1049~1054) 동안 돈을 많이 벌었고, 이후에 수도 생활로 돌아와 임제종臨濟宗의 승려로 명성을 얻었다.[258]

'해상 무역 그룹'에 대한 언급에서 알 수 있듯이, 해외 벤처는 종종 투자자 그룹이 공동으로 떠안는 비용이 큰 사업이었다. 여행하는 상인들의 모임도 조직적이었다. 주욱의 말을 들어보자.

큰 배에는 수백 명의 선원이 있고 작은 배에는 100명 이상의 선원이 있다. 주요 상인들은 선장(강수綱首), 보조 지도자(부강수副綱首), 사무장(잡사雜事)으로 활동한다. 시박사는 붉은색 도장(주기朱記)을 제공하고 선원들에게 채찍질을 허용하며 [여행 중] 사망한 사람들의 자산을 기록하도록 요구한다.[259]

1102년에 임충林充이 명주에서 일본으로 무역을 하러 왔을 때, 그들은 사무장, 조수, 임충을 포함한 3개의 그룹 65명으로 조직되었다.[260] 이 마지막은 고립된 모험이 아니었다. 나카무라 츠바사에 따르면, 12세기와 13세기에 중국과 일본(주로 밍저주에서) 사이에 상업 여행이 수십 차례 기록되었을 뿐만 아니라, 하카타항에 상당한 중국인 정착지가 출현한 결과를 낳았다.[261]

외국 상인들과 중국 상인들은 모두 사업 파트너와 연락처를 광범위하게 공유한 네트워크였고, 경쟁자이자 파트너로서 상호 작용했을 것이다. 그러나 송나라 때 상인들에게는 중요한 제한이 있었는데, 1167년에 해외로 진출한 중국 상선들은 출항 후 1년 이내에 귀국해야 한다는 규정이 있었다.[262] 이것은 왕원무와 같은 개인 체류자들이 해외 체류를 연장하는 것을 막지 못했고, 중국과 동남아시아 항구 사이의 수익성 있는 무역을 막지 못했지만, 데릭 헝이 주장한 것처럼 중국 선박의 무역을 동남아시아에 집중시켰고(일반적으로 인도양으로의 여행이 1년 이상 필요했기 때문에), 동남아시아 해역에서 그들이 머무를 수 있는 항구의 수를 제한했다.[263]

우리는 마지막으로 송 항구를 방문하는 무슬림 방문자들과 주민들을 살펴볼 것인데, 그들 중 많은 사람들(전부는 아님)이 아랍인이거나 심지어 서아시아인들이었다. 무슬림 무역 디아스포라가 당나라 시대 출범 당시부터 극적으로 발전했고, 아랍과 이슬람 정체성 간의 관계가 복잡해졌기 때문에 자격이 중요하다. 해양 아시아의 이슬람화에 대한 자신의 시대 구분에서 앙드레 윙크는 11세기에서 13세기를 중동이 유럽과 중국에 비해 쇠퇴한 시기로 특징짓고, 그뿐만 아니라 서아시아, 인도 남부, 그리고 스리랑카와 동남아시아 해상에서 무슬림 커뮤니티 사이에 유대가 확산하는 것을 목격한 시기로 특징 짓는다. 그는 인도 남부의 말라얄리 무슬림들이 "그들 종교의 순수한 아랍 기원을 증명하고 그에 따라 다른 무슬림 집단, 특히 아프가니스탄과 터키에서 북인도를 침략하러 온 자들의 후손보다 인도 남부 말라얄리 무슬림들의 지위를 향상시키기 위해 강력한 시도를 했다."라고 언급했다.[264] 송 항구에서 무역하고 정착한 무슬림 상인들은 이 풍부하고 다양한 이슬람 세계에 참여했으며, 여기에는 아랍인과 페르시아인, 아랍인 또는 페르시아인 후손, 그리고 해양 아시아 전역에서 개종한 사람들이 신앙과 국제어로서의 아랍어로 연합했다. 송대 광저우와 취안저우의 상인 커뮤니티와 관련된 역사적 증거에서 아랍어 이름을 가진 개인의 명성이 어느 정도 지침이 된다면, 그 무슬림 상인들은 외국 해상 상인들 사이에서 주도적이고 아마도 지배적인 그룹으로 나타날 것이다. 따라서 출처가 단순히 '외국인 상인' 등을 가리킬 때는, 다음 절에서 언급된 일부의 경우와 같이 무슬림 상인을 언급하거나 적어도 포함한다고 가정하는 것이 합리적이다.

관리, 법률 그리고 주거

송나라 정부는 외국 상인 커뮤니티를 각기 하나의 집단으로 보고, 그들을 따로 살게 하고 자치하게 하는 것에 만족했다. 이것은 11세기 후반 광저우의 외국인 커뮤니티의 주욱이 자주 인용한 묘사에서 가장 간결하게 설명된다.

> 번방蕃坊은 바다 건너 다양한 나라의 사람들이 모여 사는 곳이다. 번방의 행정 업무를 관장하며 외국 상인들에게 공물을 보내도록 권고하는 책임이 있는 번장蕃長이 있다. 이를 위해 번관蕃官이 이용되며, 그들의 모자, 예복, 신발, 명패는 중국인(화인華人)과 같다. 외국인들이 죄가 있으면 그들을 광저우로 데려가서 세부 사항을 조사한 후, 그 문제를 번방으로 보내 처리한다. [죄를 지은 당사자는] 나무 사다리에 묶여 있고, 대나무 지팡이로 얻어맞고 …(중략)… 심각한 범죄의 경우 광저우[정부]가 판결한다.[265]

아마도 광저우의 번방에 대한 이러한 설명의 생생함과 더불어, 종종 법적으로 그렇게 지정되곤 하는, 다른 많은 유라시아 항구에서 보이는 외국 상인 구역과 광저우 번방 사이의 유사성 덕분에 중국에 있는 외국 상인들이 번방에 거주하고 자기 일에 대해 대부분 책임을 진다는 생각은 역사가들 사이에서 널리 받아들여졌다.[266] 사실, 역사적 기록은 다소 복잡한 상황을 보여 준다.

송 자료에서 내가 발견한 외국인 번장은 몇 가지 특징을 공유한다. 주욱의 기록을 제외하고는 모두 조공과 관련하여 언급되어 있으며, 몇 가지 예외를 제외하고는 광저우의 아랍 번장들이 관련되어 있다.[267] 2장에서 우리는 번장이 포희밀에게 보낸 편지가 993년 그의 조공 임무에 책임을 지는 내용이라는 것을 알았다. 1070년대에 신종 황제 치하에서 조공을 다시 장려하는 동안, 우리는 다시 광저우에서 온 번장을 만난다.

1072년 무스카트의 사절 신압타라辛押陀羅는 무스카트로 돌아가는 동안 광저우에 있는 번장의 사무소를 조사할 수 있도록 허락해 달라고 요청했고, 또한 광저우의 성벽을 복구하기 위해 기부를 할 것을 제안했다. 그의 요청은 광저우 당국에 결정을 위해 넘겨졌지만 거절되었다.[268] 이 구절을 논의하는 학자 대부분은 성벽 제안에 초점을 맞췄고, 우리는 그것으로 돌아갈 것이다. 하지만 그의 요청은 또한 번장이 행정 조직을 가지고 있었다는 놀랍지 않지만 중요한 사실—관복을 입은 주욱의 '외국 관리들'에 의해 제안된 것—에 대한 언급을, 그리고 또한 광저우 지역사회에 대한 본국 정부의 관심 제기를 드러내고 있다.[269]

이듬해 광둥의 아랍 번장이자 보순낭장保順郎將[270]인 포타파리자蒲陀婆離慈(아부 다왈?)는 그의 아들 마물麻勿(아부 마흐무드?)에게 그의 뒤를 이을 것을 요청했지만, 가령 마물 입장에서는 낭장郎將으로 지위가 더 낮아지는 것이라 거절당했다. 그런 다음 설명은 책임자의 관할권에 대한 이러한 해설을 제공한다.

번장에게 종속된 나라들은 이름이 다양했다. 물순勿巡(무스카트, 오만), 타파리(?), 유로화지愈盧和地(바레인의 항구 알카티프), 마라발麻囉拔(미르바트, 오만)과 다른 나라들이 있었지만, 모두 아랍어로 된 성이 있었다.[271]

아랍 번장의 권한이 서아시아인들에게만 국한되었기 때문에, 아마도 다른 그룹의 번장들도 있었을 것이다. 우리는 1176년부터 취안저우의 참파 번장에 대한 언급을 찾을 수 있다.[272] 또한, 데릭 형은 스리비자야 번장이 1079년, 1082년, 1083년, 그리고 1156년에 광저우에서 임명되었다고 주장하고 있는데, 송의 공식 자료에서는 이에 대한 증거가 정황에 불과하지만,[273] 이러한 발전은 그들의 영향력 증가와 일치했을 것이다. 이는 특히 주욱이 앞서 설명한 스리비자야 불교 암송에 대한 그의 설명에서, 그것이 확실하게 스리비자야인이었을 번장에 의해 조직되었다고 진술하기 때문이다. 그런데도 아랍 번장이 적어도 송대 광저우 내에서 외국 상인의 권위를 주도했다는 유력한 증거가 있다.

주욱이 묘사한 사법 절차는 외국 상인들의 존재에 또 다른 중요한 요소가 되었다. 우리가 1장에서 이미 보았듯이 당나라에서는 상인 술레이만이 묘사한 무슬림 카디에 의해 치외법권의 원칙이 법과 그

시행령으로 성문화되어 있었다. 주욱이 지적한 바와 같이, 이 원칙은 송나라 때에도 계속 적용되었지만 우리가 보게 될 바와 같이 비판자들이 없는 것은 아니었다.

『송사』왕환지王涣之(1060~1124년) 열전은 광저우 총독으로 재직할 때 왕환지가 다룬 사건을 다음과 같이 묘사하고 있다. "여기서 외국인이 노예를 죽였다. 판례에 따른다면 시박사는 가해자를 그의 주인이 매질하도록 보내야 했다. 그러나 왕환지는 이것을 허락하지 않았고, 정규 법에 따라 가해자를 재판했다."[274] 비슷한 맥락에서, 취안저우 총독으로 재직하던 왕대유汪大猷(1120-1200)는 외국 상인들과 관련된 사건에 중국 법을 적용할 것을 주장했다.

과거에 외국 상인이 다른 사람과 분쟁을 벌였을 때, 신체적 상해를 수반하지 않는 한 [죄]는 소의 지급으로 면책되었다. 대유가 말했다. "왜 중국이 섬 야만인들의 관습을 이용해야 하는가? 만약 그들[외국인]이 우리의 국경 안에 있다면, 우리의 법을 따라야 한다."[275]

이것은 왕환지의『송사』열전에서처럼 저절로 나오는 신기한 구절이다. 루약樓鑰의 전기에는 약간 더 완전한 버전이 나와 있으며 몇 가지 흥미로운 추가 세부 사항을 제공한다.

외국 상인들은 사람들 사이에 거주하지만, 과거 법에 따르면, 그들이 신체적 상해를 입지 않는 한, 지역 사람들과의 분쟁은 소의 지급으로 보상된다. [이런 경우] 죄질이 점점 확정하기 어려워진다. 대유가 사람들에게 외쳤다. "왜 중국이 야만인들의 관습을 따라야 하는가? 만약 그들[외국인]이 우리 앞에 있었다면, 우리는 우리의 법에 따라 사건을 해결해야 한다. 그래야 그들이 두려워 감히 다투지 못할 것이다."[276]

루의 설명은 주거 사정, 즉 중국인들 사이에 사는 외국 상인들을 설정함으로써 그리고 나서 이 쟁점이 더욱 문제가 되고 있다는 주장을 함으로써 쟁점을 역사화한다. 우리는 또한 왕대유가 서면이 아닌 구두로 군중에게 질문을 던졌다는 흥미로운 세부 사항을 알게 되다. 그러나 법적인 문제에 있어서는 두 판본 모두 왕대유가 중국의 법과 야만적 관습 사이에서 대립을 일으켜 후자를 합법화하지 못하게 했다. 무엇보다 중요한 것은 왕대유의 불평 자체가 남부 송대 취안저우에서 사소한 분쟁을 처리하기 위해 '야만적인 관습'이 사용되었다는 증거이다.

우리는 왕대유의 불만이 어떻게 결정되었는지를 알지 못하지만, 같은 기간의 주목할 만한 사례가 보여 주듯이 그것은 확실히 법의 변화를 초래하지는 않았다.

순희淳熙 2년(1175), 등대명鄧大明이라는 일본 선원이 정작鄭作이라는 사람을 때려 죽였다. 황제는 등대명에게 족쇄를 채우라고 명령했고, 등대명을 일본 선원의 우두머리에게 인도했고, 범인을 본국으로 데려가 일본 법에 따라 처벌하도록 했다.[277]

여기 그의 이름에서 추론할 수 있는 중국인 피해자와 관련된 사형 사건이 있고, 위에서 설명한 당 법령과 송 관행 모두 선원을 지방 관리들에게 넘겨 재판받도록 지시했을 것이다. 왜 효종 황제가 그를 일본으로 송환했는지는 설명되지 않지만, 이것이 황제의 결정이었기 때문에 그가 왕대유와 같은 지방 관리들의 의견보다는 아마도 외교적인 고려에 따라 휘둘렸으리라는 것이 타당해 보인다. 선원이 일본인 공동체가 아닌 일본에 보내진 것도 의미가 있어 판결의 선례적 가치를 제한했다. 그런데도 황제의 눈에는 치외법권이 살아 있고 잘 작동하고 있어 보였을 것이라는 점은 의심의 여지가 없다.

이 몇 가지 예는 분명히 대답보다 훨씬 더 많은 질문을 낳는다. 한 개인의 출신 국가의 법률 또는 관습을 따르는 원칙은 서로 다른 지도자들과 더불어 다른 국가 및 종교 단체들에게 어떻게 작동되었을까? 상법이나 민법에 대한 분쟁에서 무슨 일이 일어났는가? 왕환지와 같은 관리들이 법령을 무시하고 외국인들이 중국 법에 따라 재판을 받아야 한다고 주장하는 것은 얼마나 흔한 일이었을까?

비록 우리는 이러한 질문에 대답할 방법이 없지만, 우리는 외국 상인들이 중국의 법률 관행을 어떻게 생각했는지를 고려함으로써 어느 정도의 관점을 얻을 수 있을 것이다. 다시 한번 우리는 선택적

이어야 한다. 왜냐하면 우리는 남아시아와 동남아시아의 법적 관행에 대해 거의 모르기 때문에 중국에 있는 그들의 상인 커뮤니티에 대해 추측하기 어렵기 때문이다. 그러나 주로 아랍인과 페르시아인인 무슬림은 또 다른 문제인데, 왜냐하면 중세 서남아시아 상인들의 법적 문화가 상당히 잘 기록되어 있을 뿐만 아니라, 무슬림 상인들의 잘 확립되고 광범위한 무역망이 그들을 중국을 포함한 중세 해양 세계에서 가장 중요한 무역 디아스포라로 만들었기 때문이다.

서남아시아와 지중해의 이슬람 세계 내에서 유대인과 기독교인들의 소수 거주지가 특히 상당한 사회적, 법적 자율성을 가지고 운영되는 것은 잘 확립된 생활상의 사실이었다. 물론 그들은 모두 비이슬람교도들에게만 부과된 개인 세금인 지즈야를 납부해야 했지만, 그것과는 별개로 상당한 자치권을 누렸다. G. F. 후라니에 따르면 아바스 왕조는 유대인 커뮤니티를 이끌기 위해 저명한 유대인 지도자들을 외무장관(이라크에 2명, 팔레스타인에 1명)으로 임명했고, 그들은 차례로 지역 판사들을 임명했다.[278] 약간 뒷시기의 카이로를 묘사하면서, S. D. 고이틴은 무캇담muqaddam(옮긴이 주: 마을이나 구역 차원의 행정 당국의 대표자들에게 붙이는 칭호)의 기능에 대한 상세한 설명을 제공했다. 이에 따르면 무캇담은 종교적 기능과 사법적 기능을 모두 가지고 있었으며, 법정에서 광범위한 종교적, 시민적 및 상업적 사건에 대해 판결을 했고, '스페인 그라나다, 예루살렘, 인도 말라바르 해안의 일부 항구' 등 어디에 있든 법 적용이 같았다고 한다.[279]

마찬가지로, 기독교 커뮤니티는 때때로 네스토리우스파와 콥트교 총대주교들의 전반적인 권위 아래 광범위한 행정 기능을 행사하는 그들만의 지도자들을 가지고 있었다. 후라니에 따르면, "그들은 학교와 사회 복지 서비스를 감독하고 교리나 전례 관행에서 일탈을 막기 위해 노력했다. 또한 두 명의 커뮤니티 구성원이 관련된 민사 사건에서 판사들이 법을 집행하는 법원을 감독하거나 의견 차이를 조정했다."라고 한다. 후라니는 만약 원한다면, "유대인들과 기독교인들은 그들의 사건을 무슬림 카디로 가져갈 수 있고, 그렇게 자주 한 것으로 보인다."라는 중요한 설명도 덧붙였다.[280]

무슬림 지역의 이러한 관행을 고려할 때, 무슬림 상인들이 다른 작은 지역 내에서 기능하는 것과 유사하게 적응한 것은 놀라운 일이 아니다. 인도 해안을 따라 특히 그러했는데, 가령 패트리샤 리소는 "이슬람교도들은 수가 많고 이슬람 제국의 힘이 무슬림 커뮤니티 전체가 번영할 것을 보장했기 때문에 유대인들과 아르메니아인들과 같은 부류의 소수 민족 관심사가 없었다."라는 흥미로운 관찰을 했다.[281] 앞서 언급한 유대인과 기독교인들처럼, 무슬림 무역 디아스포라 전체는 적어도 종교적, 상업적 관행과 관련하여 공통의 법체계로 통일되어 있었다.[282] 후자의 경우, 북아프리카에서 동아시아에 이르는 무슬림 상업 활동을 뒷받침하는 파트너십과 계약의 형태(특히 코멘다)는 그러한 공동의 법이 없었다면 불가능했을 것이다.[283]

중국으로 눈을 돌리면 법적 자치와 자치 정부에 관한 조항의 표면적 유사성에도 불구하고, 중국에서의 조건을 독특하게 만드는 세 가지 중요한 차이점이 있었다. 첫째, 위에서 논의된 중국에서의 법적 특권은 서아시아에서처럼 통치자들의 큰 관심거리였던 종교적, 공동체적 분열과 관련된 것이 아니라 제국 정부에 의해 일종의 '야만인 관리' 도구로 부여된 것으로 보인다. 그러한 이유로, 나는 이러한 특권의 사용이 아시아의 다른 곳에서 그랬던 것보다 법에 덜 명시되어 있고 지방 관리들의 판단에 훨씬 더 의존적이었다고 제안하고 싶다.

둘째, 외국 상인들은 광저우, 취안저우나 송나라의 다른 항구 도시에 도착하자마자 중세 해양 세계의 다른 곳과는 다른 시박사 형태의 정부 존재에 직면했다. 앞서 언급한 바와 같이 징수한 세금 덕에 막대한 재원을 장악한 이들 기관은 과세를 훨씬 뛰어넘는 다양한 기능을 하고 있었다. 동시에 송나라의 구석에 있는 항구 도시들의 위치는 외국 상인들에게는 아시아의 많은 다른 지역들보다 통치자 접근성이 부족하다는 것을 의미했다. 이는 북송 초기에는 상인들이 종종 사신으로 활동하던 송나라 조정에 대한 조공 사절단이 빈번하여 다소 상쇄되었지만, 이런 일들이 1020년대 이후에는 상대적으로 드물어졌다. 비록 우리는 이러한 한층 관료적인 현실이 외국 상인 사회에 어떤 영향을 미쳤는지 모르지만, 그것은 해양 세계의 다른 곳에서 발견되는 것과는 매우 다른 구조와 역학을 만들어 냈음이 틀림없다.

셋째, 우리가 아래에서 보게 될 바와 같이, 그들이 외진 곳에 살기를 바라는 정부의 바람에도 불구하고, 송의 외국 상인들은 점점 더 중국인들 사이에 정착했고, 실제로 외국의 부유한 상인 가족들은 송 관리들의 반열에 오르기 시작했다. 그러한 동화주의적 경향은 치외법권의 원칙을 훼손할 정도로 잘 작동할 수도 있었고 그리고 앞서 언급한 왕대유의 불만을 설명하는 데 도움이 될 수 있었다.

주욱이 묘사한 번방은 의심할 여지 없이 진짜였지만 많은 외국인 상인들은 그곳에 살지 않았다. 1018년의 한 관리는 "광저우에는 많은 외국인과 중국인 거상이 있는데, 그들의 집은 도시 성벽의 보호가 부족하다. 그 지역을 위한 군사적 보호를 제안했다."라고 묘사했다.[284] 그가 번방을 언급한 것으로 생각할 수도 있지만, 1036년에 광둥성의 전 재정 장관이었던 정재鄭載가, "매년 광저우에는 그들의 아내와 아들을 데리고 광저우 밖에 거주하는 번객藩客이 있다."라고 보고했을 때, 분명히 그렇지 않았다.[285] 그리고 성안에 정착한 사람들이 있었다. 악가岳珂(1183~1240)는 참파 출신의 상인 '서아시아인인 백반인白番人'이 그 나라의 왕으로부터 수익성 있는 해운 사업을 운영했던 광저우에 머물도록 허가를 받은 사례를 이야기한다.

그는 시간이 지남에 따라 도시 안에 영주권을 얻었다. 그의 집과 방은 매우 호화로웠고 심지어 법을 어겼다. 그러나 무역선 조사관의 목적은 외국 상인들의 방문을 장려하여 국가 수입을 증가시키는 것이었고, 또한 그가 중국인이 아니었기 때문에 당국은 그 문제를 조사하지 않았다.[286]

취안저우의 경우 번방이 존재했다는 증거도 없다. 취안저우의 외국인 거주자에 대한 현존하는 몇 안 되는 언급 중 하나로, 축목祝穆 (1246년 이후)이 "외국인에는 두 가지 유형이 있다. 하나는 하얗고 다른 하나는 검다. 모두 취안저우에 산다. 그들이 사는 곳은 '외국인 전용 골목(번인항番人巷)'이라고 불렸다."라고 쓴 것은 사실이다.[287] 아랍인과 남·동남아시아인의 인종적 경계를 따른 외국인의 흥미로운 구분 외에도, 이 구절에서 '골목'이라는 용어 사용은 벽으로 된 블록을 암시하는 '방坊'보다 다소 비공식적인 단위를 암시한다. 북송의 사대부 정협鄭俠(1044~1119)은 취안저우에 대해 다음과 같이 묘사했다. "해양 상인들이 그곳에 몰려 있다. 중국인과 외국인이 함께 섞인다. 많은 사람이 부유하고 강력한 이웃을 찾는다."[288] 비록 그가 시장의 조건에 대해서만 이야기하고 말았을 수 있지만, 도시의 남쪽 벽과 강 사이에 있는 해상 상업 지구는 도시의 모스크 세 곳이 자리한 곳이기도 하여, 외국인들이 일반적으로 그 지역에 거주하고 있음을 강하게 시사했다(지도 5 참조). 우리는 또한 13세기에 취안저우를 '외국 상인들이 사람들 사이에 흩어져 사는' 곳으로 묘사한 기록을 가지고 있다.[289]

거주 그 자체보다 더 큰 정부의 관심사는 외국 상인들이 주요 지주가 되거나 항구의 도시 성벽 안에 거주할 수 있다는 두려움이었다. 1034년에 인종 황제(재위 1023~1064)는 칙령을 내렸다. "광저우와 하이난의 외국 상인들은 많은 토지, 시장이나 집을 소유하거나 중국인들 사이에서 살 수 없다."[290] 1036년 정재가 광저우 밖에 거주하는 외국인과 그 가족들에게 불만을 제기한 것은 의심할 여지 없이 이 칙령에 대한 대응이었다. 그의 해결책은 외국인보다 중국인에게 초점을 맞추는 것이었다. "앞으로 우리는 광저우에 있는 사람들이 외국인들에게 어떤 부동산도 파는 것을 금지해야 한다." 이 문제는 지역 공무들의 의견을 듣기 위해 지역 공무원들에게 회부했으며 제안된 금지 사항이 제정되었는지는 명확하지 않다.[291] 그러나 한 세기 이상 뒤에 악가와 주희(1130~1200)는 외국 상인들이 각기 광저우와 취안저우의 성벽 도시 안에 거주하는 것은 불법이라고 주장했다.[292]

이러한 송대 항구 도시들의 특징인 무질서하게 뻗어나간 도시 외곽 지역 현상에 직면하여 주거 제한을 자주 위반하거나 어쨌든 주거 제한이 무시되었다. 취안저우에서 외국 상인 커뮤니티는 주로 성벽 바로 남쪽의 도시와 강 사이의 고도로 상업적인 지역에 있었지만, 시간이 지남에 따라 위대한 외국 상인들의 막대한 부 덕택으로 동쪽과 서쪽 그리고 심지어는 도시로까지 퍼져 나갔다.[293] 예를 들어 우리가 번장에 관한 논의 중 마주친 아랍 상인이자 무스카트 특사인 신압타라辛押陀羅는 (그는 광저우의 번장 사무소 조사를 요청했다) 1072년에 무스카트로 돌아올 때까지 수백만 관의 현금을 모았다.[294] 17세기 역사학자 고염무顧炎武는 송나라의 부유한 외국 상인들에 대해 다음과 같이 생생하게 묘사하고 있다.

송나라 때 상인들은 재산이 많았는데, 그들의 개인적인 장식은 금, 진주, 좋은 비단이었고 그들의 도구는 모두 금과 은이었다. 만약 그들이 원주민들을 괴롭힌다면, 군 관리들은 그들을 엄하게 벌했고, 외국인 가족들에게 봉사한 중국인들은 사면 없이 처형될 수 있었다.[295]

이 사람들은 분명히 대표적이지 않았다. 해외 상인 커뮤니티들은 복잡하고, 계층화된 실체였다. 우리가 구체적인 증거를 가지고 있는 정육업자, 노예, 석공 외에도, 우리는 그들이 다양한 소상인과 정육업자와 같은 직업군, 식당, 가사도우미, 번장이나 모스크의 직원, 가사도우미와 가족들, 가족들을 포함하고 있다고, 그리고 커뮤니티의 생명선이 해상 무역이었기 때문에 선장, 동료, 여행 상인(종종 거주 상인의 가족 또는 친척)은 물론 선원과 잡역부들도 포함하고 있다고 합리적으로 추론할 수 있다.[296] 이들은 모두 번장의 일반적인 권한 아래 있었다. 왜냐하면 현지 관리가 그들을 상대하기를 원하지 않았기 때문이다. 그리고 고염무가 인용한 외국인에 대한 중국인 복무 금지를 믿어 본다면 중국인과 외국인 커뮤니티의 분리를 보장하기 위해 어느 정도 노력한 것으로 보인다. 어쨌든 그들의 중국인 파트너들과 마찬가지로 외국인 사회의 대부분은 역사에서 사라지게 되었다.

위대한 외국 상인들은 또 다른 문제였다. 그들이 당나라에 있었던 것처럼 그들은 중요한 개인이었고, 그들이 중국 법을 무시할 때 가볍게 넘어갈 수 없었다. 주희(1130~1200)는 전자득傳自得(1116-1183)

의 전기에서 다음과 같은 취안저우의 기록을 제공한다.

현립 학교 앞에 다층 주택을 짓는 외국 상인이 있었다. 학자들은 이것을 해롭다고 여겨 현에 보고했지만, 상인의 자금은 막대했고, 상하가 모두 뇌물을 받았고, 당국에 집단적으로 보고하기 전까지는 감히 이의를 제기할 사람이 없었다.

그 후 취안저우의 부총독으로 재직하던 전자득은 이 문제를 받아들였고, 중국인이 아닌 사람들이 성벽 안에서 사는 것은 불법이라고 선언했다. 그러나 이 문제를 처리하기 위해 군인들을 동원하라는 그의 명령은 취소되었고, 상황에 대해 아무것도 조치되지 않았다고 주희는 쓰고 있지만, 전자득이 한 추론의 정확성은 의심의 여지가 없다.[297] 송나라의 도시 경관에서 관립 학교들은 유교 국가의 중심적인 배움의 문화와 문인들을 위한 공직의 길을 대표하는 거의 신성한 장소였다. 현립 학교 맞은편에 외국 상인이 거처와 다층 건물을 지었더라면 지역 문인들은 물론 당대 최고의 유학자이자 과거 급제자인 주희 자신의 반발을 샀을 것이라고 상상할 수 있다.[298] 그래서 주희가 그의 책에서 분노의 목소리를 내지 않는 것은 놀라운 일이다. 사실, 주희 서술의 초점은 상인의 재산에 의해 매수된 관리들의 부패보다는 건물 자체에 있다.

주희는 말년에 취안저우의 총독을 역임한 범여규范如圭(1102~

1160)의 전기에서 외국 상인들을 언급했다.

취안저우에는 황실의 남쪽 분원이 있었다. 그 관리들은 황실의 영향력에 의존하여 불법적인 행위를 저질렀지만, 전직 주지사들은 감히 그들을 방해하지 못했다. 그래서 그들은 외국인 소유의 원양선을 강탈하는 데까지 이르렀고, 그에 따라 외국인들은 시박사에 호소했지만 (당국은) 3년 동안 어떤 결정도 내리지 않았다. 그들은 수백 명의 근위병을 개인 사업을 위해 고용했고, 정부의 소금 전매를 무시하고 바닷소금의 수익금을 더 훔쳤다. 그들은 일반적으로 사람들에게 골칫거리가 되었다.[299]

이 경우, 악당들은 외국 상인들이 아니라 오히려 남송 초기에 취안저우에 설립된 황실 사무소의 관리들이었고, 취안저우는 왕조의 나머지 기간 동안 황족 구성원들의 중심지가 되었다.[300] 실제로 외국 상인들은 이곳에서 피해를 본 당사자로, 현지 당국에 그들의 불만을 보상해 달라고 간청했지만 실패했다.

나는 이 두 구절이 주목할 만하다고 제안하고 싶다. 왜냐하면 주희가 외국 상인들을 묘사하는 놀라운 방식 때문이다. 그들은 도시 풍경에서 친숙한 배우들이고, 한 경우에는 악당이고 다른 경우에는 희생자이지만, 두 경우 모두 주희가 그들을 이국적으로 만들지는 않는다. 그 친근함의 결과로써, 우리가 일반적으로 외국 상인 사회, 특히 이슬람 상인들의 사회적, 문화적, 정치적 특성에 대해 알고 있는 대부분은 사실 부유한 상인들의 하위 계층과 관련이 있다. 그래서 이제 우리가 살펴볼 것은 그들과 그들의 삶이다.

엘리트 외국 상인

우리가 이전에 알게 된 참파 출신의 아랍인 포씨로부터 시작하자. 포씨는 상인으로서 매우 중요한 인물이었기 때문에 지역 관리들은 광저우의 성벽 안에 포씨의 저택을 지을 때('특히 웅장하고 넓고 큰, 당시 최고의 저택') 못 본 척했다. 한 세기 전의 주욱과 마찬가지로 1192년 악가岳珂(1183~1240)는 관리인 아버지를 따라 광저우에 부임했고, 훨씬 후에 포씨와 광저우 무슬림을 '판위[현]의 바다 야만인들(番禺海獠)'이라는 제목의 글에서 묘사했다.[301] 예를 들어, 악가는 아침 식사에 대해 다음과 같이 설명한다.

> 아침에 그들이 모여서 밥을 먹는데, 숟가락과 젓가락을 잊었는가? 그들은 금과 은으로 된 큰 그릇들을 사용하고, 구운 연어나 복어와 기장을 함께 섞고, 장미수와 용뇌龍腦를 뿌린다.

이 요리의 조합은 특이했을 수도 있지만, 그것은 금과 은 접시에 고운 생선을 얹은 고급스러운 아침 식사이다. 그런데 그들이 손으로 먹었다는 사실이 악가에게 깊은 인상을 준 것 같다. 이는 남아시아와 서아시아에서는 일반적인 일이었다.

악가에게 가장 인상 깊었던 것은 그들의 종교 행위와 건축물이었다.

야만인들의 본성은 신을 공경하고 순수함을 사랑하는 것이며, 그들은 행복을 위해 함께 기도하면서 온종일 그렇게 한다. 그들은 중앙 왕국의 불교도들처럼 유일신을 숭배하는 홀을 가지고 있지만, 사실 그들은 조각상이 없다. 그리고 그들이 찬송하는 것이 무엇인지, 또는 그들의 신이 누구인지 알 수 없다. 홀 안에는 높이와 폭이 수십 피트에 이르는 비석이 있고, 그 위에는 인장 문자와 같은 비범한 글씨가 새겨져 있다.

12세기 광저우에 무슬림 숭배가 있었다는 것 자체가 놀라운 일은 아니다. 남송에서 우리는 광저우, 취안저우, 항저우에 무슬림이 있었다는 것을 알고 있으므로 그 도시들의 주민들에게 무슬림의 의식이 낯설지 않았을 것이다.[302] 악가의 진술에서 주목할 만한 것은 목격자의 성격이다. 그는 자신이 본 홀, 사람들이 '온종일' 기도하며 엎드려 있는 모습, 그리고 조각상의 결여, 그리고 (성가를) 들은 것을 묘사한다. 또한 가령 현대 독자들은 이슬람교의 세부 사항인 알라신 숭배, 5일 기도, 아랍어로 된 비문을 쉽게 제공할 수 있음에도 불구하고 그는 그 모든 것이 무엇을 의미하는지 모른다고 고백한다.[303] 아마도 가장 주목할 만한 것은 이 글을 쓰고 있는 성인 악가가 이 비중국인 '야만인'들의 종교적 관습을 정중하게 제시하고 그의 설명에 있는 비석을 포함하여 그들의 문해력을 지적하는 사실일 것이다. 다시 말해, 그는 문명화된 사람들을 묘사하고 있다.

　비록 악가가 확실하게 모스크라는 이름을 붙이지는 않고 단순히 '홀'이라고 부르지만, 그는 우리가 1장에서 논의했던 7세기 초 이른바 사하바 사드 왓카스Sahaba Saad Wakkas와 동료 선교사들이 광저우에 온 것을 기념하는 회성사懷聖寺를 명확하게 설명하고 있다. 광저우 시내에 있는 현대 회성사의 가장 눈에 띄는 특징은 모스크 대지의 남동쪽 구석에 있는 36.3미터(119피트) 높이의 둥굴고 뾰족한 탑인 광탑光塔이다(그림 3.2 참조). 이것이 송대의 탑인지는 확인할 수 없지만,[304] 악가는 현저하게 유사한 구조를 설명한다.

　　뒤쪽에는 천상으로 뻗은 탑이 있다. 그것의 형태는 다른 탑들과 다르다. 원형 벽돌 기초 위로 층층이 매우 높이 올라가고, 외부는 모르타르(옮긴이 주: 석회와 모래를 물로 반죽한 것)로 덮여 있다. 그것은 은색 붓처럼 보인다. 바닥에는 나선형 계단으로 올라가는 문이 있는데, 바깥에서는 보이지 않는다. 계단마다 창문이 열려 있다.

　이 설명에는 몇 가지 문제가 있다. 악가 자신은 처음에는 스투파stupa(남아시아와 동남아시아에서 탑의 형태를 취한 인도 불교의 유적)을 사용한 다음, '탑' 또는 '파고다pagoda'를 사용했는데, 이는 그 자체가 동아시아의 탑을 채용한 탑을 그 기원으로서 채택한 것이다.[305] 위치에 대

그림 3.2 광저우의 회성사에 있는 광탑(W. P. Floyd, 1873년경 촬영, Wellcome Trust)

한 의문도 있다. 쿠와바라 지쓰조는 포씨 저택의 뒤쪽을 의미하는 것으로 해석했지만, 그 해석과 관련한 문제가 있다. 즉, 회성사 모스크는 예전의 외국인 지역(번방番坊) 안에 위치하고 있는 반면에 포씨의 저택은 도시 성벽 안에 있는 것으로 악명이 높았다.[306] 광탑은 모스크 입구의 왼쪽에 있으므로, 악가가 의미하는 '뒤'가 어디인지는 불분명하다.

광탑의 정확한 위치가 어디이든 간에, 그것은 다음과 같이 해상 상인들의 삶에 중요한 역할을 했다.

매년 상선이 도착할 4~5월이 되면 외국인 무리가 탑 안으로 들어오고, 창문에서 남풍을 기원하는 새들의 지저귐 같은 소리가 들려왔는데, 그 기도는 언제나 효과적이다. 탑 꼭대기에는 지름이 매우 큰 금계가 있는데, 이것은 불탑 꼭대기에 있는 구륜九輪을 의미한다. 수탉의 다리 하나가 이제 없어졌다.[307]

방신유方信孺의 간략한 설명으로 입증된 이 관행은 여름 몬순이 남쪽에서 계절의 배들을 불러들이는 데 매우 중요하다는 것을 강조한다.[308] 광저우의 무슬림 배경과 뾰족탑에 올라간 것이 '야만인'이라는 진술로 볼 때, '새의 지저귐'은 아랍어 기도였을 가능성이 크다. 또한 현대 학자들은 또한 현재 잃어버린 황금 수탉이 뱃사람들에게 바람에 대해 안내하는 데 도움을 준 풍향계였다고 제안했다.[309]

모스크와 뾰족탑에 대한 악가 설명의 두드러진 점 중 하나는 그것이 반영하는 공동체 의식이다. 큰 비석과 신도들과 더불어 이 웅장한 건물들은 포씨와 같은 상인들이 제공한 뿌리와 부를 모두 증명한다. 이슬람력 400년(1009~1010 CE)에 지어진 취안저우의 성우사聖友寺나 아샤브 모스크(마스지드 알아샵)도 마찬가지이다.[310] 이 날짜는 그 도시에 시박사나 시박제거사가 개설되기 77년 전이라는 점에서 의미가 있다. 이는 관청이 부여한 혜택이 없어도 취안저우가 해상 무역에서 수행하는 중요한 역할을 보여 준다. 송 성벽 바로 남쪽에 있는 현대 취안저우의 지붕은 없지만 여전히 온전하고 장엄한 벽돌과 돌이 남아 있는 모스크(그림 3.3 참조)는 14세기 중반으로 거슬러 올라간다. 이는 낸시 슈타인하르트에 따르면 아바스 왕조 시기 '사마라 모스크나 튀니지 북서부에 있는 카이르완의 대모스크와 다주식多柱式 모스크' 양식을 모델로 한 송대 모스크의 좋은 느낌을 줌으로써 이슬람교 중심지와의 긴밀한 관계를 보여 준다.[311] 슈타인하르트는 또한 성우사와 광저우의 광탑이 각각 도시의 거리에서 "이슬람의 존재를 선언했다."라고 언급했는데, 이는 무슬림 커뮤니티의 자신감과 그러한 건축물을 허용한 중국 당국의 관용에 대한 증언이며, 중국 당국은 취안저우에서는 두 개의 모스크가 더 지어지는 것을 허용했다. 그들 중 하나인 청정사淸淨寺는 1131년 시라프의 상인에 의해 자금이 조달되었다. 1351년 개축을 기념하는 비문은 취안저우 무슬림들 사이의 공동체 의식을 말해 준다.

1131년 소흥紹興 원년에 나집 무지르 알딘이 시라프에서 무역선을 타고 취안저우로 왔다. 그는 이 모스크를 취안저우의 남쪽 교외에 지었다. 그는 은 등과 향로를 설치하여 하늘을 섬겼고, 땅을 사서 그의 추종자들을 위해 집을 지었다.[312]

그림 3.3 취안저우의 아샤브 모스크(정정사清淨寺)와 그 정면 (위 사진_Xiquinho Silva, 아래 사진_Jylqxgd. wikimedia common)

모스크와 마찬가지로, 묘지는 이슬람 해양 커뮤니티의 종교적, 사회적 구조에 필수적인 요소였으며, 송대 광저우와 취안저우 모두 무슬림 묘지를 가지고 있었다. 방신유는 광저우에서 서쪽으로 10리 떨어진 곳에 있는 수천 명의 외국인을 위한 묘지를 묘사하고 있다.[313] 송대 취안저우에는 스리비자야 상인의 묘지 조성에 대한 임지기林之奇(1112~1176)의 놀랍도록 상세한 설명이 있다.

취안저우에서 태어났거나 사는 스리비자야 출신의 부유한 상인들이 수십 명 있다. 그들 중에는 시나위施郍幃라는 사람이 있다. 시나위는 취안저우에 거주하는 외국인 동료들 사이에서 관대하기로 유명하다. 묘지를 짓는 것은 그의 많은 관대한 행위 중 하나에 불과하다. 이 묘지 프로젝트는 포하신蒲霞辛이라는 이름의 다른 외국인에 의해 처음 제안되었다. 그 아이디어는 시나위에 의해 실행되고 성취되었다. 이 묘지의 위치는 도시의 동쪽 언덕에 있다. 야생 잡초와 잔해들이 치워진 후, 많은 무덤이 지어졌다. 묘지는 지붕으로 덮여 있고, 벽으로 둘러싸여 있으며, 안전하게 잠겨 있다. 취안저우에서 죽는 모든 외국 상인은 그곳에 묻힐 것이다. 1162년에 착공하여 1년 후에 완공되었다. 이런 자애로운 행위는 이 땅에 사는 모든 외국인을 사후의 자기 무덤에 대한 걱정에서 벗어나게 하고, 죽은 사람들도 후회하지 않게 해 준다. 그런 친절함은 분명 해외 무역을 촉진하고 외국인들이 오는 것을 장려할 것이다. 시나위가 그것을 수행한 것은 매우 감사하다. 그래서 이 사건을 기념하여 [그 소식]이 해

외에 널리 알려지게 하기 위해 이 글을 쓴다.[314]

많은 학자들이 조금 뒤 조여괄趙汝适의 『제번지諸蕃志』에 있는 이 묘지에 대한 기록에서 시나위를 시라프 출신 아랍인이라고 주장해 왔다.[315] 빌리 소는 시를 스리비자야 사람으로 묘사한 임지기의 설명이 어떻게 더 이르고 더 신뢰할 수 있는지를 결정적으로 보여 주었다.[316] 그러나 나는 아마도 아랍인으로 추정되는 포하신의 초기 역할과 '모든 외국 상인'을 위한 것이라는 반복된 진술은 시나위가 무슬림이었고 취안저우의 외국인들 사이에서 이슬람교도들이 수행한 탁월한 역할을 고려할 때 묘지가 이슬람 커뮤니티를 이용하려는 의도의 소산이었음을 암시한다고 제안하고 싶다.[317] 이 묘지가 오늘날 취안저우에 잘 유지되고 있는 무슬림 묘지와 같은 것인지 여부(그림 3.4 참조)에 상관없이, 이 일화는 송나라 시대에 무슬림 무역 디아스포라가 더 다국적이었다는 특성을 보여 주는 증거이다.

포씨와 광저우 무슬림에 대한 글의 마지막에서, 악가는 포씨 가문이 재산을 잃고 저택도 폐허가 되었음을 최근에 알게 되었다고 말한다. 악가의 정보원은 또한 그에게 포씨(위에서 언급한 바 있는 취안저우의 무슬림 묘지의 후원자인 시나위) 다음으로 재산이 많은 외국인 해상 상인인 시라위尸羅圍가 마찬가지로 재산을 잃고 가족도 뿔뿔이 흩어졌다는 이야기를 들려주었다.[318] 이러한 예들은 외국 상인 가족 중 가장 부유한 사람들조차 직면했던 과도기와 불안을 상기시켜 주지만, 그것

그림 3.4 취안저우의 무슬림 묘지 (사진_Vmenkov, wikim,edia commons, 사진 축소함)

들을 표준으로 받아들이면 안 된다. 왜냐하면 부유한 해상 상인들이 항구 도시의 지역 사회로의 통합을 촉진하는 세력으로부터 혜택을 받아 성공적이고 장기적으로 정착했다는 증거가 더 많기 때문이다.

특히 신종과 휘종의 치하에서 개혁당이 집권했을 때 송나라에서 대외 활동을 확대하는 것에 대한 상당한 공식적인 관용이 있었고 심지어 때로는 장려되기도 하였다. 1104년에는 외국 상인들과 '현지에서 태어난 외국 손님들'이 다른 현과 심지어 카이펑까지 여행할 수 있도록 허가를 받았다. 이는 최근에 아라비아와 다른 나라에서 온 외국 손님들이 허가를 요청했다고 진술한 광저우 감독관의 제안으로 이루어졌다.[319]

더욱 놀라운 것은 정부가 외국인 소년들이 중국 학교에서 공부하는 것을 지원했다는 것이다. 정사맹程師孟의 전기는 희녕熙寧 연간 (1068~1077년)에 광저우에서 근무할 당시 정사맹의 교육 활동을 묘사하고 있다. "[현립] 학교를 대대적으로 복원하고, 매일 학생들의 지도를 이끌어 책을 등에 지고 온 학생들이 차례로 왔다. 외국인의 자식들은 모두 입학을 희망했다."[320] 채조蔡條는 대관大觀(1107~1010년)과 정화政和(1111~1117년) 연간에 광저우와 취안저우의 현들이 어떻게 외국인 학교(번학蕃學)를 설립할 것을 요청했는지를 묘사한다.[321] 『송회요』는 광저우 외국인 학교의 교장 임명에 대한 설명을 제공한다. 이것은 1108년에 광둥성의 하주賀州 현립 학교의 전 교장인 증정단曾鼎旦의 제안으로 이루어졌다. 증정단은 자신의 회고록에서 다음과 같이 말했다.

나는 광저우에 있는 외국인 학교가 점차 질서정연해졌다는 것을 관찰
했고, 조정이 남부 지방의 관습을 개혁하고 교육 업무에 전념하며 몇 달
에서 몇 년 동안 일할 인재를 선발해 달라고 요청하고 싶다. 나는 외국인
들이 [학교에] 보낸 아들 중에서 교육의 즐거움을 받는 사람들이 남부
지방의 [교육받은 사람들]과 상호 존중하기를 기대한다.[322]

증정단은 광저우 학교가 성공적으로 운영되고 있다고 보고했을
뿐만 아니라, '현지 관습'이라는 단일 개념을 주장했으며, 교육을 통
해 외국인 학자들과 현지 학자들이 상호 존중을 얻을 수 있는 가능
성을 주장한 것으로 보인다. 이것들은 사회적 현실의 반영이라기보
다는 분명히 이상화된 열망이다. 그런데도 그것은 현지 엘리트 계층
의 외국 상인 가족에 대한 매우 긍정적인 견해를 반영한다.

나는 이러한 자유주의적 태도가 새로운 사회 현실을 반영했다고
제안하고 싶다. 북송 말기까지, 해양 커뮤니티는 거의 200년 동안 광
저우와 다른 곳에서 적어도 몇 세대 동안 번성했다. 비록 외국 상인
들의 끊임없는 왕래가 있었을 것이지만, 상호 결혼을 통해 정착하고
가정을 꾸린 핵심 커뮤니티들이 있었고, 점점 더 정착민의 정체성을
갖게 되었다. 이는 1114년 칙령에 따라 중국에서 5대에 걸쳐 거주한
외국 손님(제국번객諸國蕃客)의 가족들은 상속인 없이 사망할 때 중국

법에 따라 대우받도록 하고, 시박사에서 관리하도록 한 것에 반영되었다.[323]

우리는 외국 상인들이 결혼한 부인들에 대해서는, 그리고 그 부인들이 어디 출신인지는 거의 알지 못하지만, 우리가 가진 것은 유익하다. 17세기에 글을 쓰면서, 고염무는 송나라의 외국 상인들이 "결혼을 통해 점차 중국인(화인華人)과 융합되었다."라고 널리 주장했다.[324] 그러나 외국 상인과 중국인 간의 구체적인 결혼 사례는 거의 모두 그러한 주장에 이의를 제기한다. 1137년, 한 군사 관리가 자신의 여동생을 포아리蒲亞里(아라비아에서 두 차례 사절로 옴)의 재산에서 이익을 얻기 위해 포아리라는 '위대한 상인'과 결혼시켰다는 불만이 제기되었다. 황제의 반응은 흥미로웠다. 황제는 고소인인 광저우 총독에게 포아리가 자신의 나라로 돌아가도록 '촉구'하도록 지시했다.[325] 더 놀라운 것은, 원우元祐 연간(1086~1093년)에 조정은 광저우의 외국인 구역 출신의 유씨라는 남자가 황족 여성과 결혼했다는 것을 놀랍게도 발견했고, 어떠한 재발도 금지했다.[326] 우리는 이 명령이 지속해서 시행됐는지 아닌지는 알 수 없지만, 푸젠성의 유극장劉克莊(1187-1269)에 따르면, "[취안저우의] 포씨 외국 상인 가족은 황실과의 결혼을 원했다."라고 한다.[327]

이 단편적인 증거는 중국 엘리트들 사이의 사회적, 정치적 네트워크를 형성하는 데 있어 결혼이 수행하는 중요한 역할에 비추어 볼 때 중요하다. 부, 지위, 인맥은 결혼의 가장 중요한 요소 중 하나였는데, 디터 쿤이 언급했듯이 송나라의 엘리트 결혼에서 부는 당나라 때보다 훨씬 더 중요한 요소가 되었다.[328] 중국의 항구 도시들은 전례 없는 엘리트 사회 집단들의 혼합체였다. 중국의 해상 상인들은 송나라 때 새롭고 번창하는 그룹이었는데, 이 그룹에는 중국 항구의 안전으로부터 해상 무역을 취급하는 사람들뿐만 아니라, 대량으로 해외로 나가 동남아시아의 항구 도시들에 차례로 영향을 끼치는 사람들도 포함되었다.[329] 빌리 소는 그들의 경제적 이익과 활동 및 대부분의 결혼 관계에서의 광범위한 중복을 고려하여 취안저우의 외국 상인과 중국 상인들이 집단으로 '남 푸젠 상인 그룹'을 구성한다고 주장했다.[330] 비록 나는 그러한 공식에 대해 다소 의구심이 생기지만, 민족과 종교의 지속적인 차이를 고려할 때 송나라 때의 경향은 분명히 외국과 중국 상인 사회 사이의 통합을 증가시키는 쪽으로 기울었다. 두 번째 그룹인 송 황족은 중국 북부가 멸망한 후 몇 년 동안 카이펑의 수도가 된 남송 취안저우에서 예외적으로 두각을 나타내고 권력을 얻었다. 왕조의 나머지 기간 동안 수백 명의 황족 구성원들, 그들 중 다수는 황족 거주지에서 정부로부터 급여를 받아 지원되었다.[331] 놀랄 것도 없이, 황족들은 해외 무역에 참여했고, 앞서 언급했듯이, 1270년대 취안저우 주변 지역에서 동남아시아 화물을 싣고 온전히 가라앉은 큰 정크선들의 소유주였을지도 모른다. 이러한 활동을 고려할 때, 취안저우의 포씨 가문이 황족과 혼인하고자 하는 바람은 그들이 현실적인 가능성을 위해 필요한 인맥과 부를 가졌음을 시사한다. 세 번째로 눈에 띄는 엘리트 집단은 문과 급제자들과 사대부로서 정부를 지탱했던 지식인들로 구성되어 있었다. 이 점에서 취안저우는 총 926명의 송대 진사進士를 배출하여 뛰어난 성적을 보임으로써 제국에서 가장 생산성이 높은 6개 현 가운데 하나로 꼽혔지만, 남동부의 항구 도시들은 모두 생산성이 높았다.[332] 실제로 식민지의 전초기지였던 당대의 광저우와 대조적으로 동남쪽 항구들은 제국주의 정치에 완전히 편입되었고 정치적으로 잘 대표되었다. 송나라 때 외국 상인들이 문인이나 사대부 가문과 혼인했다는 증거는 없지만, 그들 사이에 많은 교류가 있었음을 우리는 확신할 수 있다.

대부분 아랍어 이름을 가진 많은 외국인이 송나라 때 공식적인 직함을 받았다. 주욱의 광저우 번장에 대한 묘사는 그를 '외국 관리'로 묘사하고 있으며, 사실 우리는 많은 조공 사절이 그랬듯이 적어도 일부 번장도 관직을 부여받았다는 것을 알고 있다. 1136년, 자금난에 빠진 송나라 조정은 30만 관에 달하는 유향을 수입한 아랍 상인 포라신蒲囉辛에게 승신랑承信郎이라는 공식 직함을 수여했다.[333] 비록 그러한 명예는 개인을 그들의 동료 상인들보다 우선시하는 주요한 효과를 가져왔을 수도 있고, 실제로 외국의 번장들에게 일상적으로 제공되었을 수도 있지만, 나는 관직 직함에 동반된 예장과 의례적인 특권들이 또한 그들에게 존경심을 부여하고 지역 엘리트 사회에 들어갈 수 있도록 해 주었을 것이라고 제안하고 싶다. 주목할 것은 남송에서 외국인들이 공공사업에 기여하는 사례를 발견했다는 점인

데, 이는 전형적인 엘리트 활동이다. 비록 1072년에 신압타라辛押陀羅가 광저우 성벽을 재건하기 위한 기금 제공을 거절당했지만, 위에서 언급한 바와 같이 1211년에 외국 상인 부록簿錄은 취안저우 성벽을 재건하는 데 그의 공헌을 공적으로 인정받다.[334] 외국 상인들의 기부는 또한 12세기 후반에 취안저우 지역의 해안 경비선들을 후원했다.[335]

송나라 말기에 취안저우의 포씨 가문은 훨씬 더 실질적인 정치적 성공을 거두었다. 이 가문은 아마도 동남아시아 왕국인 남해에서 보낸 시간을 통해 아라비아에서 중국으로 왔고, 사실 앞에서 설명한 광저우의 부유한 포씨였을 것이다. 포개종蒲開宗은 광저우에서 취안저우로 이주했고, 아마도 포개종이 수입한 상품의 가치 덕분에 공식적인 직함을 얻을 수 있었고, 자신의 가문을 일으켰다. 포개종은 두 명에서 어쩌면 세 명의 아들을 두었다. 포개종의 아들 중 한 명인 포수성蒲壽晟은 (광동의) 매주梅州현의 총독으로 뛰어난 활약을 한 관리였다. 그리고 포수성은 그의 시가 "진정한 오래된 정신을 숨 쉬고 있는 순수한 학파에 속해 있다."라고 묘사된 다작 시인이었다.[336] 이는 그 가문이 문인 사회에 가입할 수 있었던 놀라운 예증이다. 그러나 가장 유명한 아들은 1270년대 중반에 해상 무역의 책임자와 초무사招撫使를 겸임하였고 지역 군 지휘관을 위해 쓰인 용어로 '진무의 대가'였던 포수경蒲壽庚이었다.[337] 『민서閩書』에 따르면, 포수경은 '젊을 때는 거칠고 믿을 수 없는' 사람이었지만, 그가 함순咸淳 말기

(1265~1274년)에 해상 해적들을 성공적으로 진압하자 공직 임명으로 이어졌다.[338]

이 성공이 암시하는 해군력은 포씨의 해양 지배력에 대한 다른 표현과 일치한다. 『송사』에 따르면, 1276년까지 포수경은 "30년 동안 외국 선박 수익을 통제"했지만,[339] 『민서』에는 그가 "모든 외국인의 상업을 관리했다."라고 기록되어 있다.[340] 우리는 또한 포수경이 취안저우의 북동쪽에 해상 수송탑(해운루海運樓)을 세웠으며, 그곳에서 해상 선박의 접근을 볼 수 있다고 들었다.[341] 비슷한 목적을 수행했던 광저우의 광탑을 연상시키는 이 탑은 도시의 서쪽에 있는 구일산九日山에서 오랫동안 바다의 신들에게 기도와 제사를 행했다는 점에서 호기심을 불러일으킨다.[342] 그러나 그 탑에 의례 기능이 있을 수도 있지만, 그것의 목적은 실용적이었을 가능성이 더 크다. 아마도 세계에서 가장 붐비는 항구였던 곳에서 선박 추적을 한 것은 특히 그 선박 대다수가 포씨 소유였기 때문일 것이다.

또한 포수경이 353년 동진(317-420) 시대에 저장에서 열렸던 문예 만찬을 기념하기 위해, 어떻게 고대 비석의 크고 값비싼 복제품을 구매했는지를 다룬 주밀周密(1232~1308)의 기록은 흥미롭다. 원래 그것을 위임했던 수석 고문 가사도賈似道(1213~1275)의 몰락 이후에, 포수경이 비를 구입한 것으로 추정된다. 이 비석은 취안저우에 도착하지 못했는데, 그 이유는 운송되는 동안 바다에서 분실되었기 때문이다. 그러나 포수경이 처음에 그것을 구입했다는 사실은 수경이 누렸

던 부와 인맥을 반영한다.[343]

이러한 일화들은 포수경을 원대 취안저우에서 권력과 영향력을 가진 위치로 이끈 행동, 포수경을 가장 잘 알린 행동에 비하면 희미하다. 1276년 말에 몽골과 송나라의 전쟁이 막바지에 이르렀을 때, 송나라 조정의 잔당들은 어린 황제와 함께 동남쪽 해안을 향해 나아갔다. 송나라 함대의 사령관 장세걸張世傑과의 관계가 적대적으로 변한 후, 포수경은 취안저우를 몽골에 항복시켰고, 그 과정에서 도시에 살고 있던 약 3,000명의 황족을 학살했다. 포수경이 혼자 행동하지 않았다는 것은 거의 확실하다. 포수경의 형 수성壽成은 1276년에 취안저우의 항복을 끌어내는 음모에서 중요한 역할을 했다고, 즉 포수경의 음모를 실제로 조정하는 일을 하였다고 전해진다.[344]

그러나 더 중요한 것은 빌리 소가 보여 준 것처럼, 전진자현田眞子縣뿐만 아니라 도시 엘리트의 상당한 수가 틀림없이 그를 지지했으리라는 것이다.[345] 이로써 송나라의 저항이 끝난 것은 아니다. 송나라는 광둥성으로 진격하여 1279년 초까지 저항하였으나, 1279년 초 애산崖山 전투에서 송나라 함대가 궤멸하여 왕조는 멸망했다. 후대의 많은 중국인에게 포수경의 항복은 그를 반역자로 낙인찍은 것이었다. 그러나 단기적으로 그로 인해 우리가 4장에서 보게 될 원대 취안저우에서 포수경과 포수경 가문이 힘과 위신을 가지게 되었다.

13세기 세계와 무슬림 무역 디아스포라

13세기 초까지 송나라의 주요 항구와 무역 사무소 또는 감독 기관에 기반을 둔 해상 무역 체제는 거의 2세기 동안 존재했으며, 약 4분의 3세기 동안 해상 무역은 잘려 나간 남송 제국에서 훨씬 더 크게 중요해졌다. 동남아시아에서 스리비자야의 쇠퇴가 해상 무역 관련 국가들의 성장으로 이어진 것처럼, 서아시아에서 아바스 왕조의 패권은 서인도양의 경쟁 집단들에게 자리를 내주었다. 아마도 가장 중요한 것은 10세기에 막 부상하던 다양하고 세분화된 무역이 완전히 발달했으며, 동쪽과 남동쪽 아시아 해역에서 활동하던 중국 상인들을 포함한 다양한 집단들이 사람들을 모았다는 점이다.

13세기 말 중국인들, 즉 남송은 이렇게 잘 확립된 해외 무역에서 문제점을 목격했다. 몽골인들이 동아시아와 다른 곳에서 군사적, 경제적 긴장을 일으키기 훨씬 전에, 엄청난 금속 수요가 송나라 정부의 우려를 키웠다. 여기에는 주석, 납, 은, 금, 철 등이 포함되었는데, 이는 철기의 형태로 마지막이며 중국 철 산업의 정교함을 보여 주는 증거이다. 무엇보다 중국 동전의 주요 금속인 구리와 청동의 유출이 가장 중요했다. 이것들은 해상 아시아 전역에서 동전과 같은 교환의 매개체로서뿐만 아니라 종교적, 사회적 용도로도 수요가 컸다. 12세기 후반 처음 눈에 띈 이러한 유출은 금속의 수출을 금지하고 밀수를 억제하려는 시도로 이어졌지만 거의 소용이 없었다.[346]

13세기 초, 취안저우의 상업적 운세가 쇠퇴하기도 했다. 1231년, 당시 취안저우의 총독이었던 진덕수眞德修(1178~1235)는 그 도시의 불안정한 대외 무역과 그에 따른 현의 전반적인 쇠퇴를 묘사했다. 진덕수의 견해에 따르면, 주요 원인은 당시 2,300명에 달했던 황족들을 지원하는 부담이었는데, 이 비용은 인접한 취안저우의 두 현과 취안저우 해양 무역 감독관이 맡았다.[347] 취안저우의 13세기 쇠퇴를 설득력 있는 사례로 제시하면서, 빌리 소는 황족에게 들어가는 비용을 일개 원인일 뿐이라고 무시하고, 일차 책임을 구리 유출로 인한 구리 동전 부족으로 돌린다.[348] 이 감소는 반드시 고려되어야 한다. 13세기 몇몇 취안저우 관리들은 무역 조건을 개선하여 그 항구로 오는 선박의 수를 늘린 공로를 인정받았지만, 지역 관리들이 지속적인 개선의 필요성에 대해 개혁을 제기하는 반복되는 주제 자체가 우리가 만족스럽게 다루지 못한 만성적 문제를 지적한다고 주장할 수 있다.[349]

만약 우리가 13세기 취안저우의 상업이 쇠퇴했다는 것을 받아들인다면, 그 쇠퇴가 그 도시만 독특했는지 아니면 해상 무역의 지역적 쇠퇴를 반영했는지라는 추가적인 의문이 제기된다. 기록의 희소성을 고려할 때, 확실한 대답은 어렵지만, 빌리 소가 수집한 여러 증거로는 구별될 만한 지역적 쇠퇴가 없었음을 보여 준다. 고려와 몽골의 문제는 1220년대 중반부터 송나라와의 무역을 감소시켰지만 (그러나 송일 무역은 계속 발전했다), 참파는 13세기 초 크메르 제국의 지배 아래 있었고, 그로 인해 그들의 해상 활동에 피해를 줬지만 실제로 그것은 1220년대에 끝났다.[350] 그러나 광저우가 13세기 초에 적어도 부분적으로 취안저우를 희생시키면서 번영했다는 간접적인 증거가 있다.[351] 그리고 우리는 1230년대부터 1270년대 송나라가 멸망할 때까지 계속된 몽골과의 전쟁이 송나라의 외국 상품에 대한 욕구를 줄였다고 추정할 수 있지만, 해상 무역의 붕괴나 심각한 감소를 시사하는 증거는 없다.

13세기 이슬람교 무역 디아스포라는 송나라 초기의 무역 디아스포라에서 상당히 발전해 있었다. 사실, 아시아 해양 세계 전체를 말할 때, '디아스포라'는 적어도 동아시아 무슬림 상인들의 네트워크가 서양의 그것과 구별되었기 때문에, 무슬림 상인들에게 가장 적절하게 적용될 것이다. 부분적으로 이것은 특히 인도 아대륙에서 이슬람의 지속적인 확장과 무슬림의 거대한 인종적 다양성의 결과였다. 그러나 그것은 또한 2장에서 설명한 원거리 무역의 세분화를 반영했다. 엘리자베스 램본Elizabeth Lambourn이 꼼꼼하게 지도화한 서부 인도의 해안 도시들과 아덴을 연결하는 무슬림 무역 디아스포라는 말라바르 동쪽으로 확장되지 않았고, 그 연대가 몽골 시대(4장의 주제이기도 함)인 1290년대로 거슬러 올라감에도 불구하고, 명확한 지리적 패턴은 확실히 그 이전에 확장되었다.[352]

중국의 무슬림 무역업자들에게, 이 급격한 분할은 그들이 서아시아로부터 실질적으로 단절되었음을 의미했다. 남송 시대에 그 지역에서 온 유일한 조공 사절단은 1165년에 아라비아에서 왔고, 그것은 재앙이었다. 중국으로 가는 길에 참파 항구에 정박했을 때, 아랍 선박은 참파 번수蕃首(외국인 우두머리)의 지시로 참파, 중국인(당인唐人), 외국인 그룹의 공격을 받았고, 이들이 많은 조공품을 가지고 달아났으며, 아로마와 상아만 남겼다. 엎친 데 덮친 격으로, 1168년 참파의 조공 사절단이 도착했을 때, (여전히 중국에 있는) 아랍 대사 오사점烏師點은 참파 사절단의 공물 중 일부가 실제로 아랍 사절단에게서 훔친 것이라고 주장하며 소송을 제기했다. 사실, '번수'라는 용어가 외국인들에 의해 습격을 받았다는 것을 암시할 수도 있지만, 1168년 참파 사절단은 참파의 번수인 추아나鄒亞娜, 즉 자야 인드라바르만 4세에 의해 보내졌다. 법원은 아랍인들의 항의에 동의했고 물품을 공물로 받기를 거부했다.[353]

이 사건 때문이든, 다른 이유 때문이든, 이것이 마지막 사절단이었고 따라서 무슬림 상인들과 먼 서쪽에 있는 그들의 원래 고향 사이의 공식적인 관계의 끝이었다. 원거리 무역과 통신은 의심할 여지없이 계속되었지만, 동아시아와 서아시아 사이 상인들의 이동은 축소된 것으로 보인다. 아랍어 여행 기록과 일차적 지식에 근거를 둔 중국과 동남아시아의 지리학적 취급은 11세기 초 이후 거의 사라졌다.[354] 남송 시기 광저우와 취안저우에서 가장 눈에 띄는 두 '상인'은 각각 참파와 스리비자야에서 중국으로 건너온 상인 포와 시나위施郍幃였다는 점도 주목할 만하다.

리 왕조 다이 베트(1009-1225)의 해상 역할에 대한 논문에서, 리 타나Li Tana는 남중국해 주변의 이슬람 상인들의 네트워크의 중요성을 지적했다. 참파와 중국 남동부 항구, 특히 취안저우 사이의 무역에서 하이난이 수행한 중요한 역할과 그 모든 지역에서 번창하는 이슬람 공동체를 언급하면서 리는 다음과 같이 주장한다.

　…… 참파 출신 상인들은 하이난에서 활동하거나 정기적으로 그곳에 연락해서 중국 본토의 무역항에 약간의 영향을 끼쳤고, 이들 집단은 다른 이슬람 커뮤니티 및 푸젠 사람들과 밀접하게 접촉하고, 경쟁하거나 협력했다.[355]

나는 리가 설명하는 네트워크가 동아시아 무슬림 무역 디아스포라의 핵심을 구성한다고 제안하고 싶다. 다른 상인들과 마찬가지로 무슬림 상인들은 다양한 언어, 종교, 지리적 배경을 가진 사람들과 교류하고 사업을 했으며 취안저우의 공동 거주지가 무슬림과 중국 상인들의 네트워크에서 중심 역할을 했을 가능성이 크다. 그런데도 공유된 믿음, 적어도 일부 아랍어에 대한 공통된 지식 그리고 (대부분) 공유된 문화적 기원은 순전히 개인적인 유대에 기반한 네트워크를 넘어서는 일종의 응집력을 제공했다. 이들이 코멘다 계약과 같은 무슬림 상인들의 관행들을 이용했을 가능성이 크지만, 자료들은 이 점을 밝히지 않고 있다. 리 타나는 베트남 해안의 관점에서 글을 쓰면서 참파 무슬림의 역할을 강조한다. 특히 디아스포라가 동남아시아 항구의 무슬림 커뮤니티(그리고 한국의 작은 무슬림 커뮤니티)를 포함하여 참파의 중심성을 늘렸기 때문에 그 집단은 분명히 중요했다. 그러나 취안저우와, 부차적으로 광저우는 이슬람교도들이 가장 많이 모여들고 가장 부유한 상인들이 정착하기로 선택한 디아스포라 닻을 구성했을 가능성이 더 컸다. 중국 시장의 관문으로서, 예를 들어 모스크와 묘지와 같은 그들이 제공하는 이슬람 문화 편의 시설이 그렇듯이 그들의 경제적 중요성에 비하여 다른 항구들의 경제적 중요성은 더 작아졌다. 무엇보다도 그들은 해상 무역 감독관들의 안정성과 심지어 안전까지 제공했다. 이것은 상인들이 관료의 부패나 자의적인 명령으로 인해 시간적 고통을 받지 않았다는 것을 의미하지는 않지만, 그들은 일반적으로 감독관들로부터 좋은 대우를 받았고, 1165년 참파에서 아랍 사절단이 당한 종류의 약탈을 두려워할 필요가 없었다.

상당 부분, 이 무역 디아스포라의 활동은 기록할 수 있는 사료의 범위를 벗어났다. 그러나 1264년에 취안저우의 감독관(판원判院)인 포('아부Abu') 씨의 보르네오의 무슬림 묘지에 흥미로운 중국어 석문이 새겨져 있는데, 이는 독특한 중국-이슬람 상인 활동을 암시한다. 케네스 홀은 포가 포수경 가문의 일원이었다고 꽤 그럴듯하게 주장한다.[356] 케네스 홀은 또한 1301년 브루나이 술탄의 비석일 가능성이 있는 또 다른 비석을 "현재의 취안저우 비석과 비슷하며, 중국에서 브루나이로 운송된 것으로 보인다."라고 언급했다.[357] 엘리자베스 램번은 동남아시아의 무슬림 묘지에 대한 연구(1273년 비석 포함)에서 취안저우가 묘비의 출처일 가능성이 있다고 주장했다.[358] 천다성Chen Dasheng은 아랍어로 새겨진 1301년 브루나이의 석각 중 하나가 취안저우에서 생산되었다는 것을 결정적으로 입증했는데, 이는 취안저우가 동아시아의 무슬림 석비의 주요 생산지가 되었음을 시사한다. 심지어 오늘날에도 취안저우 동부 숭무현崇武縣의 채석장은 돌의 새김과 조각의 중요한 중심지가 되어 있다.[359][360]

비록 이 증거가 우리를 송 이후 시대로 데려가지만, 그것은 송 시대에 시작되어야만 했던 무슬림 무역 디아스포라의 활동을 보여 준다. 그러나 1301년까지 취안저우와 중국 연안의 다른 도시들의 무슬림 커뮤니티들은 몽골의 지배하에 들어왔고 4장의 주제인 급진적인 변화를 겪었다.

4장

몽골과
상인 세력

역설로 시작하자. 모든 중국 왕조 중에서, 세계에서 가장 큰 육지 제국을 만든 유목 몽골인들이 통치하는 원나라가 바다와 가장 관련이 깊었다. 비록 이 장에서 우리의 관심사는 몽골인들이 해상 무역을 제한뿐만 아니라 장려도 했다는 것이지만, 우리는 몽골인들의 참여가 무엇보다도 군사적, 정치적 확장의 문제였음을 인식해야 한다.

그들의 남송 정복은 대부분 해군의 임무였다. 1273년 한수漢水에서 7년에 걸친 양양襄陽 전투에서 승리를 거둔 것, 1279년 광동 해안에서 벌어진 애산 전투에서 송나라 군대를 최후로 격파한 것에는 모두 화북인과 다른 패배한 민족들의 도움을 받아 몽골 측에서 만든 거대한 해군이 함께했다. 송나라의 원정이 진행되는 동안, 원나라 세조로 알려진 위대한 쿠빌라이 칸은 그의 할아버지와 함께 시작한 목표를 이루기 위해 더 멀리 세계를 정복하기 위해 해외를 찾고 있었다. 쿠빌라이 칸은 몽골 한국에 항복할 것을 요구하는 사절들을 아시아 전역에 보냈고, 이들이 실패하자 (대부분이 그랬듯이) 해군이 뒤따랐다. 1274년 그의 불운한 일본 침략 이후 1281년에 취안저우를 포함한 중국과 한국(고려)의 해안가에서 징발된 배들을 이용하여 훨씬 더 큰 규모의 원정이 뒤따랐지만, 마찬가지로 실패했다. 1280년대 내내 그의 관심은 베트남에 집중되었는데, 1283년 참파, 1285년과 1287년 안남을 향해 주요 해군 원정들을 일으켰지만, 모두 격퇴되었다. 마침내 1292년에 원나라 사신을 형편없이 대우한 것에 대한 복수를 위해 함대가 자와로 파견되었고, 원나라 군대는 그 해 초에 성

공적으로 상륙했지만, 불과 두 달 후에 그들은 보여 준 게 거의 없이 떠났다.[361]

남아시아에서 쿠빌라이의 접근 방식은 달랐다. 그는 처음에는 침략할 생각을 품었지만, 대신 외교로 결정을 내렸고, 1280년에서 1296년 사이에 인도 남부에서 가장 중요한 두 주인 말라바르와 콜람에 13개의 사절단을 파견하여 그들로부터 비슷한 수의 사절단을 받았다.[362] 다른 해양 모험이 원 해군 자원의 많은 부분을 묶고 있었다는 사실을 제외하고, 이러한 더욱 평화적인 접근이 중요한 이유는 페르시아의 일한국으로 가는 안전한 경로의 필요성과 관련이 있었다.

일한국은 칭기즈칸 사후 세워진 4대 한국 중 하나가 아니었다. 1251년 훌라구를 페르시아에 보내기로 한 뭉케의 결정에서 비롯되었으며, 1256년 바그다드가 함락된 후 일한국을 제국에서 가장 부유한 한국 중 하나로 세운 것이 훌라구였다. 1259년 뭉케가 사망하고 대한국 계승을 둘러싼 톨루이 내전이 발발하자 훌라구는 아리크 뵈케 대신 쿠빌라이를 지지하여, 일한국이 쿠빌라이에게 공고히 종속하게 했다.[363] 1280년대와 1290년대에 몽골 제국이 황금 군단과 관련된 내란에 휩싸였을 때, 트란스옥시아나의 통치자 오고데이의 아들 카이두(1301년 사망)와 일한국의 지원을 받는 쿠빌라이의 원군 병력, 특히 아르군(재위 1284~1291년)의 병력이 중요했고, 이로써 해상 경로가 더욱 중요해졌다.[364] 이로써 페르시아와 중국 사이에 전례 없는 상품, 사람, 지식의 이동이 일어났는데, 우리는 이 발전을 살펴볼 것이다.[365]

물론 우리가 주로 관심을 두는 것은 무역을 통한 상품과 상인들의 이동이며, 이 점에서 원나라 정부의 해상 무역 장려는 주목할 만하다. 기본 수입세를 고급 상품은 10%, 조잡한 상품은 6.5%로 정했는데, 이는 심지어 송보다 더 낮았고, 그 이후에 약간의 상향 조정이 있었지만, 여전히 매우 낮은 수준을 유지했다.[366] 데릭 헝Derek Heng은, "원대의 재정 체제는 송나라 때 부과되던 체제보다 중국의 외국 제품 수입 무역에 종사하는 사람들에게 더 유리했다."라고 평가했다.[367] 그러나 우리가 몽골인들이 애덤 스미스의 선구자라고 상상하지 않도록, 우리는 무엇보다도 그들이 정복 과정에서 이전 왕조들과는 극적으로 다른 무역과 무역에 대한 특별한 접근법을 개발한 전사이자 제국 건설자였음을 기억해야 한다. 우리가 또한 보게 되듯이, 그 접근법은 그 성격과 범위 모두에서 급진적이었던 무슬림 디아스포라를 다시 나타나게 했다.

몽골의 무역 관리

몽골 제국의 초기부터 상인들은 특권적인 지위를 차지했다. 당연하게도, 전리품과 사신들이 준 선물을 사용 가능한 상품으로 바꿀 수 있는 능력을 갖춘 사람들이었기 때문이다. 1215년, 칭기즈칸은 호라즘 제국의 사절에게 연설했다.

나는 동방의 통치자요, 당신은 서방의 통치자요. 우리 사이에 우정, 우호, 평화의 확고한 조약이 있게 하고, 양쪽에서 상인들(투하르)과 카라반들이 오고 가게 하고, 내 땅의 화려한 옷과 보석, 시장의 물건이 당신에게 가게 하고, 당신 땅의 것들도 마찬가지로 [나의 것]으로 향하게 하라.[368]

토마스 올슨Thomas Allsen에 따르면, 칭기즈칸이 상인들을 중요하게 여긴 것은, 1219년에 칭기즈칸이 호라즘 제국을 정복한 것이 세계 정복의 목적이 아니라, 호라즘 총독이 칭기즈칸이 파견한 4명의 무슬림 상인들이 이끄는 거대한 카라반을 파괴한 것, 즉 1215년에 체결한 무역 협정을 위반한 보복이었다는 점에서도 알 수 있다.[369]

몽골인들을 섬기는 상인들은 오르토이 또는 '파트너'(터키어로 오리악, 중국어로 탈알脫斡)로 알려져 있었다. 그들은 칸, 왕자 또는 궁정 귀족들에게 자본 또는 대출을 받았고, 성공적으로 돌아오면 그들은 후원자들에게 이익 대부분을 제공하고 나머지는 그들이 가졌다. 올슨에 따르면 13세기 오르토이 대부분은 튀르키예 무슬림과 위구르인이었지만, 페르시아인, 아르메니아인, 유대인, 시리아 기독교인도 포함되었다. 부유하고, 읽고 쓸 줄 알았고, 필수적으로 다국어를 구사하였고, 광범위한 네트워크를 가졌으며, 몽골의 지배자들에게 신뢰받았던 집단으로서 오르토이는 추가 기능을 수행하게 되었다. 그들은 중국 북부에서 상업적 대리인과 세금을 내는 농부, 외교관, 심지어 스파이 역할까지 맡았다. 이것은 다 오르토이에게 매우 유리하다

고 판명되었으므로, 시간이 지남에 따라 몽골 통치자들이 그들에게
점점 더 많이 빚지게 된 것은 놀라운 일이 아니었다.[370]

새로운 원나라가 제도적으로 발전함에 따라 오르토이 활동의 관
료화가 있었다. 1268년에 알탈총관부斡脫摠管府(오르토이의 감독을 위한
일반 행정 관청)가 설치되었고, 1272년에 알탈소斡脫所(오르토이의 감독을
위한 지방 사무소)가 설치되었다.[371] 1280년에 알탈소는 오르토이 사무
소(천부사泉府司, 금전 관리소)로 대체되었는데, 그곳은 황제, 황후, 황후
들의 수입과 지출에 관한 사무를 관리하고 오르토이의 활동을 감독
하는 역할을 담당했다.[372]

1280년에 남송이 패배하고 몽골인들이 전쟁과 무역을 위해 바다
로 관심을 돌리자, 오르토이 활동의 중심지는 중국의 남동쪽 해안으
로 옮겨 갔고, 그곳에서 그들은 오랜 해상 무역 관행을 접했다. 이후
로 제도와 규정 모두 빈번하고 종종 혼란스러운 변화를 겪은 긴 기
간이 이어졌다.

이러한 변화의 중심에는 해상 무역의 수행을 위한 두 가지 경쟁
모델이 있었다. 하나는 해상 무역 사무소(시박사市舶司)에 의해 감독되
는 상대적으로 개방된 무역의 송 모델, 다른 하나는 제국주의적으로
자본화된 무역의 오르토이 형태이다. 1277년에 포수경 덕분에 원나라
의 손에 막 넘어간 취안저우에 시박사가 설립되었고, 얼마 지나지 않
아 양발楊發의 감독 아래 푸젠성의 칭위안慶元(근대의 닝보), 상하이, 간
푸澉浦에 시박사가 모두 설립되었다. 『원사』에 따르면 다음과 같다.

매년 해상 상인들(박상船商)은 외국으로 모여 진주, 왕어(깃털), 향료 등을 거래했다. 그들이 돌아온 다음 해에 규정에 따라 그들은 [정부]에 일정 비율의 부담금을 지불했고, 그 후 그들의 상품 판매가 허용되었다.[373]

외국 상품에 대한 기본 수입세(추해抽解, 더 흔하게 추분抽分)는 고급 상품에 대한 10분의 1(10%)과 조잡한 상품에 대한 15분의 1(6.5%)로 구성되어 송나라에 비해 유리한 세율을 보였다. 1192년에 취안저우에서 이미 기본 수입세를 받은 상품에 고급 상품에 25분의 1, 조잡한 상품에 30분의 1의 추가 세금이 부과되었는데, 시박사가 있는 다른 도시에도 부가되었다.[374]

1284년에 바뀐 것은 중국 상인들이 해외에서 무역할 수 있는 권리였다. 1284년 9월 항저우와 취안저우에 해상무역소금관리사무소(시박도전운사市舶都轉運司)가 광범위한 권리를 가지고 설치되었다.

관리들은 배와 자본을 제공하고 모든 종류의 상품을 거래하기 위해 해외로 갈 사람들을 선택해야 한다. 수익에 대해서는 관계자들이 10개 중 7개를 가져갔고 거래자들은 3개를 받았다. 부유하고 권력 있는 가족들은 모두 해외로 나가 무역을 하기 위해 자기 돈을 사용하는 것이 금지되어 있다. 거역하는 자는 벌을 받을 것이다. 가족 재산의 절반은 몰수될 것이다. 정부 선박을 타고 와서 무역하는 외국인 손님들은 비율에 따른

부담금이 부과된다.[375]

이 설명에는 오르토이나 어떤 오르토이 기관도 언급되어 있지 않지만, 무역을 수행하기 위해 설명된 절차는 오르토이 관행과 밀접하게 일치한다. 이것이 오르토이의 제도적 역할과 어떻게 관련이 있는지는 완전히 명확하지는 않다. 그러나 엘리자베스 엔디콧-웨스트 Elizabeth Endicott-West가 보여 주었듯이, 특성상 해상 무역의 수익성이 높아 오르토이의 역할은 궁정의 최고위층에게 관심사이자 논란거리가 되었다. 이로 인해 1284년 오르토이 사무소는 폐지되었다가 이듬해 부활되었다. 그러나 1286년에 오르토이 사무소는 해상무역소 금관리사무소에 대한 관할권을 부여받았고, 따라서 모든 외국 무역의 수입 관할권을 부여받았다.[376] 1288년부터 지방 오르토이 사무소(행천부사行泉府司)에 대한 언급이 있다. 지방 오르토이 사무소는 취안저우와 항저우 사이의 해군 기지를 관리하여 조공품과 희귀한 상품의 수도 수송을 지원하는 임무를 맡았지만, 해양 무역을 더 광범위하게 감독했기 때문에 수도에 기반한 오르토이 사무소의 기능 부서였다고 추정된다.[377]

『원사』의 해상 무역 사무소에 대한 간략한 설명에 따르면, 1294년에 새로운 황제 성종(1294~1307)의 명령으로 사무역 금지가 해제되었고, 어떤 이유로 1298년에 다시 해제되었고, 1314년에 복귀되었고, 1320년에 해제되었고, 1322년에 복귀되었으며, 1323년에 영구적으로 해제되었다.[378] 이 시기에는 관련 제도적 변화도 적지 않았다. 1297년에 지방 오르토이 사무소가 폐지되었지만 1308년에 해상 무역 사무소에 대한 권한을 가진 천부원泉府院(화폐관리국)이 설립되었다. 이듬해 천부원은 폐지되었고, 해상 무역 업무는 시박제거사市舶提擧司 담당 아래 두어졌는데, 천부원은 1311년에 폐지했다가 1314년에 다시 설치되면서 사무역을 금지했다.[379] 우리는 종종 모순되는 이러한 행동들을 어떻게 이해할 것인가? 그 일자들은 해상 무역 정책이 불안정하고 경쟁이 심했음을 시사하며, 우리는 이 점을 살펴볼 것이다. 또한 이 40년 동안 무역에 관한 세부 사항 중 일부가 앞에서 설명한 타임라인과 어긋나 보이는 것도 놀랄 일이 아니다.

대표적인 사례가 『원전장元典章』에 남아 있는 22개 조항의 해상 무역 규칙이다.[380] 1292년부터 1293년까지 사무역 금지령이 이론적으로 발효되었을 때, 그것은 해상 무역의 공식적인 대우에 대한 귀중한 묘사를 제공한다. 규정은 우선 비율 징세(추분抽分)를 기본세(고급) 상품은 10분의 1, 조잡한 상품은 15분의 1과 추가로 30분의 1)로 명시하고, 지방관청의 관리, 오르토이 사무소와 해상무역사무소, 그리고 '부호가富豪家'가 내지 않으면 처벌받는다는 경고로 시작한다(1조). 또한 해외 상인들의 구매 자금을 조달하기 위해 자기 자금을 사용한 다음 기본 세금을 회피하는 것에 대해 이들 그룹에 경고하고 있다(제2조). 이 규정들은 첫째로 사무역 메커니즘을 설명하고, 둘째로 지방 공무원들이 맡는 오르토이식 무역 금지를 설명한다. 그러나 사무역은 규제가 심했다. 상인들은 그들의 배를 해상무역사무소에 등록해야 했고, 해상무역사무소는 또한 그 배들이 징집되는 것을 면제해 주었다(제15조). 해외여행을 하기 전에, 상인들은 목적지를 명시한 서류(공험公驗)를 제출해야 했다. 그들이 무역하러 갔던 목적지는 유일해야 했고, 그 후에 그들은 떠났던 항구로 돌아가야 했다. 선주들은 상인들이 법을 어길 때를 대비해 책임을 진 보증인 2명의 이름을 제공하고(제7조) 선원 전원의 이름을 신고해야 했으며(제11조) 출항 당일에는 관계자의 검사를 받아야 했다(제21조). 그들이 돌아올 때, 밀수나 다른 부정행위가 없게 하려고 정교한 절차가 설명되었는데, 여기에는 배가 부두에 도착하자마자, 적절한 재고 조사와 세금을 부과할 때까지 화물을 봉인하는 것이 포함되어 있었다(제20조). 그리고 원래의 공험 형태가 올바른지 점검되었다(제12조). 선박이 재해를 입어 예정된 거래를 수행하지 못하고 돌아오면 원래의 공험을 무효로 하기 전에 조사가 필요했다(제8조). 이 조항은 중국 출신 상인들에게 적용되었는데, 외국 상인들은 단순히 그들의 모든 상품을 신고하고 기본 세금을 내도록 요구되었으며, 조공사절단이 가져온 상품은 수도로 가기 전에 해상무역사무소에 신고만 하면 되었다(제4조).[381]

이러한 과도한 규제는 해상 무역 관리에 대한 정부의 극심한 관심을 보여 주며, 1349년에 중국을 방문한 모로코 무슬림 여행자 이븐 바투타에 의해 여러 가지 세부 사항이 확인되었다는 점이 주목할 만하다. 이븐 바투타는 배와 함께 출발한 모든 선원이 돌아왔는지 확인하기 위해 당국이 주의를 기울였으며, 만약 선원이 없는 경우에는 그들의 사망이나 탈출의 증거가 선주에 의해 제시되어야 했으며, 당국이 도착 시 선박의 완전한 화물 목록 심지어는 신고하지 않은 상품을 작성할 때도 주의를 기울였다고 설명했다.[382] 그러나 이러한 규제들은 전체 시스템이 급증하는 무역을 감당할 수 없게 될 것이라는 위협을 느꼈음을 반영한다고 볼 수도 있다. 적정한 양식이 부족한 상인을 신고한 자에게 포상하는 조항(9조), 그리고 당국의 해상세 징수를 도운 상인과 선원에게 부역 면제를 제공하는 조항(18조)은 관리들이 무역을 적절히 통제하지 못하고 있음을 지적한다. 이러한 결론은 1295년에 밀입국하는 선박이 많았기 때문에 관리들이 공해에서 들어오는 선박들을 만나서 조사해야 한다는 요구로 뒷받침된다.[383]

각설하고 오르토이의 역할로 돌아가서, 남송의 정복에서 이어진 해양 무역에 대한 접근은 엄청난 기회였지만, 또한 도전이었다. 왜냐하면 이전에 육지 중심으로 활동했던 칸의 상인들에게, 해양 세계의 운영은 이질적인 전문 지식과 접촉이 필요했기 때문이다. 따라서 그들이 필요한 지식과 경험을 갖춘 지역의 대표적인 상인들과 협력하는 것은 놀라운 일이 아니다. 이것은 유력한 지역 상인(종종 상인 관료), 지방 재정 관리, 몽골 왕자들에 이르기까지 여러 계층적 후원 네트워크가 식별되어 운영되었다는 욧카이치 야스히로四日市康博의 설득력 있는 주장으로 뒷받침된다.[384]

우리는 상인 사회를 대할 때 이러한 네트워크와 그와 관련된 일부 개인을 재검토할 것인데, 여기서 무역, 특히 해양 무역에 대한 몽골의 접근법이 중국 역사상 전례가 없는 방식으로 상인들을 높이고 정치화했음에 주목해야 한다. 이것은 황제와 왕자들의 자본을 이용하여 권위와 사업을 수행하고 종종 중요한 관직을 맡은 오르토이 상인들의 존재에서 가장 잘 드러난다. 더 일반적으로, 위대한 상인들은 특권층을 구성한다는 인식이 있었다. 엘리자베스 엔디콧-웨스트는 1290년경의 상인 스파이에 대한 매혹적인 설명을 제공한다.

취안부의 경우, 왕조 초기에 국고에서 귀중품을 지출하고 가져갔다. 위대한 상인들은 해외 사람들뿐만 아니라 [중국] 사람들 사이에서도 무역했다. 그들은 왕조의 문서들을 이용하여 멀리까지 방해받지 않고 여행했다. 아무도 감히 그들을 방해하지 못했다. 그들은 이것을 외지고 위험한 지역에 침투하여 정찰하는 구실로 삼았기 때문이다. 그것은 정말로 이익을 위한 것이 아니었다.[385]

1309년 중앙서기처 장관의 다음과 같은 불만으로도 드러나고 있다.

회교도 상인들은 황실의 편지를 들고 다니고, 호복虎服을 입고, 역참의 말을 타고, 심지어 궁정에 표범을 선물하고 답례로 선물을 요청하는 등 많은 것들을 한다. 장관들은 이것에 대해 논의했다. 호복은 국가의 진정한 상징이고 역참의 말은 관리들에게 필수품이다. 이제 모든 상인에게 그것들을 수여하는 것은 정말로 이익이 되지 않으므로, 나는 그 모두를 철회하기를 요청한다.[386]

이 요청에 대한 반응은 미온적인 묵인(제가制可)으로 알려져 있으며, 이에 따른 조치인지는 알 수 없지만, 상인들의 후한 대우에 대한 관리들의 공포감을 여실히 보여 주고 있다.

상업의 패턴

상인들에 대한 성대한 대우의 주된 이유는 중국의 항구를 드나드는 상품의 과잉이었다. 광저우의 원나라 관보인 『남해의 기록』은 생생한 동시대 무역을 반영하고 있다.

원나라는 해와 달이 뜨고 지는 사대양의 끝을 [전 세계]로 덮고 있으며, 아무도 감히 공물을 가져오고 절하며 자신들을 신하라고 부르지 않을 수 없다. 그러므로 특이한 바다와 산, 그리고 인간과 짐승, 그리고 다양한 진주와 코뿔소가 항상 내부 [정부] 창고에 저장된다. … 이제 이전의 지리지에 쓰인 것보다 귀중품의 풍요로움은 두 배가 되었다.[387]

이 상업은 몽골 이전 시대의 교류를 상당 부분 지속했다. 향, 아로마, 향신료, 향수, 상아, 코뿔소 뿔, 심지어 노예에 대한 중국의 수요는 수그러들지 않고 계속되었다. 일부 새로운 상품들이 도입되었다. 자말 알딘의 사례에서 볼 수 있듯이, 인도에서 온 말들과 몽골인들이 도입한 중앙아시아산 포도주들이 새로운 상품들인데, 새로운 상품들은 주로 육로를 통해 유입되었을 것이다.[388] 동남아시아에는 송나라 때와 마찬가지로 다양한 종류의 직물, 제조품(가마솥과 같은 저가금속 제품 포함), 도자기, 금속, 식료품이 있었다.[389] 서아시아 일한국은 향신료, 구리, 백단白檀, 진주, 보석, 직물, 도자기, 은을 수입했다.[390]

비록 그것이 거래되는 도자기의 일부에 불과했지만, 명나라 시대에 지배적이었던 도자기의 역할은 진정한 이문화적 현상이었다. 이것은 원나라 때 청화백자가 개발되었기 때문인데, 청화백자는 코발트를 유약으로 사용한다. 페르시아에서 운송되었을 가능성이 가장 큰 코발트를 이용하여, 중국 장인들은 일한국에서 수요가 높은 제품을 만들기 위해 종종 이슬람 장식을 사용했다. 모리스 로사비Morris Rossabi는 이러한 발전이 중요하다고 언급했는데, "그것들이 예술적 아이디어와 기술을 전달하기 위한 서부-동부의 길이 있었다는 것을 나타낼 뿐만 아니라, 공유된 예술적 어휘를 보여 주기 때문이다."라고 했다.[391]

매우 다른 방식으로, 중국의 은 수출은 역사적으로 중요했다. 우리는 3장에서 구리 수출이 송나라의 골칫거리라는 것을 보았는데, 이는 정부가 금지하려고 시도했지만 실패한 것이었다. 중국에서 은

이 대량으로 유출되었을 때, 동전이 아닌 주괴로 쓰이기는 했지만, 정화正貨는 원에서도 문제가 되었다. 1937년에 로버트 블레이크Robert Blake가 처음 언급했듯이, 몽골 시대에 많은 양의 중국 은이 서아시아와 유럽으로 갔다. 그 결과 무슬림 경제권의 만성적인 은 부족 현상이 완화되었고 13세기에서 14세기까지 유럽의 은화 주조가 매우 증가했다. 욧카이치 야스히로는 이러한 유출 메커니즘이 몽골 왕자들이 오르토이 상인들에게 제공한 은 형태의 자본이라고 주장했고, 그들은 그 돈의 상당 부분을 해외 상품 구매에 사용했다.[392]

해양 무역에서 오르토이의 특별한 역할을 보여 주는 사례로서 원나라 무역의 또 다른 특징이 시사된다. 즉 전근대 해양 아시아 역사에서 거의 유일하게 독특했던 그들의 부와 운영 범위 때문에 주목할 만한 대상인들을 낳았다는 것이 시사점이다. 우리는 운이 좋게도 중국인이 아니지만, 중국 무역에 깊게 관여하고 있던 세 명의 상인들에 대한 잘 문서화된 사례들이 있다.

첫 번째는 최근 류잉성에 의해 연구된 13세기 아랍인 사이드 빈 아부 알리Sayyid Bin Abu Ali(1251~1299)이다. 일찍이 사이드의 가족은 페르시아만의 칼하트에서 이주하여 말라바르에 정착하여 무역에 종사했다. 사이드를 비롯한 인도 남부의 무슬림 상인들은 몽골의 남중국 정복과 해외 활동에 대한 소식을 듣고 기회를 포착하여 취안저우로 배를 보내 1281년 이전에 처음으로 도착함으로써 좋은 대접을 받았다. 말라바르 왕의 반대가 커졌음에도 불구하고, 사이드는 정기적으로 페르시아뿐만 아니라 중국에도 배와 사절을 보냈고, 페르시아로 가는 길에 말라바르에 들른 몽골 사절들에게 도움과 식량을 제공했다. 그러나 1291년에 왕으로부터 사이드의 생명이 위험하다는 경고를 받은 후, 쿠빌라이는 상인 사절(리비 또는 알리 베그)을 보내 사이드를 원나라로 초대했다. 사이드는 말라바르에 있는 가족과 재산을 버리고 단 100명의 하인을 데리고 왔고, 몽골의 수도 대도大都에서 아내와 부와 작위를 받으며 왕좌에서 내려진 삶을 살았다.[393]

사이드의 전기는 13세기 후반의 해상 교류와 무역의 많은 중요한 측면을 조명한다. 우리는 그와 같은 남부 인도의 이슬람 상인들이 원나라 해양 무역을 시작하고 중국과 페르시아 사이의 중개인 역할을 하는 데 중요했다고 본다. 1281년에 사이드의 첫 배가 취안저우에 도착했다는 사실은 전혀 중요하지 않아 보인다. 왜냐하면 이것은 중국에 기반을 둔 상인들이 아닌, 외국 상인들이 중국으로 오고 해외로 나가는 것을 포함했기 때문이다. 상인 사이드는 자국 왕의 불만이 커져 가는 상황에서도 동서로 사절을 보낼 수 있었고, 말라바르에 있는 자신의 소유물을 포기했을 때 원나라 황제로부터 충분한 보상을 받았다.

사이드의 활동은 중요했지만, 자말 알딘 이브라힘 Jamal al-Din Ibrahim 의 활동으로 가려졌다. 알티비 가문의 우두머리이자 키슈의 군주인 자말 알딘은 1281년에 페르시아만을 지배했다고 알려져 있으며, 1291년 서아시아의 일한국에 의해 파르스 지방의 총독으로 임명되었고 말리크 알이슬람이라는 칭호를 받았다.[394] 자말 알딘은 키슈(호르무즈의 서쪽에 있는 번영하는 섬 도시)의 중심지에서 무역 제국을 감독했는데, 동시대의 역사학자 와사프 탁치 알딘Wassaf Taqqi al-Din은 "그는 인도에서 극동아시아에 이르는 대양과 해상 무역을 직접 방문하고 독점적으로 통제하여 중국과의 무역으로 자신을 풍요롭게 했다. … 그는 거의 백 척의 배를 항상 운영했다."[395]라고 묘사했다. 와사프는 중국과 인도에서 온 상품의 키슈 도착을 다룬 설명에서 그 통제를 생생하게 묘사한다.

극동과 인도에서 상품이 도착하면, 관리들과 대리인들은 모든 거래를 막고, 그(자말 알딘)를 위해 관심 가질 만한 모든 것을 보관한다. 그들은 자신들의 배를 카이스로 보내어, 말리크 알이슬람(자말 알딘)의 요원들이 특별히 물건을 선택할 때까지 아무도 거래할 수 없다. 그 후에 그들은 다른 상인들에게 구매를 허가한다.[396]

1297년에 자말의 아들인 파흐르 알딘 아마드Fakhr al-Din Ahmad가 상업 거래에 대한 권한을 가진 일한국의 가잔 칸(1271~1304)에 의해 중국에 사절로 파견되면서 중국과 알-티비 가문의 관계는 더욱 강화되었다.[397] 파흐르 알딘 아마드는 중국에 머무르는 동안 자기 권한을 힘차게 추구했다.

자말 알딘과 그의 가족이 중국과 맺은 공식적인 관계보다 더 중요한 것은 그들이 말라바르에서 수행한 역할이었다. 말라바르에서는 자말 알딘의 형 말릭 타키 알딘Malik Taqi al-Din이 인도 동부 해안의 판디야 왕조 아래 세 항구의 관리를 담당했다.[398] 말라바르는 '키슈와 중국 사이의 주요 연결고리이자 그 자체로 거대한 시장'이었다.[399] 그곳은 또한 서아시아산 말의 주요 구매자였고, 자말 알딘에게 큰 이익이 된 것은 입증된 사실이었다. 말라바르의 통치자들은 그에게 연간 1,600마리의 말을 각각 220 황금 디나르의 고정 가격으로 할당했고, 말이 이동 중에 죽더라도 지불해 주었다![400] 이 협정으로 알-티비 가문은 남아시아에서 중국의 은과 거래되는 서아시아 말의 판매를 주도할 수 있었다.[401] 주목할 만한 것은 이 협정과 더 일반적으로는, 마바르에서 알-티비 가문의 강력한 입지가 1291년 사이드가 한 중국으로의 여행 이후 10년도 채 되지 않아 실현되었고, 따라서 장거리의 동서 무역을 위한 환적 지역으로서 인도 해안의 중요성과 그곳 무슬림 상인들의 특정한 역할을 분명히 보여 주었다는 것이다.

사이드 아부 알리Sayyid Abu Ali와 자말 알딘Jamal al-Din의 기록에서 우리는 막대한 재산을 가진 선주들에 대한 두 가지 간단한 언급을 추가할 수 있다. 이븐 바투타는 캘리컷에서 한 사람을 만났는데, "이 마을에는 인도, 중국, 예멘, 파르스와의 무역을 위해 막대한 재산과 많은 배를 소유한 유명한 선주 므크칼Mkhqal도 살고 있다."라고 말했다.[402] 그리고 중국에서 원나라의 저술가 주밀周密이 바레인의 상인 불련佛蓮을 묘사했다.

취안저우에는 무슬림 불련佛蓮이라는 위대한 상인이 있었는데, 그는 포씨 가문의 사위였다. 그의 가족은 80척의 선박을 소유할 정도로 매우 부유했다. 불련이 1293년에 죽자, 어린 딸이 있었지만 아들은 없어서 관리들이 그의 재산을 몰수했는데, 130여 석石의 진주와 다른 물건들이 포함되어 있었다.[403]

간결함에도 불구하고, 이 구절은 세 가지 중요한 사실을 제공한다. 첫째로, 불련은 오늘날 우리가 선박 업계의 거물이라고 부르는 사람이었다. 80척의 선단이 불련을 자말 알딘과 같은 부류에 넣었기 때문이다. 둘째로, 불련은 또 다른 위대한 상인인 포수경의 사위로서 동남부에서 가장 강력하고 명망 있는 중국-무슬림 가문과 관련이 있었는데, 그중 하나는 나중에 자세히 살펴볼 것이다. 비록 주밀이 오르토이 상인들을 언급하지는 않지만, 불련은 독점 무역 시기에 함대를 운영하고 있었기 때문에 그들 중 한 명임이 틀림없다. 마지막으로, 포씨 가문과의 결혼 관계에도 불구하고, 불련은 중국 상속법을 준수해야 했고, 자신의 재산을 딸에게 물려줄 수 없었다는 것이 주목할 만하다.

사이드 빈 아부 알리, 자말 알 딘과 불련의 사례는 근대 이전의 해양 아시아 역사에서 독특한 작은 상인 집단이 쌓은 부와 경제력의 결합을 알려 준다. 그들의 지리적으로 넓은 활동 범위는 또한 상업적 발전을 말해 준다. 즉 대체로 송나라의 특징이었던 분할된 무역이 의심할 여지 없이 계속되었음에도 불구하고, 동서아시아를 잇는 장거리 무역이 부활하고 있었으며, 이는 원과 일한국의 정치적 동맹에 의해 촉진된 발전이었다. 우리는 또한 중국 상인들이 동남아시아와 남아시아 전역에서 활동한 증거를 가지고 있다. 여행자 왕대연王大淵은 참파에서 중국 상인들이 참파 여성을 아내로 맞이하는 경우가 많았고, 중국인이 용아문龍牙門(현재의 싱가포르 근처)에서 어떻게 지역 주민들 사이에서 생활했는지를 설명한다.[404] 이븐 바투타는 인도 해안의 여러 도시 특히 캘리컷과 콜람에 모인 수많은 중국 선박과 상인들을 묘사하고 있다.[405] 5장에서 알 수 있듯이, 15세기 초까지 다양한 동남아시아 지역에 중국인의 공동체들이 있었고, 그 공동체들의 시작은 아마도 원나라 때였을 것이다.

위에서 설명한 무역 관련 증거의 대부분은 13세기 말과 14세기 초에 나왔으며, 원나라의 마지막 반세기는 거의 언급되지 않았다. 이것은 역사적 기록과 그에 따른 역사학의 일반적인 반영이다. 예를 들어, 위에서 설명한 무역 감독과 관련한 증거는 초기에 집중되어 있다. 원나라 후기에 대한 기록은 정치적 음모와 관료의 과잉 인력으로 인한 정부의 재정 부족, 대운하 건설로 인한 해상 운송으로 인한 남쪽에서 수도로의 상품과 수입, 만성적인 해적질에 초점을 맞추고 있다.[406] 이러한 문제는 취안저우와 다른 지역의 해상 무역에 타격을 주었을 것으로 추정되지만 증거가 없어 추측만 할 수 있다. 그러나 다음 절에서 다룰 이븐 바투타의 설명에 비추어 볼 때 인상적인 수준의 외국 무역은 14세기 중반에도 계속되었다.

원의 해상 시장

원나라 때의 해상 무역은 연안의 많은 도시들에게 이익이 되었다. 비록 해상무역사무소의 수는 시간이 지남에 따라 변동되었지만, 1293년에는 7개에 달했다. 이들은 북쪽에서 남쪽으로 양쯔 삼각주의 상하이와 간푸, 저장의 항저우, 칭위안(닝보)과 원저우, 푸젠의 취안저우, 광둥의 광저우였다.[407] 이들 중 몇몇은 남해 무역과 외국 상인들 공동체의 유치에 중요했는데, 특히 남쪽에서 중국으로 들어가는 역사적인 관문인 광저우, 남쪽의 이전 수도이자 가장 큰 대도시인 항저우, 그리고 취안저우였다. 마르코 폴로(1254~1324)와 이븐 바투타(1304~1369), 당대의 두 위대한 여행가는 취안저우에 대해 감탄하며 말했지만, 이븐 바투타는 또한 광저우도 칭찬했다(마르코 폴로는 광저우를 여행하지 않았다).

이븐 바투타는 광저우, 즉 신칼란Sin Kalan에서 본 선박과 상품의 국제적인 특성을 인상 깊게 써 놓았다. 이븐 바투파는 이 도시를 "가장 큰 도시 중 하나이자 상점가와 관련하여 가장 훌륭한 도시 중 하나이다. 가장 큰 상점가 중 하나는 도공들의 것으로, 그들의 상품은 중국의 다른 지방과 인도, 그리고 알-야만으로 수출된다."라고 묘사했다.[408] 그는 특히 우리가 곧 살펴볼 이슬람 커뮤니티에 깊은 인상을 받았다.

두 여행자 모두 항저우-킨사이(폴로) 또는 칸사(이븐 바투타)에 깊은 인상을 받았다. 폴로는 거대한 규모와 도시 조직을 자세히 언급했다. 이븐 바투타는 호화로운 무슬림 거주지를 언급했다. 그러나 두 사람 모두 해상 무역은 언급하지 않았으며, 이는 광활한 도시에서 그 존재가 크게 다가오지 않았음을 시사한다.

대조적으로, 취안저우는 항구 시장이 더 훌륭했다. 심해 정박지와 잘 발달한 배후지를 가진[409] 취안저우는 송나라에서 해상 무역을 위한 최고의 항구로 떠올랐고, 원나라에서도 계속되었다. 폴로와 이븐 바투타 모두에게 자이툰(아랍어로 올리브를 뜻하는 단어)으로 알려져 있으며, 폴로는 이 도시에 관해 이렇게 썼다.

5일간의 여정 끝에는 값비싼 물건들과 보석, 그리고 양질의 진주를 싣고 인도에서 도착하는 모든 배들의 항구인 자이툰이라는 멋진 도시가 놓여 있다. 자이툰은 또한 주변의 모든 영토를 위한 만지蠻子(옮긴이 주: 중국 남부 지역을 비하하는 말) 상인들의 항구이기 때문에, 이 항구를 드나드는 보석과 다른 상품들의 총 교통량은 놀라울 정도다. 이 도시와 항구의 상품은 만지 전체로 수출된다. 그리고 알렉산드리아나 다른 곳으로 가는 향신료 배 한 척이 그리스도교 국으로 수출할 후추를 싣고 갈 때마다 자이툰에는 백 명이 방문한다고 장담한다. 여러분은 그것이 세계에서 가장 큰 상품의 유통이 있는 두 개의 항구 중 하나임을 알아야 한다.[410]

이븐 바투타는 도시의 크기와 운송량을 더욱 과장하여 묘사한다.

이곳은 유명한 벨벳, 다마스크, 새틴 직물이 생산되는 거대하고 중요한 도시이며, 칸사[항저우]와 칸 발리크[수도]보다 우수하다. 그곳의 항구는 세계에서 큰 항구들 가운데 하나이며 어쩌면 가장 클지도 모른다. 나는 그곳에서 약 백 개의 큰 정크선과 셀 수 없이 많은 작은 정크선들을 보았다.[411]

그러나 아마도 원대 취안저우를 가장 유익하게 묘사한 것은 사대부인 오징吳澄(1249~1333)일 것이다.

취안저우는 민(푸젠) 7개 현의 성도이다. 그곳은 외국 상품, 멀리서 온물건, 특별한 귀중품, 그리고 이국적인 장신구들을 위한 창고이다. 이곳은 외국 땅과 다른 지역에서 모인 부유한 상인들과 위대한 무역업자들이 사는 곳이다. 그곳은 세계에서 가장 큰[시장]이라고 불린다. 그곳의 사람들은 기발하며 이익을 추구한다. 도덕을 이해하는 사람들은 거의 없고 최근 몇 년간 도덕은 더욱 나빠졌다. 하지만 항상 그랬던 것은 아니다.[412]

취안저우는 사실 원대 푸젠의 성도였고, 더 중요한 것은, 오징의 말에 따르면, 중국에서 가장 크고 가장 저명한 외국 상인 커뮤니티가 있는 장소이자, 세계에서 가장 큰 항구였다.[413] 그러나 여기서 가장 주목할 만한 것은 유명한 사대부였던 오징의 못마땅한 어조이다.[414] 오징은 동료인 강만경姜曼卿을 취안저우에서 관리로 근무하게 하려고 글을 쓰고 있으며, 과거의 성공에 힘입어 당나라와 송나라가 어떻게 문화적, 교육적으로 발전했는지에 대한 역사적인 기록을 계속 쓰고 있다. "송나라 말기에 푸젠성의 유교 문화는 동남부 전역에 걸쳐 최고였다." 오징의 글을 접할 관료이자 취안저우 현감을 맡게 될 강만경이 지역 관습을 개혁할 수 있기를 오징은 바랐다. 오징의 희망은 거의 실현되지 않았다. 원나라의 사회적, 정치적 질서는 외국인들에게 주로 의존하면서 많은 도시들에서 극적인 변화를 일으켰으며, 이는 취안저우에만 국한되지 않았다. 상인, 관리, 군인 등 외국인들이 대거 유입되면서 그들이 사회와 경제적 환경을 지배할 수 있게 되었다. 대조적으로, 우리가 3장에서 보았듯이, 송나라의 과거, 그리고 정부에서 눈부신 성공을 거둔 문인 가문들은 대부분 뒤편으로 사라졌다. 우리는 이제 그중에서 가장 두드러졌던 외국인들, 특히 이슬람교도들을 주목한다.

무슬림 커뮤니티

3장에서 관찰한 바와 같이 송과는 대조적으로 외국 상인 커뮤니티 내의 민족적, 종교적 정체성은 일반적으로 번蕃(외국) 상인, 선박 등을 지칭하는 당시의 자료에 근거해서는 결정하기 어려운 경우가 많다. 원대에는 특정 외국이 그룹에 대하여, 대부분 특히 무슬림에 대하여 회회回回라는 용어를 일반적으로 사용하였다는 확실한 증거가 있다. 이 변화에는 좋은 이유가 있었다. 몽골의 유명한 관리 선출을 위한 몽골인, 비몽골 외국인(색목色目), 북부 중국인(한인漢人) 및 남부 중국인(남인南人)의 4계급 위계는 유라시아 전역에서 온 외국인에게 부여한 특권을 나타낸다. 그리고 위구르어, 아랍어, 페르시아어 및 기타 중앙아시아 이름을 가진 관리를 다룬 수많은 자료가 이를 입증한다.

몽골에 고용된 외국인이나 원대 중국에 거주하는 외국인이 무슬림에 국한되지 않았음을 인식하는 것이 중요하다. 특히 취안저우에서 유라시아 종교 전체의 스펙트럼을 찾아볼 수 있다. 힌두교인, 마니교인, 기독교인은 모두 흔적을 남겼다. 마지막으로 로마 카톨릭은 14세기 전반기에 취안저우에 주교구를 두었다. 그런데도 숫자와 중요성(정치적, 경제적 측면 모두)에서 무슬림이 우세했다.[415]

원대 무슬림 커뮤니티의 주요 증거는 세 종류이다. 첫 번째는 통계이다. 원나라의 기록에는 이슬람 이름(아랍어 또는 페르시아어)을 가진 관리들을 다룬 언급이 여기저기에 보인다. 무카이 마사키는 그런 이름을 가진 사람들(점원 제외)을 찾아서 푸젠성의 명나라 지리지인 『팔관통지八閩通志』를 샅샅이 뒤졌고, 이 사람들은 취안저우 현 관리의 19%(119명 중 23명), 해상무역사무소 공무원관리의 25%(67명 중 17명), 그리고 진강晉江과 덕화현德化縣에서는 각기 17%(100명 중 17명)와

16%(55명 중 9명)를 구성했음을 발견했다.[416] 이 비율은 결국 취안저우가 원나라의 대외 무역에서 최고의 항구였음에 견주어 주목할 만하며, 푸젠에서 이슬람교도들이 뛰어난 정치적 존재였음을 보여 준다.

두 번째는 아랍 여행가 이븐 바투타가 한 귀중한 증언이다. 이븐 바투파는 길게 남동부 4개 도시에 있는 이슬람교도들의 분리된 정착지를 묘사한다. 그는 자이툰(취안저우)에 있는 무슬림을 위한 '분리된 도시', 취안부(푸저우?[417])에 있는 '삼중 벽 안'에 사는 그들의 삶, 칸사(항저우)에 있는 6개 '도시' 중 세 번째 도시의 점유, 신알신(광저우)에 있는 '무슬림 마을'을 말한다. 마지막 도시에 대해 그는 조합 모스크, 병원, 시장뿐만 아니라 카디(옮긴이 주: 이슬람법에 기초해 판결하는 재판관), 셰이크(옮긴이 주: 이슬람 사회 조직의 지도자)가 있었다면서 이어서 이렇게 말한다. "중국의 모든 마을에서는 무슬림의 모든 일이 셰이크 알 이슬람에게 회부된다."[418] 이븐 바투타는 물론 무슬림 사람을 위해 글을 썼기 때문에 중국에서 무슬림의 존재를 가능한 한 긍정적으로 그리고자 하는 열망은 어느 정도 과장된 결과를 초래했을 것이다. 그런데도 어느 정도 자치(우리가 초기 시대에 마주친 것)로 운영되었고, 많은 도시에서 번창했던 무슬림 커뮤니티에 대한 이븐 바투타의 전반적인 묘사는 설득력이 있다.[419]

세 번째 증거는 모스크, 묘지, 석비, 특히 출신지를 나타내는 성姓이 새겨진 비석에서 얻은 물적 증거이다. 양쯔강의 양저우와 전장, 항저우, 광저우, 하이난섬의 링수이 현 등 수많은 지역에서 발견되었다.[420] 각 지역에서 발견된 것이 10개 이하인 데 반해, 페르시아어와 아랍어가 새겨진 무슬림 비석이 취안저우에서 201개나 발견되었다.[421] 1984년 취안저우 비문집에서 천다성은 아랍어, 아랍어와 페르시아어로 된 비문 42개를 제공하고 있다(세 개는 중국어 비문도 포함하고 있고 남송 시대 것이고, 나머지는 원나라 시대 것이다). 비문 중 7개는 여성을 위한 것이었고 3개에는 메카 순례인 하지를 수행했다고 기록되어 있다. 비문 중 25개가 성姓을 제공하는데, 그 분포가 눈에 띈다. 이들 중 3명은 아랍계(시라프 2명, 예멘 1명), 2명은 중앙아시아(부하라, 아르메니아, 투르키스탄), 나머지 19명은 페르시아 또는 페르시아의 도시에서 왔다. 중국어를 사용하는 세 개의 비문 중 두 개는 출신을 제공하지 않지만, 나머지 한 개의 비문은 페르시아인의 것인데, 그의 어머니나 아내가 중국인이었음을 암시한다.[422] 비문은 또한 다양한 직함을 사용하는데, 예컨대 샤이크, 아미르, 사이드(예언자의 후손), 그리고 페르시아 에스파살라르(장군)이다.[423] 이 비문들은 취안저우 무슬림의 특징이었던 몽골 이전 무슬림 디아스포라에 대한 불확실성과 함께 서아시아의 무슬림 세계와 지속적으로 접촉하는 새로운 이민자들의 커뮤니티를 분명히 반영한다는 점에서 주목할 만하다. 죄를 지은 증거는 거의 없고, 사망자가 막 도착했음을 시사하는 것도 많다.

이븐 바투타로 돌아와서, 그는 들어오는 배들을 처리하는 절차를 설명한 다음에 개별 상인들이 어떠한 일을 진행하는지에 관해 계속 이야기한다.

무슬림 상인이 중국 도시에 도착하면 그곳에 거주하는 무슬림 상인 중 한 명과 함께 지낼지 아니면 펀두크funduq[호텔]에 머물지를 선택한다. 만약 그가 상인과 함께 머무르기를 원한다면, 그와 함께 살 상인이 그 돈을 관리하고, 정직하게 그를 대신하여 돈을 쓴다. 그가 떠나고자 할 때 돈을 조사하여 그중 하나라도 빠진 게 있으면 그가 머무르고 돈을 맡긴 상인이 빠진 돈을 돌려준다.[424]

이러한 조치가 어떠한 중국 자료로 확증되지는 않았지만, 주택 제공은 송의 해상무역사무소에서 시작하여 원에서도 계속된 상인 복지에 대한 처우와 완전히 일치한다. 무슬림 상인 호스트, 그리고 함께 머무르는 상인과 한 금전적 합의는 중국 상황에서 놀랍고 확실히 이례적이지만, 실제로 뭔가의 이유로 장사할 수 없는 상인을 대신해 다른 상인이 무료로 일을 해 주는, 코멘다commenda 시스템 내에서 이브다ibda 또는 비다bida라는 이슬람 관행과 상당히 밀접하게 부합한다. 이러한 상황은 중국에 새로 도착한 상인을 잘 묘사한 장면이라고 볼 수 있다.[425] 중국에 새로 도착한 상인들 또한 중국에 거주하는 이슬람 상인의 중요성과 원거리 무역 과정에서 자신들의 역할을 강조한다.

이븐 바투타가 자이툰 도착을 묘사할 때, 이들 거주 상인들이 특히 주목받는다. 그는 이전에 함께 여행했던 인도의 사신 이븐 바투타를 만나 중국 당국에 그의 도착을 알리고 숙소를 마련해 주었다.

그 후 이븐 바투타는 여러 지역의 저명한 인사들, 모든 페르시아인, 즉 카디(판사)인 아르다빌 출신 타지 알딘, 이스파한 출신 샤이크 알, 이슬람인 카말 알딘 압달라, 그리고 이븐 바투타가 인도에 있을 때 아는 사이였고 돈을 빌렸던 타브리즈 출신 샤라프 알딘을 포함해 중요한 상인들의 방문을 받았다. 이븐 바투타는 또한 취안저우 외곽에서 종교 시설을 운영했던 카즈룬 출신 샤이크 부르한 알딘을 언급한다.[426] 이븐 바투타는 다음과 같이 말한다.

> 이 상인들은 불경한 나라에 살고 있어서 이슬람교도가 오면 기뻐한다. 그들은 이렇게 말한다. "그는 이슬람 땅에서 왔다." 그리고 그들의 재산에서 나온 법적인 원조금을 그에게 주어 그로 하여금 그들 중 한 명만큼 부자가 되게 한다.[427]

이븐 바투타는 평범한 여행자가 아니었다. 모로코에서 태어나 카이로에서 법학자로 교육받은, 그는 알려진 세계의 대부분을 여행했고, 무엇보다도 델리와 다른 인도 공국들에서 카디로 일했다. 이븐 바투타는 주목할 만한 인물이었고, 따라서 그가 취안저우에 도착하자마자 무슬림 사회의 주요 인사들을 끌어들인 것은 놀라운 일이 아니다. 그렇긴 하지만, 이 구절은 두 가지 측면에서 주목할 만하다. 한 측면은 특히 이슬람 커뮤니티를 벗어나 서로 마주쳤을 때 낯선 사람들을 하나로 묶는 아교로서 이슬람의 역할을 잘 보여 준다. 게다가,

깁H. A. Gibb에 의해 '부모, 친척, 고아, 가난한 사람, 그리고 먼 길을 가는 사람'에게 구호품을 주라는 코란식 명령으로 정의된 법적 구호의 역할은[428] 코멘다와 더불어, 장거리 무역에 내재한 위험의 일부 개선을 제공했다. 아울러 이것들은 무슬림 무역 디아스포라의 기능에서 필수 요소들로 볼 수 있다.

취안저우의 더 넓은 무슬림 커뮤니티로 눈을 돌리기 전에, 무슬림 무역 디아스포라와 일반 무슬림 디아스포라를 구별해야 한다. 사실상 중국의 항구 도시에 있는 모든 이슬람교도가 무역 때문에(상인과 선원) 있었던 몽골 이전 시대와는 대조적으로 원대에는 외국인들의 유입이 목격되었다. 그들 모두가 이슬람교도는 아니었지만 이슬람교도가 많았다. 해상 무역의 중심지인 취안저우는 특별한 자석처럼 사람을 끄는 매력적인 장소였다. 온 사람들 중에는 상업과는 인연이 없고 오히려 관직이나 군대에 들어가기를 바라는 사람들이 많았고, 그들은 아시아의 다양한 지역들, 특히 중앙아시아에서 왔다. 이슬람교도들은 공통의 관심사를 가진 디아스포라 커뮤니티로 간주될 수 있지만, 그들 중 일부만이 이슬람교 무역 디아스포라였으며, 그 지역을 초월한 정체성과 활동은 해양 아시아 전역에 걸쳐 있었다. 그리고 중국에 깊은 뿌리를 두고 있기 때문에, 특히 취안저우의 무역 디아스포라는 성격상 점점 더 중국-이슬람교가 되었으며, 이는 5장에서 보게 되듯이 원 이후 시대에 중요한 결과를 초래했다.

모스크는 이슬람 커뮤니티의 중심에 있었고, 원대의 한 가지 비문에 따르면, 취안저우에는 6~7개의 모스크가 있었는데, 이는 송나라 시대에 존재했다는 3개의 모스크보다 대략 두 배 많았다.[429] 이 중에 자세하게 알고 있는 모스크는 송 때의 모스크 중에서 유명했던 두 곳뿐이다. 성우사聖友寺, 즉 아샤브 모스크는 현대 취안저우의 역사적 보물 중 하나인 우아한 화강암 구조물이다. 3장에서 언급했듯이, 그것은 1009~1010년(이슬람력 400년)에 처음 지어졌지만, 1310년에 오늘날 우리가 알고 있는 모스크가 만들어졌다.[430] 이슬람 사원의 북쪽 벽에는 다음과 같은 아랍어 비문이 새겨져 있다.

이곳은 이 땅에서 최초의 모스크이다[아마도 중국보다는 그 지역을 지칭했다고 보인다]. 지역 주민들이 '마스지드 알-아샵'이라고 알려 준, 거대 모스크라는 이름을 가진 고풍스럽고 오래된 모스크이다. 그것은 이슬람력 400년(1009~1010)에 지어졌다. 약 300년 후에 복원되었고, 그 당시에 높은 아케이드, 높은 현관, 훌륭한 입구, 그리고 새로운 창문들이 제작되고 설치되었다. 이슬람력 710년(1310~1311)이었다. 신의 가호가 있기를. 아흐마드 b. 무함마드 알쿠지 알하지[하지를 만든 사람] 알 시라지[시라즈 출신의 남자 또는 가족]이 만들었다. 알라가 그와 그의 가족을 용서하기를.[431]

두 번째는 1131년에 시작된 청정사淸淨寺로, 3장에 역시 그 기원이 설명되어 있다. 우리는 1507년 아샤브 모스크에서 발견된 비문

덕분에 청정사를 알고 있다. 1507년에 발견된 것은 원래 오감吳鑒이 1349년에 만든 비석의 복제본이다. 오감은 지정至正 연간 초기 (1341~1370)에 심하게 훼손된 청정사의 복원 과정을 묘사하고 있다.

지정 9년(1349)에 민해 지역의 고위 관리인 H. E. 헤다르는 한동안 취안저우에 주둔했다. 헤다르는 사람들에게 어느 정도의 평화와 자유를 주었고, 따라서 그들의 신뢰와 존경을 얻었다. 한편 샤이크 알이슬람 부르한 알딘(섭사렴불노한정攝思廉不魯罕丁)은 샤리프 알딘 하티브(사리보정합제복舍剌甫丁哈悌卜)에게 추종자들을 이끌고 송사를 제기하라고 명령했고, 이에 따라 샤리프 알딘 하티브는 이 사건을 철저히 조사하고 취안저우 현령 설옥립偰玉立에게 모스크와 재산을 복원할 책임을 지웠다. 모든 사람이 이것에 매우 만족해했다. 이 행동을 전적으로 지지하면서, 김아리金阿里라는 이름의 원주민은 모스크의 보수에 자금을 댔다. 김아리는 나에게 그것에 대한 설명을 써 달라고 부탁했다.[432]

이 사업은 중국 역사를 통해 많은 사람과 마찬가지로 현지 관리들과 현지 엘리트들이 협력한 결과였지만, 이 설명은 몇 가지 흥미로운 복잡성을 보여 준다. 최초의 복원 제안과 아마도 복원을 요청하는 청원은 외국 이슬람교도들에게서 나왔다. 샤이크 알-이슬람 부르한 알딘과 샤리프 알딘 하티브는 이븐 바투타가 같은 해 취안저우를 방문했을 때 만났지만, 부르한 알딘은 취안저우의 장기 거주자였음을 주목해야 한다. 페르시아인이었던 그는 1312년에서 1313년 사이 청정사의 이맘으로 처음으로 도시에 왔다.[433] 그 후 이 프로젝트는 위구르 무슬림인 설옥립 현령의 승인을 받았고, 우리가 살펴볼 김아리의 후원을 받았다.

포수경과 그의 형 포수성의 후손이라고 주장하는 포씨 가문의 족보는 명나라 시대의 기록과 함께 청진사 복원에 더 많은 세부 사항을 추가한다.

귀보貴甫라고도 불리는 [포]일화日和는 포수경의 둘째 아들이다. 그는 이슬람교 신자였으며, 말과 행동이 신중했다. 그는 매일 정기적으로 기도에 참석했다. 원 지정(1341~1370) 연간에 모스크는 수리할 수단이 없이 손상되었다. 그의 고향에서 온 김아리와 함께 그들은 이 문제를 해결하고 건물을 복원했다. 전체적으로 그들은 공사를 위해 큰 석판을 사용했고 결과는 더할 나위 없이 훌륭했다. 건물 입구 오른쪽에 있는 판자에 그의 이름을 새긴 비문이 오늘날까지 남아 있다.[434]

비록 이것이 잘못된 족보상의 주장일 수 있지만, 포일화는 오감의 비문에 언급되지 않았기 때문에, 나는 그것이 정확하다고 확신하고 다른 곳에서 그렇게 주장해 왔다.[435] 이 자료들을 종합하면, 서아시아인들이 정치적으로 무슬림 지방 관리들에 의해 지지를 받고 있고, 취안저우 출신의 저명한 중국계 무슬림들에 의해 재정적으로 지지를 받았음을 보여 준다. 우리가 이제 살펴볼 것은 취안저우에 정착한 외국인 무슬림 가족들인, 이 마지막 그룹이다.

송나라와 원나라 초기 그 이전 시기와는 달리, 원나라 시대, 특히 취안저우에는 많은 무슬림 개인들과 가족들이 눈에 띈다. 이는 부분적으로는 원나라 정치에서 의미 있는 역할을 했고, 위의 무카이 마사키의 통계에서 보았던 취안저우 통치에서의 대표성도 지닌 무슬림과 다른 색목인의 정치적 중요성이 커진 탓도 있지만, 원나라의 무슬림에서 기원을 찾을 수 있는 취안저우 다섯 가문의 족보도 중요한 역할을 한다. 잘못된 주장의 대상으로 삼았기 때문에 조심스럽게 다뤄야 하지만, 족보는 대부분 믿을 만한 명나라의 서문과 족보상의 기재 항목을 제시한다. 우리가 보게 되듯, 원대 취안저우의 무슬림 디아스포라는 상인뿐만 아니라 관리와 군인이 된 사람들로 인해 무역 디아스포라의 범위를 넘어 확장되었다.

우리는 포씨 가문부터 시작하는데, 포씨 가문의 권력과 부로 그들은 취안저우의 무슬림 커뮤니티에서 지배적인 세력으로 성장했다. 이것은 포수경과 그의 가족들이 도시의 통치에 중요한 역할을 했을 때인 원나라 초기에는 특히 사실이었다. 처음부터 포수경은 취안저우의 항복을 끌어낸 역할로 상당한 보상을 받았다. 1277년에 원나라의 장군인 동문병董文炳이 쿠빌라이가 개인적으로 그에게 주었던 금호부金虎符를 포수경에게 주었다고 보고하자, 황제는 처음에는 화를 냈지만, 포수경이 해적(송의 군대?)에게서 도시를 지키고 외국 상인들을 모두 데려오는 역할을 했다는 소식을 들은 후에는 기뻐하며 공식적인 배지badge의 수여를 명령했다.[436] 1283년에 포수경은 복건성좌승福建省左丞, 1284년에 천주행성평장정사泉州行省平章政事에 임명되었다.[437]

기록된 포수경의 활동은 사실상 모두 해양 활동과 관련이 있다. 1278년에 그와 푸젠성의 평화 위원인 사두唆道는 외국 상인들을 초청하여 교역하라고 요청하는 기념비적인 의견을 제출했다.

외국 국가들은 동남쪽 섬들 사이에 흩어져 살고 있으며, 모두 좋은 것을 본받고자 열망했다. 진정으로 오는 자는 존경받고 존중받을 것이며, 교역을 위해 왕래하는 자는 그들의 소망을 따를 수 있다는 황실의 말씀을 요청한다.

쿠빌라이의 반응은 모호했다. 그는 일반적으로 좋은 통치의 필요성을 이야기하고 나서 사두와 포수경을 모두 부지사로 승진시키고, 기념관에 이름이 없는 동문병을 주지사로 승진시켰다. 그러나 1년 후인 1279년 5월에 황제는 와서 교역하도록 외국인들을 초청해 달라는 포수경의 요청을 거절했다.[438] 이러한 행동은 앞서 논의한 쿠빌라이의 지속적인 군사 캠페인의 맥락에서 봐야 한다. 1279년, 사실상 남송에게서 완전히 승리하자, 쿠빌라이는 1274년 첫 번째 일본 침공이 실패한 이후 새로운 일본 침공을 준비하고 있었다. 실제로

1279년 2월에 양저우揚州, 후난湖南, 간저우贛州와 취안저우泉州는 600 척의 군함을 제공하는 임무를 맡았고, 그중 200척은 취안저우에서 왔다. 여기서 우리는 포수경이 이 요구가 사람들에게 어려운 일이므로 취안저우의 할당량을 50척으로 줄여 달라고 요청했고 그 요청이 성공했음을 다시 보게 된다.[439]

포는 중국 남부 정복 이후의 복잡하고 유동적인 정치 지형 내에서 활동했다. 앞에서 설명한 오르토이 구조를 통해 운영되는 계층적 후원 네트워크에서, 권력은 무엇보다도 황실 후원자들에게 응답한 원나라 장군들과 (대게 몽골의) 고위 관리들에 의해 유지되었다. 장군들과 고위 관리들 밑으로, 송에서는 공식 직함도 없었지만, 원나라에서는 원의 사업을 시기적절하게 지원했던 전 해적 주청朱淸과 소금 상인 장선張瑄뿐만 아니라 포수경과 같은 해운 및 해상 무역계 출신의 지역 인사들이 있었다. 포수경은 정복을 주도했던 두 명의 장군, 1281년 참파로 떠나기 전의 사두와 1280년대 몽테이(忙兀歹, 1297년 사망), 아울러 궁정과 가까웠던 고위 관리인 시하브 알딘(사복정沙福丁)과 밀접하게 연결되어 있었다. 욧카이치 야스히로의 말을 인용하자면, "포수경은 다소 중국화한 무슬림이었고 중국 상인과 시장에 정통한 중국 현지 엘리트의 본성을 지니고 있었다."[440] 그리하여 사두와 몽테이가 황실로부터 자본을 확보하는 오르토이의 역할을 하는 동안, 포는 실제로 거래하고, 무역을 관리하기도 했으며, 그리고 1281년 사두가 참파로 떠나기 전부터 이 일을 진행했기 때문에 원

초기에도 해상 무역이 활발했던 것은 분명하다.

포수경이 취안저우 사회에서 큰 비중을 차지했다는 것은 동문병 장군의 장례 비문 두 개에서 포수경에 대한 묘사를 통해 알 수 있다.

포수경은 원래 해운업을 직업으로 하는 위구르인이었다. 그의 가산은 수만 관으로 추산되었다. 여러 나라의 남해 외국인들이 모두 겁에 질려 그에게 복종했다.

취안저우 포수경은 원래 서부 지역의 사람이었다. 장사에 능한 그는 수천 명의 하인을 거느리고 수만 관의 재산을 축적하여 바다를 드나들었다. 항복 이후, 그와 그의 아들들과 친척들은 제국의 남동쪽을 지키기 위해 성실히 일했다. … 그들의 보호에는 확실히 사고가 없었다.[441]

비록 이 구절들에 보이는 포의 출신지에는 동의하지 않지만(외국 인이라는 점을 제외하면), 두 구절에서 모두 해상 무역을 통해 부를 축적하고, 엄청난 부자가 되었으며, 심지어 두려워할 정도로 강력했던 한 남자의 모습이 보인다. 부, 권력, 해상 무역 사이의 연결을 강화시 킨 것은 포수경이 취안저우의 북동쪽 36구역에 건설한 해상 교통 타워(해운루海雲樓)인데, 거기서 수경은 도착하고 출발하는 배들을 볼 수 있었다.[442] 무카이 마사키가 보여 준 대로, 포의 큰 장원이 취안저우 성벽의 남쪽에 있던 상업 지구의 많은 부분에 걸쳐 퍼져 있으며(지도 5 참조), 이로써 더욱 포씨 가문의 중요성이 증명된다.[443]

동문병의 비문에서 포수경의 아들들과 친척들이 전체 남동부를 보호한다는 언급은 그의 가족이 정치적, 상업적 권력을 유지하는 데 있어서의 역할을 가리키고 있다. 우리는 이것을 다른 저명한 상인-관리들과 함께 살필 것이다. 포씨 가문에서 그의 장남인 사문(師文, 1292년 사망)의 역할은 특히 중요했다. 1281년에 사문은 푸젠성 해상 무역 감독관에 임명되었고, 또한 평화 위원(선위사宣慰使)과 최고 군사 사령부의 부사령관(우부도원수右副都元帥)의 직함을 가졌으며, 마침내 푸젠성 지국의 부총관(복건행중서성참지정사福建行中書省參知政事)의 지위를 얻었다. 자와 침공 당시 '해외 외국인 평화 담당관'으로 임명된 사문은 손승부孫勝夫, 우영현尤永賢과 함께 외국으로 가는 길을 열어 두고 외국인들의 일을 관리하라는 명령을 받았다.[444]

1280년대 중반 이후, 수경과 사문은 해상 무역이나 다른 활동과 명확하게 연관되지 않았는데, 무카이 마사키의 제안처럼, 이것은 수경이 몽골의 후원을 잃었음을 반영하는 것일 수도 있다.[445] 그래도 포씨 가문은 원나라 관리들 사이에서 놀라운 성공을 거두었다. 수경의 둘째 아들인 사사師斯와 셋째 아들인 윤문允文은 각각 명망 있는 한림태사원관翰林太史院官과 우론덕右論德의 조언자, 그리고 동시에 중서성지제中書省知制를 지냈다. 사사의 장남인 포숭모蒲崇謨(1334년 사망)는 사무국에서 종1품 관리를 지냈다. 또한 수경의 조카 두 명(수경의 아들)이 푸젠성에서 작은 직책을 맡았다.[446]

이렇게 이어진 성과들의 밑바탕에는 특별히 축적한 부가 있었고,

비록 분명 포의 정치적 관계에 의한 조력이 있었다고 하더라도 그 근원에는 해상 무역이 있었다. 앞서 인용한 동문명의 비문에서 '포수경이 남긴 수만 관과 수천의 노비'는 과장일 수도 있지만, 그것은 우리가 3장에서 마주친 바에 따르면 그가 남송 후기에 건설한 해상 운송탑에서 명백하게 보이듯이 일종의 과시적 사치를 나타낸다. 고고학적 기록에서 나온 흥미로운 제안들도 있다. 천다성은 취안저우시 동쪽에 있는 윈루 마을의 큰 건물 일부였던 석각을 묘사하며 자세히 설명했다.

윈루 마을은 원나라 대 아랍 무슬림 커뮤니티가 거주했고 향신료 재배로 유명했다. … 이곳은 아랍의 부유한 상인 포수경의 가족이 살았던 곳이기도 하며, 포수경과 관련된 많은 전설이 전해지는 곳이기도 하다. 비석이 출토된 곳의 동쪽에는 폐허가 된 아넬리 사원이 있었다. 언덕 기슭에는 50년대에 파괴된 광대한 묘지가 있었다. 농민들의 말에 따르면, 땅 위에 명나라의 유물로 추정되는 석판, 제단, 난간, 조각된 사자들이 있었다고 한다. 무덤에서 언덕 아래로 약 12미터 떨어진 곳에 포수경의 뒷마당으로 알려진 쿠차(또는 푸젠성 남부 방언으로 코차)가 있다. 정원에는 이른바 아난 우물이 있었다. 아난 우물은 50년대에 흙으로 가득 채워졌다고 한다.[447]

포수경과 포수경 가족의 힘과 영향력이 아무리 컸어도, 중앙아시아 카라줌 지역 쿤두즈 출신의 이슬람교도인 시하브 알딘의 힘과 영향력과 견주기 시작하는 것은 꺼낼 수도 없었다. 우리는 1280년대 초, 포와 몽테이의 후원자로서 일찍이 그를 만났다.[448] 1280년대에 시하브 알딘은 1282년부터 1291년까지 쿠빌라이의 정부를 지배했던 악명 높은 장관 상가桑哥와 관련이 있었다. 위구르나 티베트 출신의 불교 신자인 상가는 상당수 중국 관료들로부터 많은 미움을 받았는데, 이는 아마도 어느 정도는 그가 외국인, 특히 이슬람교도들을 적극 지원했기 때문이었다. 이를 위해 상가는 1280년대 초 이슬람교도들에 대한 단기적인 캠페인을 중단하는 데 중요한 역할을 했으며 1289년에 이슬람 성서 연구를 위한 국립 대학의 설립을 후원했다.[449]

1287년에 상가는 시하브 알딘과 또 다른 무슬림 관리인 우마르를, 제국 안의 무역사무소와 해상 운송을 담당하는 항저우 지방 오르토이 사무소(행천부사行泉府司)의 통제권을 가진 재정 관리로 임명했다.[450] 시하브는 해적 출신의 해양 관리 장선, 주청과 오랜 라이벌 관계였는데, 그는 욧카이치가 보여 준 대로 해상 운송(수도로의 화물 운송)에 큰 힘을 행사했고 경쟁 후원 네트워크를 운영했다. 1289년에 시하브는 황제의 지원을 받아 북쪽의 병사들과 그 가족들이 선원과 항해사로 복무하도록 하는 데 성공했고, 결과적으로 장씨와 주씨의 남쪽 추종자들은 대체되고 추방되었다.[451]

2년 후에 시하브의 운명은 시하브의 후원자인 상가가 다수의 범죄들로 재판을 받고 처형되면서 바뀌었다. 상가의 많은 후배, 특히 이슬람교도들도 마찬가지로 목숨을 잃었고, 시하브는 해상 무역에서 시하브의 중요성에 대해 설득력 있게 주장한 강회행성江淮行省의 행정관이 아니었다면 아마 같은 운명을 겪었을 것이다.

국가가 남해에서 해양 상인들의 무역에 투자한다면, 큰 부를 이룰 것이다. 만약 시하브가 처벌받게 된다면, 많은 해상 상인들이 탈출하여 세상에 몸을 숨길 것이다. 나는 그것이 국가 재정을 마비시킬까 봐 두렵다.[452]

이 개입으로 시하브는 구원받았지만, 시하브의 고난은 1290년대까지 계속되었다. 앞서 논의된 1293년의 해상 무역에 관한 22조의 규정 서문에서, 참지정사參知政事 연공남燕公楠(1241~1302)은 시하브와 몽테이를 신랄하게 비판했다.

최근 망우타이(몽테이)와 샤부딩(시하브 알딘)은 자신들의 이익을 위해, 들어오는 선박을 빠짐없이 감시하고 경계하라고 군대에 명령하여 선박들을 봉쇄하고 값비싼 물품을 빼앗았다. 상황이 그리되자 좀처럼 그들의 배가 들어오지 않았고, 그곳으로 우리 배가 거의 출발하지 않는다. 결과적으로, 시박사의 공식 업무는 방치되었다.[453]

연공남이 이후 높은 벼슬에 오른 상가의 반대자였다는 사실은 그가 시하브와 몽테이에게 혐의를 두었다는 설명에 이해를 돕는다. 상가가 죽은 후, 시하브의 운명은 쇠락했고, 주청과 장환이 그를 관직에서 쫓아냈다.[454] 그런데 궁극에 가서 번창한 사람은 시하브였다. 1303년에 주청과 장선은 무엇보다도 그들의 처형과 18,000명 이상의 관리들과 서기들이 유죄 판결로 귀결된 대규모 부패 수사의 대상이 되었다.[455] 8년 후에 시하브는 형제인 하바시(합팔실슴八失)와 무함마드 안디(마합모단적馬合謀但的)의 추천으로 광대한 해상 교통 체계의 통제권을 얻었다. 추천의 근거는 그들이 "배를 소유하고 있고 해상 운송에 대한 지식이 충분하다."라는 점이었다. 게다가 무함마드 안디는 해외제번선위사海外諸蕃宣慰使 직함을 얻어 시하브 가문이 해상 해운과 상업에서 누리는 막강한 권력을 더욱 공고히 했다.[456]

해양 문제를 둘러싼 고위급 정치를 무슬림의 역사에서 다룰 때, 사이드 아잘 샴스 알딘Sayyid'Ajall Shams al-Din(1211~1279)의 가족도 언급해야 한다. 부하라에서 태어난 사이드 아잘은 1270년대에 새롭게 정복된 윈난성의 총독으로 유명하다.[457] 중국 족보에 절재공節齋公 정근丁謹(1251~1298)으로 알려진 사이드 아잘의 아들 중 한 명은 명과 청나라의 유명한 취안저우 무슬림 혈통인 진강 정씨陳江 丁氏의 시조로 여겨졌다. 비록 오르토이 상인으로서 가장 잘 이해될 수도 있겠지만, 사이드 아잘은 한 사람의 상인으로 여겨졌으며, 1280년 이전에 오르토이를 관리하던 취안저우 총관부에서 좌승左丞을 역임했고,

그리고 해상무역사무소와 복건행성福建行省에서 근무했다고 알려져 있다.[458] 이러한 경력이 오르토이로 해상 무역에 관여했음을 강하게 시사하지만, 이렇듯 감질나는 사실 외에 우리는 절재공 자손들의 이름, 날짜, 매장 장소만 갖고 있을 뿐이다.

정근의 형제 중 한 명인 나시르 알딘 아부 바크르는 12명의 자녀를 두었는데, 그중 바얀(백안伯顔)은 1293년에 중앙 정부에서 최고위급인 평장정사平章政事의 지위를 얻었고, 이후 10년 동안 궁정에서 고위직을 유지했다. 삼촌 정근처럼 바얀은 해양 활동에 참여했다. 『원사』에서 필리핀(삼여三嶼)에 대한 간략한 항목에 등장한 바얀은 쿠빌라이에게 외교 사절을 보내지 말라고 설득하는 것으로 보인다. 그는 '지식이 풍부한 사람'(식자識者)을 인용하여 이 나라에 200 미만의 가구가 있다고 설명한다. 바얀은 취안저우의 상인으로부터 얻은 정보를 바탕으로 류큐와도 유사한 임무를 포기하게 했다.[459] 페르시아의 사료들은 바얀이 취안저우의 총독(하켐)을 역임했다고 밝히지만, 더 중요한 것은 바얀이 주청, 장선과 밀접했으며, 더 나아가 그가 시하브와 적대 관계였다는 점이다. 바얀이 궁정에서 권력을 잡은 것은 주청과 장선의 운명이 극적으로 개선된 후였고, 1303년 주와 장의 처형으로 결과가 나온 조사에서 바얀도 그들과 함께 공모한 사람 중 하나였다.[460] 이 연결은 바얀에만 국한되지 않았다. 바얀의 형 바얀차르는 주청과 장선이 강남에서 해상 수송 작전을 수행할 때 관련이 있었고, 다른 형 오마르 역시 페르시아 문헌에서 취안저우의 총독이

라고 확인되었다.[461]

영산 이씨榮山 李氏는 원대 취안저우에서 이슬람 해양 기업의 훨씬 더 초라한 예로 대표된다. 영산 이씨는 해상 무역에 관여했던 부유한 평민인 목재공睦齋公 이려李閭(1328~1376)를 시조로 삼았다. 이씨 족보에 따르면 다음과 같다.

그는 사람들에게 정직하고 관대했으며, 말수가 적었지만, 직설적인 말을 잘하는 사람이었다. 그는 단순함에 만족했고 노인들을 공경했다. 그는 아버지로부터 상당한 재산을 물려받았고, 가신들을 해외로 자주 보냈다.[462]

비록 이씨가 무슬림과 일반적으로 관련된 성씨는 아니지만, 족보는 이씨가 외국인(색목인)이자 무슬림이었음을 분명히 한다. 그러나 그들의 외국인 정체성과 상인들으로서 활동에도 불구하고, 심지어 원나라에서도 가족 문화는 다양한 면에서 문인들의 문화와 유사했다. 이려의 아들 직재공直齋公 이단李端은 '시장에서 해 온 삶(거어시전居於市廛)'에도 불구하고 그 자신의 지성, 박애, 원예, 『시경』과 『서경』의 고전 연구, 소박함에 대한 사랑으로 찬사를 받는다.[463] 더욱 주목할 만한 것은, 아버지가 저장성 출신의 관리였던 이려의 부인 전씨錢氏 여사가 이려의 장원에 불교사원을 짓고 개원사開元寺에 도금된 동상을 시주했다고 묘사된다.[464] 요컨대 영산 이씨는 이슬람 가문에서 주목할 만하게 문화적 양면성을 보여 주었다. 우리는 원나라 말기와 명나라 초기를 논의할 때 그들에게 돌아가 다룰 것이다. 왜냐하면 그들은 취안저우의 어느 이슬람 가족들 이상으로 이슬람 유산과 주위 중국 문화의 영향력이 경쟁함을 보여 주기 때문이다.

오히려 연지 소씨燕支 蘇氏의 그런 상황이 더욱 주목할 만했다. 연지 소씨 후손들은 소당사蘇唐舍(1271~1352)를 시조로 하였다. 소당사는 이슬람으로 개종했기 때문에 아랍어 이름인 아혜모(아합말阿合抹)를 택했다. 그의 가문은 13세기 초에 사고를 당한 부유하고 존경받는 취안저우 가문이었다. 1303년에 소씨 가문은 그 해의 인두세인 약 5,180량兩을 수도에 전달하는 건으로 지방 정부에 의해 기소되었다. 불행하게도, 임무를 맡은 사람들이 도중에 강도를 당해 모두 죽었기 때문에 1311년에 관리들이 세금의 불착에 대해 조사에 이르기 전까지 이런 사정에 대해 취안저우에 있는 소씨 사람들은 여전히 아무것도 알지 못했다. 가족들은 저항했고 현의 관리가 피해를 입자, 많은 수의 친족들이 투옥되었고 가족의 땅과 건물들이 몰수되었다. 생존자들은 다른 지역으로 분산되었고, 소당사는 진장현의 연지항燕支巷으로 옮겨 정착했다.[465]

소당사의 족보에 가문의 어려움을 다룬 언급이 없지만, 청나라 저술자는 원나라 조정 관리 주감朱鑑의 묘사를 인용한다. "그는 인통에서 연지燕支로 이사를 왔다. 그는 서역정교西域淨教(즉 이슬람)을 공부했고 아혜모라는 이름을 얻었다." 전기에는 소당사가 사망한 1352

년 당시의 재산인 논 900무와 불특정 금액의 현금에 대해서도 상세히 기록하고 있다.[466] 40대가 되었을 때 이미 가족이 망신당하고 파산한 사람치고는 인상적인 재산이었다. 소당사는 어떻게 이것을 달성했나? 우리는 소당사의 직계 자손에 대해 날짜 외에는 거의 아는 것이 없지만, 아들과 두 손자가 모두 포씨와 결혼했다고 한다. 빌리 소의 제안처럼, 이러한 상황은 소당사가 이슬람으로 개종한 것이 결합되어 포씨의 후원 아래 행한 해상 무역이 소당사가 재산을 쌓게 된 원천이라고 지목한다. 그들의 관점으로 보건대, 포씨 가문은 훌륭한 문인 가족과 결혼 관계를 맺었다.[467]

청원 김씨淸原 金氏는 그 기원이 한漢 대로 거슬러 올라가는 흉노 군사 가문이었고, 원 대의 지지자였기 때문에 취안저우 무슬림 가문 중에서 매우 다른 예를 보인다.[468] 취안저우로 이주한 것은 문종(투그 테무르; 재위 1330~1332) 시기 제2도성인 상두上都에서 복무하던 장군 김길金吉이 취안저우로 부임했을 때였다. 김길의 명성에 대한 주된 주장은 원 말의 이스파 반란(옮긴이 주: 14세기 중엽 원의 푸젠에서 발생한 반란) 동안에 그가 한 행동에 관한 것인데, 이것은 우리가 다시 다룰 주제이다. 김길은 또한 김아리의 아버지였으며, 족보학자들에 의해 '호전적이고 당당한 성격'의 인물로 묘사되었고, 손자의 제자였다. 김아리는 앞서 논의한 1349년 청정사 복원에서 중요한 후원자로 묘사되기도 한다. 김아리의 전기에 따르면 다음과 같다.

그는 부를 가볍게 보고 여가를 즐겼으며, 인정이 많고 널리 자선을 베풀었으며, 이슬람교를 존경했다. 취안저우의 이슬람교도들은 오랫동안 청정사를 갖고 있었지만, 청정사의 아치는 오래전에 황폐해졌다. 그는 나무와 돌로 수리했다. 그 건물은 튼튼하고 넓어서 오늘날에도 볼 수 있다.[469]

이 설명이 매력 있어 보이지만, 모스크의 보수에 자금을 댄 김아리가 사실 김길의 아들일까는 상당히 의심스럽다. 취안저우 무슬림 연구의 권위자인 천다성은 족보에서 '아리阿里'가 아닌 '가리呵里'로 명명된 김길의 아들이 수리의 후원자가 될 수 없을 거라고 주장했다. 김 씨와 같은 군인 가족이 모스크 개조에 자금을 댈 재원을 가졌다는 게 불가능하다는 점은 별개로 하고, 천다성은 족보에 제시된 김과 그의 자손의 나이를 분석해서 1349년에는 가리가 10대(14~19세)였을 것으로 결론을 짓는다. 천다성은 수리했다는 아리('아리'는 서아시아 이슬람교들이 보통 사용하는 중국 이름임)가 취안저우에 거주한 외국 상인이었다고 추측하지만, 그는 김가리가 아니라고 확고하게 결론을 짓는다.[470] 오데 아브트의 강력한 지지를 받은 천의 말이 맞다면, 모스크 수리가 원대 취안저우 이슬람 커뮤니티의 핵심적인 문화적 성과를 대표하는 바에야, 명대 족보학자들이 수리와 관련 있는 인물이 있다고 주장하는 것은 놀랍지 않다.[471] 또한, 만약 포일화가 모스크의 수리에도 관여했다는 결론이 맞다면, 김씨 족보에서 족보의 설명에서 그가 누락된 것은 주목할 만하지만 놀라운 일은 아니다. 원말의 사건을 논할 때 알 수 있듯이 김씨와 포씨는 격렬히 다툰 적이었기 때문이다. 사실, 만일 진가리와 포일화가 수리에 협력하지 않았다면, 왕조 말기에 명백한 적대감이 또한 그 이전부터 존재했을 가능성이 있다.[472]

무슬림 커뮤니티의 주제를 마치기 전에, 두 가지 요점을 주목할 필요가 있다. 첫째로, 포씨 가문을 제외하고, 우리가 논의한 모든 무슬림 개인과 가족들은 한때 동남쪽에 있었지만, 특히 취안저우에서 푸젠성을 넘어, 주로 중국 밖에서 왔다. 그들은 모두 해상 무역에 끌렸다. 둘째로, 우리가 개인을 이야기한 만큼, 그들의 성공은 그들의 친척들에게 빠르게 퍼졌고, 그들은 해상 무역 (및 관련 정치 활동)이란 가족 사업에 참여했다.

왕조의 종말

몽골인과 색목인 인구 대부분의 사람들의 것과 같은 이슬람 커뮤니티의 세상 이목을 끄는 권력과 부는 아마도 불가피하게 중국인의 반작용을 끌어냈을 것이다. 그리고 그 반작용은 왕조 말기에 폭력적으로 나타났다. 그러나 왕조 말기보다 훨씬 전에 원 정부는 그때까지 무슬림이 누렸던 특권을 없애거나 최소한 제한하기 시작했다. 여기에는 1311년에 무슬림 우두머리(카디)의 권한을 제한하고 1328년에 그 지위를 완전히 폐지하는 것, 1329년에 무슬림 (그리고 다른 외국인) 성직자에게 주던 세금 면제를 폐지하는 것, 그리고 1340년에 유교적 원칙에 따라 결혼 규칙을 정하는 것이 포함되었다.[473] 실제로 이러한 변화에 대한 무슬림의 불만이 컸기 때문에 14세기 중반에는 몽골에 반대하는 반란군 대열에 합류한 무슬림도 적지 않았다.

취안저우에서 이러한 반정부 활동은 독특한 형태를 취했다. 그것은 바로 이스파(역사파계亦思巴奚, 페르시아 수비대라고도 함)로 알려진 분리파 무슬림 정권이었고, 이스파는 1357년부터 1367년까지 취안저우와 남부 푸젠성의 기타 지역을 통치했다. 반란 또는 무슬림 정권은 1357년에 페르시아군 장교 새보정賽甫丁(사이편딘)과 아미리정阿迷里丁(아미드 운딘)이 취안저우를 점령하면서 시작되었다. 5년 동안 이시박시 또는 이스파(페르시아어로 '군대'라는 뜻)로 알려진 이들과 군대는 취안저우 북쪽의 흥화興化와 심지어 푸저우福州를 장악하기 위해 이해가 안 되고 종종 불확실하기까지 한 전투를 벌였다.[474] 1362년에 서아시아의 또 다른 관리인 나무납那巫納은 처음에는 아미리정을 죽이고, 그다음에는 새보정을 죽여서 이스파 군대를 통제하고 다음 5년 동안 취안저우를 통치했다.[475] 취안저우 군대는 북쪽으로 세력을 확장하려고 시도했고, 인근 흥화에서 약간의 승리를 거두었지만, 성도 푸저우에서 두 번이나 패퇴했다. 그들은 1367년에 푸저우에 배치된 지방군에 의해 궁극적으로 패배했다. 아직 명나라 군대가 이 지역에 없었기에 명나라 군대의 손에 패한 게 아니었다. 사실, 거의 싸

우지도 못하고 벌어진 나우납의 패배는 나우납의 장수 중 한 명이 막판에 편을 바꿔서라고 널리 알려져 있는데, 그 사람이 다름 아닌 취안저우의 장수 김길金吉이었다.[476]

푸젠성 출신의 명나라 역사학자들은 하나같이 취안저우의 나우납 정권을 비난했다. 마에지마 신지가 수집한, 그들 판단과 매우 유사한 예를 살펴보자.

당시 서부 국경의 나우납 등은 불법적으로 취안저우를 점령하고 많은 사람을 잔인하게 학살했다.

서부 국경의 나우납 등은 취안저우를 점령하고 그 지역 사람들을 억압했다. 그들은 재산을 털었다. 돈과 재산을 얻지 못하면 시민들을 쉽게 살해했다.

당시 서부 국경 출신의 나우납은 취안저우를 점령하고 많은 성 사람들을 학대했으며 잔인하게 살해했다.[477]

명나라 저술가들이 나우납을 푸젠 역사상 수치스러운 사건의 주요 악당으로 지목하면서, 이러한 비난에 얼마나 물들어 갔는지는 알 수 없다. 그러나 우리는 5년 내내 나우납으로부터 끊임없이 억압받았다는 함의를 받아들일 수 있다. 조정은 계속해서 취안저우에 관리들을 임명했다. 그중 가장 저명한 사람은 1264년에 임명된 좌승左丞 관손觀孫으로, 취안저우와 흥화를 관리하기 위해 파견되었다. 관손이 나우납과 이스파 군대를 통제할 수 없다고 밝혀진 반면에, 나우납은 적어도 관손의 권위뿐만 아니라 나중에 비슷한 역할로 임명된 덕안德安의 권위도 제한적으로 인정했다.[478] 사실 이스파 소요의 뿌리를 보면 군사적, 정치적으로 유동적이었음은 물론 이래도 저래도 음모가 난무하고 잔혹했다는 인상을 받는다.

천다성은 페르시아 주둔군 시기 많은 음모와 폭력 뒤에 수니파와 시아파의 종파 차이가 있었다는 흥미로운 주장을 했다. 그는 중국 중부에서 취안저우로 데려온 페르시아군의 지원을 받았던 새보정과 아미리정은 시아파였으며, 포씨 가문의 수니파 장기 집권에 맞선 시아파의 반응을 대표하였다고 주장한다. 포씨의 사위 나우납이 수니파 반동을 주도했지만, 김길의 최후 '배반'은 그가 시아파 대의에 동조한 모습에 비추어 볼 때 이해할 수 있다.[479] 천의 이론은 이 시기의 많은 걸 설명하지만, 아마도 더 넓은 요점은 10년간 지속된 이스파 기간 동안 매우 분열된 이슬람 커뮤니티 내 이슬람 행위자들이 주로 정치 투쟁에 참여했다는 것이다.

사실, 사료가 제시하는 이 시기 투쟁에는 비종교적인 측면이 있다. 나우납은 포씨 가문과 혼인 관계였을 뿐만 아니라, 나우납이 아미리정을 살해할 당시 그는 해상무역사무소의 책임자로 추정되는 '상선 책임자'(시박주市舶主)이기도 했다. 1264년에 새로 도착한 관손이 부하인 임입任立을 보내 세관 창고를 봉쇄하자, 나우납은 임입이 도착하기 전에 창고를 비워 임입의 검사를 방해했다.[480] 이러한 나우납과 해상 무역의 연결은 취안저우 이슬람 커뮤니티 내에서 나우납과 포씨로 대표되는 해상 상인들과, 그리고 김길과 같은 관리와 군대 출신인 자들 간의 분열이 있음을 시사한다. 이 분열이 대체로 종교적 분열과 일치할 수도 있지만, 만약 그렇다면 무슬림 커뮤니티를 분열시키는 한 가지 이상의 요인이 있었음을 시사한다.

김씨의 명대 족보학자들은 김씨와 포씨의 분열을 극적으로 반영하고 있다. 김길 전기의 상당 부분이 원나라에 대한 취안저우 포수경의 항복이 송나라 황족들의 학살을 동반하는 배반 행위였다고 포수경을 묘사하면서부터 포를 신랄하게 비판하는 데 할애된다.

그(포수경)는 귀족이 되었고 이로써 그가 현 정부를 통제할 수 있게 했다. [포] 아버지와 아들들은 세금을 통제하기 위해 가혹하게 처벌하면서, 규제를 독점하기 위해 특혜에 의존했다. 사람들은 약 90년 동안 이 불길에 고통받고 불탔다.

이스파 사건을 묘사할 때, 이 기록은 포적蒲賊이 죽은 후에야 포적의 조카 나우납이 자리를 잡았다고 주장한다.[481] 비록 '포적'의 정체성은 제시할 수 없지만, 나우납을 포씨와 연관시키려는 시도는 이보다 더 명확할 수 없다. 그리고 나는 그것이 주로 수니파인 취안저우의 상인 커뮤니티와 그리고 김씨로 대표되는 주로 시아파인 군대 커뮤니티 사이의 분열을 반영한다고 제안하고 싶다.

이스파 세력의 붕괴와 새로운 명나라 정부를 대표하는 세력의 신속한 도착은 취안저우의 이슬람 무역 디아스포라의 종말을 의미했다. 역사학자 오유웅吳幼雄은 1367~1368년에 다른 가족들이 선택한 것들을 묘사한다.

　　취안저우에서 상인이나 선교사였던 많은 아랍인과 페르시아인이 배를 타고 떠났다. 페르시아 수비대에 참가했던 한 무리가 전사했다. 또 다른 집단은 중국에 오랫동안 거주했기 때문에 점차 한족의 문화를 흡수하고 비교적 넓은 사회적 기반을 갖추고 있었지만, 그들은 해안 지역(매현梅縣 등), 산(영춘永春, 덕화德化), 심지어는 장포漳浦 또는 저장의 해안 지역으로 쫓겨났다.[482]

　　오유웅은 또한 세 번째 그룹은 모범이 될 만큼 명성이 매우 높아서 도시의 모스크가 피난처를 제공해 주었고, 사건이 벌어진 힘든 시간을 견뎌냈다고 지적했다.

　　그 힘든 시기를 다룬 우리의 설명은 주로 이슬람 족보에 나온다. 가장 극적이고 소름이 끼치는 게 김씨 족보에 나오는데, 나우납의 몰락 이후 도시가 이슬람교도들 일반과 특히 포씨 가족에게 얼마나 폭력적으로 발작했는지를 반영하여 묘사하고 있다.

　　성문을 닫고 처형하는 3일 동안 코가 큰 외국인들이 실수로 다수 살해되는 등 서양인들은 모두 전멸했다. 포씨의 시체는 모두 벌거벗겨졌고 얼굴은 서쪽으로 … 이들은 모두 '오형五刑'에 따라 심판을 받은 뒤 시신을 돼지 여물통에 던지는 식으로 처형됐다. 이것은 송나라에서 벌인 그들의 살인과 반란에 대한 복수였다.[483]

이 구절은 그 폭력뿐만 아니라 반이슬람적인 참조 사항인 서쪽을 향한 매장(이슬람교도를 식별하게 메카를 향해)과 돼지 여물통도 주목할 만하다. 이 보복이 이스파 정권을 겨냥한 게 아니라 분명 명나라의 공식인, 송에 대한 포수경의 배신을 겨냥한다는 추정도 흥미롭다.

이씨 족보는 이 시기를 좀 더 자세하게 설명한다. "원말에 바다 옆 지역은 부글부글 끓는 가마솥이었다. 군인들이 불태운 그들의 집에서 위대한 가족들은 뿔뿔이 흩어졌고, 소수만이 살아남았다."[484] 이씨 가문은 이려(목재공)의 행동 덕분에 비교적 운이 좋았다.

이때 원나라의 지배력은 느슨해졌고 외국인들이 취안저우를 지배했다. 전쟁의 혼란 속에서 소송이 번성했다. 매년 굶주린 사람들이 나타났고, 목재공은 그들을 돕기 위해 그의 가게들을 이용했고, 그래서 많은 사람이 살아남았다. 비록 외국인들 중 많은 이들이 잔인하긴 했지만, 아무도 감히 그들을 반대하지 못했다. 그러나 많은 사람이 목재공의 미덕에 경탄했다.[485]

이 시기 이씨의 행운이 원나라 이후 질서 전환에서 편하게 이어지지 않았다. 5장에서 보듯, 명나라의 첫 이씨 세대들이 그들의 이슬람 정체성에 대해 서로 다른 식으로 반응하며 논쟁의 여지를 남겼다.

진장 정씨에게도, 소동에 대한 답은 취안저우시에서의 도망이었고, 그래서 그들은 현시의 남동쪽 해안에 있는 진장(또는 진태진陳埭鎮)으로 이동했다.[486] 심지어 중국 이슬람교도인 소당사의 가족들도 포씨와 밀접했다고 살해당했다. 취안저우에 남아 친척들을 돌보던 소당시의 장남을 제외하고, "원말에 다섯 아들은 [네 지역으로 가서] 소동을 피했지만, 그들이 어떻게 되었는지는 아무도 모른다."[487]

이스파 정권과 그 극적인 종말은 특권을 가진 이슬람 커뮤니티인 취안저우의 종말을 가져왔다. 원나라의 반식민지 정치 구조에서 무슬림들의 특권적 지위는 그들에게 전례 없는 비전과 권력을 주었으며, 그러나 또한 원나라 질서가 붕괴하자 그들은 쉬운 표적이 되었고, 그 결과 분산하게 되었다고 오유웅은 설명한다. 명나라 태조가 해외 무역을 금지하자 중국에 정착한 이슬람 무역 디아스포라의 기반이 사라졌다. 5장에서 우리는 14세기와 15세기 해양 아시아 세계에서 나타난 새로운 디아스포라적 구성뿐만 아니라, 이슬람 분산 그리고 푸젠에서 자활할 수 있었던 그러한 가족들에게 동반하는 경제적, 문화적 전환을 살펴볼 것이다.

5장

결말과
연속

명나라(1368~1644)의 도래는 중국 남동쪽 해안에서 수 세기 동안 번성했고, 해양 아시아 무슬림 무역 디아스포라의 핵심을 차지하던 중국 이슬람 커뮤니티의 종말을 의미했다. 이는 4장에서 논의된 원나라의 멸망을 알리는 폭력이 아니라 태조가 세운 반反무역 정책의 결과이며, 이후 2세기 동안 유지되었다. 양쯔 계곡에서 반란을 일으켜 성장한 농민 출신의 태조(주원장朱元璋)는 비록 처음에는 환영하는 듯 보이긴 했으나 해양이나 해상 무역의 경험이 거의 없었다. 1367년에 외국 무역을 장려했던 양쯔 삼각주 지역의 경쟁자들이 패배한 후, 주원장은 원나라의 중요한 항구였던 태창太倉(저장)에 해상무역 사무소를 열었다. 저장 지역 해상 상인들의 지도자로 떠오른 취안저우 출신 상인 주도산朱道山이 상인들을 이끌고 주원장을 알현했을 때, 그들은 환영받았고 따라서 다른 상인들로 하여금 난징 궁정에 오도록 고무했다. 1369년 초에는 일본, 참파, 자와, 서양西洋에 사절을 파견해 새로운 왕조의 수립을 알리고 조공 사절단을 초청했다.[488]

그러한 긍정적인 출발은 오래가지 못했다. 해적 행위는 오랫동안 문제가 되어 왔으나, 1368년에 200척의 해적 선박들이 밍저우를 공격한 것은 새로운 왕조에 제기된 분명한 위협이었다. 그리고 일본 사신들을 형편없이 대우한 것으로 보아 새로운 황제가 해외 모험에 대한 관심이 시든 것으로 여겨진다. 1369년에 명나라 군대가 바다를 통해 취안저우에 도착했고, 다음 해에 태창 사무소처럼 취안저우에서 원나라 시기 해상무역사무소는 폐쇄되었다. 그 후, 1371년에 외국으로 가는 해상여행, 그리고 개인이 바다로 나가는 것을 금지했다. 이후 해상무역사무소는 취안저우, 광저우, 밍저우에 다시 설치되었다. 해외에서 도착하는 조공 임무의 처리가 그 해상무역사무소들이 설치된 독점적인 목표였고, 남해에서 출발한 모든 무역은 광저우, 일본에서 오면 밍저우, 류큐에서 오면 취안저우로 연결되었다. 1422년에 취안저우와 밍저우의 관청이 폐지되고 광저우의 관청만 남는데, 이런 사정은 16세기 후반까지 계속되었다.[489]

명나라의 해외 무역 금지가 취안저우의 반무슬림 폭동에 뒤이어 일어났듯 해상 상인들, 특히 무슬림의 활동은 갑작스럽게 종말을 맞게 되었다. 4장에서 언급했듯, 탈출이 지배적으로 나타났지만 다른 형태도 취했다. 많은 사람이 중국에서 완전히 탈출했다. 우리는 앞으로 그들을 자세히 검토할 것이다. 그러나 먼저 우리는 취안저우에 남은 사람들을 조사하고—종종 도시 자체를 탈출하기도 했지만—그들을 재정의할 것이다.

디아스포라적 변형

명나라 초기 취안저우 무슬림 가족들이 부딪힌 상황은 복잡했다. 비록 명의 움직임에 외국인을 혐오하는 요소가 있었고, 해상 무역이 금지되었지만, 명 태조 자신은 통일 운동 동안 무슬림 장군들로부터 상당한 지지를 받았고 이슬람교도들에게 꽤 관대했던 것으로 보인다.[490] 그 후 1407년에 영락제(재위 1403~1424)는 관리들이나 개인들의 학대로부터 이슬람교도들을 보호하라고 명령한 비석을 제국 전역의 모스크에 세웠다.[491] 명나라 초기 이슬람교도와 관련하여 때때로 서로 어긋나는 법이 있었다. 즉, 무슬림이 아닌 가족과 혼인해야 한다는 요구 사항과 중국 성姓을 쓰지 않아야 한다는 또 다른 요구 사항이었다.

4장에서 만난 취안저우 무슬림의 족보는 남았던 무슬림 가족을 알 수 있는, 주요한 정보원이다. 물론 이것은 그들 자신을 재정립하고, 수 세기 동안 생존하며, 족보를 유지할 자원을 가진 가족들을 대표하는 선별된 그룹이다. 무슬림 족보는 그 후 학자들의 손에 들어갔다. 그런데도 그들의 기록은 유익하다. 왜냐하면 특히 판 케Fan Ke가 언급했듯이, 원 시대의 무슬림 해상 상인들의 기원을 추적하는 데 있어 그들의 후손들이 현대 중국의 회족 공동체 중에서 유일하기 때문이다.[492] 4장에서 보았듯이, 이 가문들은 취안저우의 다른 곳으로 이주했고, 그곳에 정착할 수 있었다. 그러나 가문마다 이주와 정착의 방식은 매우 달랐다.

족보에 따르면, 정씨가 진강晉江(취안저우시의 바로 남쪽 현)의 진강陳江으로 이주했을 때, 그들은 지역사회에 적응하기 어려웠다. 그들은 매우 큰 규모(수천 경頃)의 땅을 새로 취득했지만, 평판이 좋은 가족들(문제門弟)과의 사회적 교류는 가까운 소수 이웃으로만 제한되었다. 그 뒤를 이어 시조인 정점사丁苫思의 4대손인 정선丁善과 그의 아들이 진강陳江에서 벽련회白蓮會에 연루되었다는 혐의로 기소가 되었고, 황제의 사면이 없었다면 사형당했을 충격적인 사건이 일어났다. 족보 역사학자 정곤건丁崑健에 따르면 정씨는 자신들의 무슬림, 색목인 기원을 논하는 데 매우 입이 무거웠다.[493] 시간이 지남에 따라, 정씨 가문은 가숙家塾을 설립하고 1505년에 처음으로 진사 시험 합격자를 배출하는 등 사대부 문화에 적응하기 위해 결연한 노력을 했다.[494]

　원 이후의 무슬림 혈통들은 자신들의 무슬림 유산을 대할 때 모두가 같은 마음은 아니었다. 정씨는 자신들의 기원과 종교를 알리지 않았지만, 이런 문제를 족보는 명확히 밝히고 있다. '선조들의 가르침(조교설祖敎說)'이라는 글에서 이슬람 관습을 상세하고 당당하게 설명한다.[495] 연지 소씨의 족보에서 가족의 기원은 소당사蘇唐舍로 거슬러 올라가고, 4장에서 보았듯, 이슬람으로 개종하지만, 명나라와 청나라 시기에 연지 소씨가 이슬람교를 계속 수행했다는 증거를 찾을 수 없다. 그렇지만 그 족보는 또한 자신들의 무슬림 기원에 대해 자부심이 상당했음을 보여 준다. 1670년에 소찬철蘇纘轍은 자신이 어떻게 이맘(교사)에게 소당사의 이름인 아합말阿合抹의 뜻을 물었는지를 기록해 놓았는데, 대답은 연장자인 '장로長老'를 의미한다였다.[496]

　정씨와 소씨와는 대조적으로, 영산 이씨에게는 자신들의 무슬림 유산이 불편함과 불화의 근원이었다. 4장에서 보았듯, 해상 무역에 관여했던 가문의 시조 이려(목재공)는 이스파 시대 동안 덕망과 특히 관대함으로 찬사를 받았는데, 그 덕분에 가문이 그 어려운 시기를 견디었다. 그러나 그의 무슬림 신앙은 약간 곤혹스럽게 여겨졌다. "목재공은 이교夷教를 근본 원칙으로 따랐다고 보인다. 어떤 사람들은 이러한 원나라의 풍습을 따랐지만, 아무도 자세히 이해할 수 없었다."[497] 종교적 차이로 목재공의 두 아들, 노駑와 단端의 사이가 갈라졌다. 노는 이씨 족보에 전기가 실리지 못했지만, 단의 전기는 드러나 있다. 단은 지적이고 박애주의적이며, 가난한 사람들에게 관대하고, 나무 심기와 조용한 삶을 즐기는 고대 음악 애호가이며, 아들들에게 시와 문서의 고전 연구를 가르친 아버지로 묘사된다. 단은 또한 "형님의 이상한 관습을 바꿀 수 없었기 때문에" 만리장성 남쪽으로 집을 옮겼다.[498]

무슬림 과거에 대한 이씨의 양면성은 1426년 이단의 장남 이광재李廣齊가 쓴 '친족 지도(수척론垂戚論)'라는 주목할 글에서 분명하게 드러난다.[499] 이광재는 원나라 말기 비참한 상황을 묘사하며 시작한다.

원이 통제력을 잃었을 때, 푸젠성을 장악한 색목인 중에서, 취안저우에서 가장 큰 화재가 발생했다. 부족 집단들은 확산되고, 파괴만 제멋대로 확산시키고, 우리의 정신을 억압한다.

그런 다음 이광재는 외국인(색목인) 정체성의 본질을 심문한다.

오늘날에도 가구가 등록되어 있지만, 참(진眞)색목인이 있고, 가짜(위

僞)색목인도 있고, 아내 때문에 색목인이 된 사람도 있고, 어머니가 색목인이었기 때문에 색목인이 된 사람들도 있으며, 그들은 모두 이상한 관습(이속異俗)을 행한다. 그 화재는 우리 백성(족류族類)을 혼란에 빠뜨렸고, 우리의 공동 법령의 평가절하와 사회적 관계의 손상으로 이어졌다.

이광재가 씨름한 가장 중요한 문제는 민족 정체성과 그에 수반되는 문화적, 종교적 관행이 어떻게 혼란스러워졌는가이다. 이광재는 무슬림과 한족의 상호 결혼을 상당히 명확하게 보여 주면서 '이상한 관습'을 실천하는 아내와 어머니에게서 비롯된 '가짜 색목인'을 비판한다. 이광재는 분명히 무슬림인 관습들을 계속해서 비판한다. 그들의 장례식과 애도 관행, 그리고 더 일반적인 관행(할례 포함), 그것들을 중국의 관습과 분리하여 대조한 다음, 그의 관심을 삼촌인 이노에게 돌린다.

비록 우리의 취안저우가 푸젠 해안에 있지만, 사람들은 모두 바람직한 방도를 알고 있다. … 지금 나의 삼촌은 귀족 출신(의관진신지예衣冠縉紳之裔)이지만, 색목인의 풍습에 속아 눈이 멀었다. 할아버지가 할아버지 노릇을 하지 않으니 할아버지로서 한 행실은 바른 행실이 아니라 오히려 야만인의 행실이다. 이것은 그의 아들들과 손자들을 모두 야만인으로 만들었다. 왜 이러한가? 그들은 이상한 것에 대한 사랑에 빠져 있어요, 아아!

이광재는 한비자의 말을 인용하여 "야만인들이 중국에 들어오면 중국인처럼 행동하고, 중국인들이 야만인[땅]에 들어가면 야만인처럼 행동한다."라며, 자신이 경고해도 후대가 잘못을 답습하리라는 두려움을 표현했다.

원명 전환에 대한 이씨 가문의 반응에는 또 다른 흥미로운 요소가 있다. 원나라 말기에 군비 마련과 은화 제공을 강요당했고, 이노와 이단의 부인들은 고아가 된 아이들을 외할머니 가족인 임씨林氏와 함께 살게 했으며, 1422년에 천여天與(이광재)가 취안저우시에서 난안현 30구로 이주했고, 그곳에서 성을 이李, 이름을 광재로 등록했다. 몇 년 후, 그의 사촌 두 명이 성을 이로 바꿨고, 그의 형제 중 자녀가 없는 신여와 또 다른 사촌 상보는 도시에 남아 임씨 성을 유지했다.[500] 이런 성의 변경은 독특한 것이 아니었다. 다수의 무슬림 가족들이 생존 전략으로 사용했다고 보이며, 앞으로 더 많은 사례를 접하게 된다.

이광재는 가족의 중국 문화 전략 대변인이었기 때문에(남안南安으로 이주한 지 4년 후에 수척론垂戚論을 썼다), 남안과 취안저우의 분리는 중국 무슬림의 분열과 유사했을 수 있고, 비록 자료가 더 없더라도 그 후에 자신들의 무슬림 유산을 취안저우 임씨가 유지했다고 우리는 추측할 수밖에 없다.

이씨 가문은 토지나 상속 논쟁이 아니라 문화와 종교로 분열된 가문이었다. 이씨/임씨(남안/취안저우)의 분열도 이 문제로 추동되었다고 보인다. 왜냐하면 가족의 중국 문화 전략 대변인인 이광재가 남안 이주도 주도했기 때문이다. 그가 제기한 질문—한 사람이 중국인이고 이슬람 관행을 유지하면서 엘리트의 일원으로 받아들여질 수 있을까?—은 취안저우에 남았던 무슬림 가족들 모두가 당면한 상황이었다. 비록 그들의 대답은 달랐지만 말이다.

하지만 원말 많은 폭력의 표적이었던 포씨 가문은 어떤가? 명나라 초기 태조는 포씨를 특별 입법 대상으로 삼는데, 태조는 그들에게 사士 칭호를 사용할 권리를 거부하고 시험을 보는 걸 금지했다. 이 금지령은 아마도 포수경이 송나라를 배신한 탓인 듯한데, 다른 세 명의 송 협력자들의 후손들도 금지당했기 때문이다.[501]

이로 볼 때, 1385년에 포본초蒲本初가 진사시에 합격해 한림원서길사翰林院庶吉士라는 영예로운 칭호를 받은 것은 주목할 만하다.[502] 그러나 그는 포씨가 아닌 양씨楊氏로서 그렇게 했다. 포씨 족보는 다음과 같이 설명한다.

홍무洪武 8년(1375)에 황제가 화가 나서 말했다. "이전의 왕조 동안 포씨는 취안저우에 폭정과 혼란을 가져왔고, 그들 아래서 많은 사람이 죽었다." 황제는 아무도 남기지 않도록 명령했다. 다행히도, 포씨에게는 몇 달 동안 아기를 품었던 안평安平 출신의 왕씨王氏 친구가 있었다. 그는 유아기에 동석東石에 있는 양씨楊氏 어머니의 집으로 옮겨졌고, 그곳에서 그는 양육되고 자랐다. 그는 시와 역사를 공부했고, 한림학사에 이르는

관리가 되었다. 그는 나중에 포를 성으로, 본초를 이름으로 바꾸었다.[503]

영산 이씨와 마찬가지로, 이러한 성씨의 변경은 생존에 대한 우려에서 추진되었다. 또한 그렇게 해서 본초가 포씨의 시험 금지를 피할 수 있었고 나중에 성공할 수 있었다. 그가 언제 다시 포로 성을 바꿨는지는 족보상의 주장으로는 불분명하다. 그는 진강 출신의 하급 관리 양이옹楊頤翁의 전기에서 이옹의 아들이자 후계자로 확인되지만 95세까지 살았던 이옹보다 먼저 사망했다고 확인된다.[504] 본초가 성을 바꾼 유일한 포씨는 아니었다. 1930년대의 『덕화 포씨 족보』의 발견을 다룬 보고서는 포씨 혈통이 명나라 초기에 흩어지면서, 포씨가 왕씨와 비슷하게 들렸기 때문에 어떻게 많은 사람이 왕씨 성을 갖게 되었는지를 묘사했다. 앞면에 '왕아무개'라는 이름이 붙은 비석을 인용하면, 뒷면에는 '포아무개'라고 쓰여 있다.[505]

숭모의 장남으로 확인된 포태초蒲太初는 명나라 초기 포씨 성공의 또 다른 예를 제공한다. 1375년에 포태초는 자신의 기술적인 전문 지식(기예技藝)으로 성공해서 취안저우 근위대에서 복무했고, 1392년에 그는 산둥성의 근위대에 임명되었다.[506] 표면적으로 이 기록은 명나라가 건국된 지 10년도 채 되지 않아 포태초의 복무가 시작되었고 그가 포씨로 복무했기 때문에 본초의 기록보다 더 곤혹스럽다. 오데드 아브트Oded Abt는 그의 가족이 군인을 제공하고 그 군인의 부대에 식량을 공급할 의무가 있는 군인 가정으로 등록된 결과일 수 있다고 그럴듯하게 제기한다.[507] 따라서 비록 포태초가 군대에서 잘 지냈지만, 그것이 포씨가 취안저우 엘리트 계층에 속한다는 표시는 아니었다.

현존 자료들은 취안저우에 남았던 무슬림 가족들을 알려 준다. 15세기 초 정화鄭和(1371~1433)가 이끄는 일곱 차례의 해상 원정에서 옛 무슬림 상인들이 어떤 역할을 했을까, 감질나지만 의문이다. 정화는 원래 이름이 마화馬和인 윈난의 무슬림 집안 출신 내시였다. 그 무용武勇으로 정화는 후에 영락제가 된 주체朱棣의 관심과 호의를 얻었다. 대규모 원정 중 첫 번째를 시작하면서 주체는 정화를 지도자로 선택했다. 정화가 불교와 도교 단체의 지원에 적극 나섰기 때문에, 정화가 가르침을 실천하고 있는 무슬림이었는지 아닌지는 논쟁의 여지가 있지만, 탐험대의 무슬림 관련성은 컸다.[508] 비록 저장성 회계會稽에서 이슬람으로 개종한 인물이긴 하지만, 탐험의 주요 연대기 저술가인 마환馬歡(1380~1460)과 마찬가지로 탐험에 동행한 많은 장교와 선원들이 이슬람교도였다고 전해진다.

탐험대가 취안저우의 이슬람교도들, 또는 다른 항구 도시들을 끌어들였나? 무슬림이 원거리 해상 항해와 무역 관련 풍부한 지식과 경험을 갖추었기에 가능해 보이지만, 그 증거는 희박하다. 포씨 족보에는 정화와 함께 서해로 갔다고 전해지는 포일화蒲日和의 기록이 있다.[509] 제프 웨이드Geoff Wade는 영락제 때의 1407년 무슬림 보호 선언이 "푸젠의 남은 무슬림들을 달래고자 한 노력, 환관들이 이끄는 함대에서 일할 통역사와 항해사의 징집을 돕고 남쪽으로 도망친 사람들과의 연결을 손쉽게 하고자 한 노력"의 일부라고 주장했다.[510] 정말 그렇다면 그것은 해양 아시아 세계의 참가자로서 연안 무슬림의 마지막 행동이었다. 그러나 원 말에 중국을 탈출한 사람들은 그렇지 않았고, 이제 우리는 그들에게 돌아갈 것이다.

동남아시아의 중국-이슬람교도

이 연구를 통해 우리는 스리비자야 출신 시나위施郍幃의 경우처럼 중국 무역과 연관되거나 중국에 직접 간 해양 아시아 전역에 걸친 이슬람 상인들의 존재를 관찰했다. 3장에서 보았듯, 시나위는 그의 핵심 종교인들을 위해 12세기 취안저우에 묘지를 설립했다. 그런데 어느 시점에 중국-이슬람교도, 즉 중국에서 온 이슬람교도들이 해상 무역에서 가시적인 존재가 되었을까? 그에 대해 심지어 원나라보다 앞선다는 몇 가지 증거가 있다. 3장에서 다뤘듯, 브루나이에는 1264년에 작성된 포씨라는 성을 가진 판원判院의 무슬림 무덤 비문이 있다. 이 사람이 포수경의 친족인지 아닌지에 상관없이, 제시한 대로 그것은 브루나이에 중국-이슬람교도의 존재가 있었음을 확실히 보여 준다. 4장에서는 해양 아시아 전역에서 중국 상인들이 눈에 띄고 원 시대에 동남아시아에서 중국 상인 커뮤니티가 출현했음에 주목했다. 오르토이의 중요성과 특히 포씨 가문의 중요성을 볼 때, 이 상인들 중 많은 수가 이슬람교도였을 가능성이 있다. 그러나 동남아시아에서 중국-이슬람교 무역 디아스포라를 발전시킨 주요 추진력은 원 말에 있었던 중국으로부터 이슬람 상인들의 도피였다.

장핀춘Chang Pin-tsun은 15세기와 16세기 초에 동남아시아, 특히 자와, 수마트라, 보르네오, 믈라카, 필리핀에 걸쳐 규모가 컸고 번성한 중국 무슬림 커뮤니티의 증거를 상당히 수집했다.[511] 자와 관련 증거가 문서로 가장 잘 만들어졌고 가장 중요하다.

15세기 동남아시아의 중국 무슬림을 다룬 가장 가치 있고 흥미로운 자료 중 하나는 15세기와 16세기의 자와섬 세마랑 주와 세르본 주의 시노말레이 연대기인, 세마랑과 세르보나의 말레이 연대기이다. 모호한 내용과 본문에 후일의 보간補間이 많이 포함되었다는 증거에도 불구하고, 번역가 겸 편집자 M. C. 리클프스와 그의 동료인 드 그라프H. J. de Graaf와 피고Th. G. Th. Pigeaud는 아마도 자와에 관한 초기 중국 기록에 근거해 본질상 진짜라고 확신했다.[512]

『말레이 연대기』는 1407년 명나라 제독 정화의 함대가 동남아시아를 처음 방문했을 당시, 특히 정화가 무슬림이 아닌 호키엔족(즉, 취안저우를 포함하는 남부 푸젠성)으로 묘사된 '해적' 진조의陳祖義를 포획한 이야기로 시작한다. 이야기는 계속 이어져 중국 이슬람교도들을 다음처럼 설명한다.

1407년: 쿠캉(즉 팔렘방)에서 인도네시아 군도에 하나피파 무슬림 중국인 커뮤니티가 처음으로 설립되었다.[513] 같은 해 칼리만탄의 삼바스에 또 다른 커뮤니티가 정착했다.

1411~1416년: 하나피파 회교 중국인 커뮤니티가 말레이반도, 자와와 필리핀에도 설립되었다. 자와 모스크는 안콜/자카르타, 셈붕/세르본, 라셈, 투반, 체 츤/그레식, 자오퉁/조라탄, 창키/마자케르타 등에 건설되었다.

1413년: 중국 황제의 함대가 선박 수리를 위해 세마랑에 한 달 동안 머물렀다. 삼포보 제독(즉, 정화), 하지 마황, 하지 페친은 신성한 예배를 위해 세마랑의 하나피파 중국 모스크에 매우 자주 왔다.[514]

이후 『말레이 연대기』는 정화가 남해 국가들, 특히 필리핀 전역에 퍼져 있는 '하나피파 무슬림 중국 커뮤니티의 번영'을 통제하기 위한 임명, 중국 원정이 중단된 후 중국 무슬림 커뮤니티의 퇴보, 이슬람교와 힌두교-자와인 커뮤니티 사이 민족적 긴장, 그리고 세붕에서 중국 무슬림과 호키엔족 사이의 경쟁 등을 기술한다.

『말레이 연대기』에서 다룬 이런 사건들과 그 외 다른 역사적 사건들의 설명은, 특히 마환의 『영애운람瀛涯転覽』과 같은 정화 항해를 다룬 중국의 설명과 비교하면 많은 문제를 제기한다. 드 그라프와 피고(특히 55~62쪽 참조)는 위의 문제들을 어느 정도 상세히 다룬다. 누구는 다른 사람들보다 더 큰 성공을 거두었지만, 중국 이슬람교도들의 모습과 활동이 일반적으로 이러했다는 것은 거의 의심할 여지가 없어 보인다. 이는 중요한 다음 질문으로 이어진다. 그들은 어디에서 왔고 왜 15세기 동남아시아에서 번성했는가?

이 질문의 대답은 다양했다. 『말레이 연대기』 자체는 정화 항해의 영향만을 지적한다. (물론 『말레이 연대기』의 '삼포보인' 정화는 무슬림 태생으로 자와에서 컬트적인 추종자들의 발전에 의심할 여지 없이 실제로 기여했다.) 그러나 이는 1407년 이후 몇 년간 하나피파 커뮤니티에 통합되었다고 보이는 사람들이 어디에서 왔는지에 답하지 않는다는 문제를 남긴다. 장유섭Yusuf Chang은 적어도 자와에 있던 사람들은 1292년부터 1293년까지 자와를 상대로 한 쿠빌라이 원정군의 일부였다가 현지 자와 무슬림과 함께 살기 위해 그곳에 남았던 무슬림 군인들의 후손이라고 주장했다.[515] 그러나 일부가 그들의 기원을 취안저우에서 2만 명의 병력으로 시작된 원정대로 거슬러 올라가 보기도 하지만, 원나라가 취안저우를 점령한 지 20년도 안 된 시기에, 탈영 군인들이 그들 자신을 위해 지속적인 사회적/민족적 정체성을 개척할 수 있었을 것 같지는 않다. 무슬림이었던 그 군대들은 중국인이었을 가능성이 없었고 중국인들은 아마도 무슬림이 아니었을 것이다.[516]

드 그라프와 피고는 기원의 문제, 즉 중국 이슬람교도들이 윈난에서 왔다는 자신들만의 답을 내놓는다. 1452년 『말레이 연대기』에는 윈난성 이슬람교와 4대째 접촉이 단절되어 세붕의 중국 무슬림 커뮤니티가 고립되었다는 언급이 있다. 더 일반화해서 편집자들은 특히 하나피파 학파의 확산에 무슬림 윈난이 관련 있다는 문헌을 상당히 인용한다.[517]

이 이론은 매력이 있다. 윈난성은 원나라 때 중국에서 이슬람교의 주요 중심지로 떠올랐고, 로데리히 프탁Roderich Ptak은 "명나라 군대가 윈난으로 진격했을 때, 중국 무슬림은 압박을 받았다. …"그래서 "소규모의 무리가 동남아시아로 떠났을 것이다."라고 하였다.[518]

그러나 중국 무슬림을 설명하는 단일 원인으로서 윈난 이론은 문제가 있다. 윈난 지방에서 나온 무슬림 난민들은 전직 관리, 군인, 상인, 그리고 어쩌면 농부를 포함한 아마도 다양한 집단이었을 것이다. 의심할 여지 없이 약간의 부를 가지고 도착했지만, 그들은 선원들이 아니었다. 아마도 대부분은 육로로 중국에 왔을 것이다. 그리고 그들은 이전에는 해양 동남아시아와 관련이 없었다. 따라서 첫째, 수마트라, 자와 및 다른 섬들에 도달하기, 둘째, 그곳에 경제적으로 자리 잡기는 상당한 도전이었을 것이다. 필리핀에는 또 다른 문제가 있는데, 『말레이 연대기』에는 15세기 초부터 번성한 무슬림 중국인 커뮤니티가 묘사되어 있다. 윈난 이슬람교도들이 해양 아시아의 먼 구석으로 밀려가서 그곳에 자리를 잡았으리라는 것은 솔직히 믿을 수 없다.

대조적으로 중국 이슬람교도들이 가장 먼저 취안저우에서 왔다는 가설은 이러한 문제들을 깔끔하게 해결한다. 앞서 언급한 바와 같이, 취안저우에서 동남아시아로 온 13세기 후반 중국-무슬림 무역상들의 증거가 있으며, 중국 상인들의 활동을 통한 동남아시아에서 더 복잡해지는 상업 네트워크의 개발과 명료화라는 더욱 일반화된 특성에 대한 증거가 있다. 그 상인들 중에는 확실히 비무슬림도 많았다. 그러므로 『말레이 연대기』에 호키엔 커뮤니티가 언급되어 있다. 그러나 특히 취안저우의 해상 무역에서 중국 무슬림 상인들의 특권적인 위치(즉, 오르토이)에 비추어 볼 때, 중국 무슬림 상인들도 동남아시아에서 적극적인 역할을 했을 것이다. 그러므로 1368년 중국 무슬림 상인들이 탈출할 때, 자연스럽게 자신들이 이미 사업하던 곳으로 갔을 것이다. 물론 자신들의 생계 수단인 배를 타고 여행했을 것이다.

또한 트랄라야(자와 북부 마자파힛 근처) 무슬림 묘지에서 발견된 흥미로운 증거가 있다. 묘비들의 한 면에 자와 문자가, 다른 면에 아랍어로 된 이슬람 비문이 새겨졌는데, 가장 이른 시기는 1376년(힌두력 1298)으로 거슬러 올라간다.[519] 제프 웨이드의 추측처럼, 이것들은 취안저우의 소란에서 도망친 중국계 무슬림의 무덤인가?[520] 그 날짜들이 시사적인데, 확실히 중국-이슬람교도들이 도착했을 바로 그때 자와에서 이슬람교도들의 존재가 증가했음을 나타낸다.

취안저우 가설은 필리핀에서 훨씬 더 설득력이 있다. 역사적으로 동남아시아에서 중국으로 가는 주요한 항로는 참파, 베트남, 중국 남동부 해안을 따라 올라가거나 동부 자와에서 술루해와 필리핀을 거쳐 북쪽으로 취안저우로 가는 두 가지였다. 얕은 남중국해는 모래톱들로 악명이 높았고 일반적으로 피해야했다. 그러므로 취안저우와 필리핀 사이에는 오랜 연결고리가 있었다. 케네스 홀의 글을 인용해 보자.

중국인들의 존재는 새로운 것이 아니었다. 즉, 중국 상인들은 11세기와 12세기 필리핀에 이 기지들을 세웠다. 14세기에 이르러 집중적이고 광범위한 토착 무역 네트워크는 수입품을 유통하고, 중국 상인들이 원하는 임산물을 모으기 위해 진화했다. … 고고학적 연구를 통해, 스페인 시대 이전 마닐라 지역에 500가구 이상이 산 도시 거주지가 있었고, 민도로, 민다나오, 세부 해안에 다른 도시 유적지가 있었음이 밝혀졌다. 이들 커뮤니티와 중국의 무역 관계는 13세기와 14세기의 송나라와 명나라의 중요한 도자기 매장량으로 그 연관성이 입증된다.[52]

이러한 연관성에 비추어 볼 때, 『말레이 연대기』에 언급된 필리핀 무슬림 커뮤니티의 기원으로서 취안저우의 의미는 뚜렷하게 드러난다.

취안저우 가설을 뒷받침하는 더 많은 증거는 16세기 초의 믈라카에서 나온다. 포르투갈인들의 기록에 따르면, 술탄 치하의 믈라카(1511년 포르투갈인의 정복 때까지 다스렸다)는 구자라트, 켈링스(타밀), 자와 및 중국 4개의 민족 커뮤니티로 나뉘었고 각각의 부족장이 있었다. 자와족의 지배 아래에 필리핀 루손족이라는 하위 집단이 있었는데, 루이스 필리프 토마즈Luis Filipe Thomaz는 이를 다음과 같이 묘사했다.

이들 루손족은 대부분 이슬람교도였지만, 이슬람교는 아직 필리핀 군도의 북쪽에 도달하지 않았다. 우리는 이 루손 상인들이, 이전에 믈라카와 루손 사이 교류를 통제했던 브루나이 중간 상인들을 제거하기 위해서 믈라카에 와서 정착했고, 그리고 일단 도시에 정착하자 다수의 종교를 받아들였다고 추정한다. 게다가 무슬림인 믈라카의 루손족이 원래는 스페인 사람들이 나중에 우연히 알게 된 마닐라의 작은 무슬림 커뮤니티에 속했다는 게 불가능하지는 않다.[522]

비록 토마즈가 믈라카에 정착한 후 루손족이 개종했다는 주장이 옳을지도 모르지만, 그들의 이슬람 기원은 필리핀에 있었던 것 같아 보인다.

케네스 홀에 따르면, 중국과 서양 자료가 모두 '친추(종종 무슬림이었던 취안저우 및/또는 호키엔)와 치나(광둥인)'을 구분하기 때문에 믈라카의 중국인 커뮤니티 구성도 암시해 준다.[523] 토마즈는 '친추'를 다룬 주석에서 친추가 언어학적으로 호키엔과 이슬람교도를 종교적으로 지칭했다고 한다.[524] 이것은 취안저우 무슬림이 별개의 민족 정체성을 유지했고, 취안저우에서 탈출해서 1세기가 넘도록 유지했다는 가장 명백한 증거이다.

만약 동남아시아의 많은 또는 대부분의 중국계 무슬림이 취안저우에서 기원했고, 따라서 송나라와 원나라 시대 무슬림 무역 디아스포라의 후손이라고 주장할 수 있다면, 그들은 이전의 집단과 얼마나 달랐을까? 나는 차별화할 중요한 두 가지를 제안하고 싶다. 첫째로 동남아시아의 중국계 무슬림은 자신들의 역사적 뿌리, 즉 도피하게 된 환경과 명나라 초기의 무역 정책에 의해서, 그리고 동아시아에서 지낸 수 세기 동안의 삶에 의해서, 그들의 서아시아 기원으로부터 이중으로 단절되었다. 덧붙여서, 이것은 윈난에서 온 중국 이슬람교도들에게도 해당할 것이다. 둘째, 15세기와 16세기 초 동남아시아의 경쟁 세계에서 중국 무슬림은 믈라카의 묘사에서 보았듯이 친추와 루손인, 그리고 『말레이 연대기』에 따르면 16세기까지 그 섬의 정치에서 중요한 역할을 한 자와계 중국인 무슬림과 같이 여러 그룹으로 나뉘었다.[525] 우리는 중국이나 중동을 고국처럼 지속적인 정신적 지주로 여길 수 없었고, 지역 정체성이 장악했고 지배적이었기 때문에 아랍과 인도(특히 벵골과 구자라트)의 무역업자와 선교사, 동남아시아 무슬림 통치자들의 영향을 받으며 해양 동남아시아의 많은 지역이 이슬람화되었고, 중국 이슬람교도들은 신자 집단에게 점점 더 많이 흡수되었다고 추정할 수 있다.

역사를 통한 무슬림 무역 디아스포라

본 연구는 600년 이상 중국의 항구에서 번성한, 서아시아계가 주류였고 종교로는 무슬림이었던 외국 상인들 커뮤니티의 역사를 규명하고자 시도했다. 그 역사에는 879년 황소 대학살 이후 9세기 후반의 붕괴와 송나라 때 활동과 정착의 중심지가 광저우에서 취안저우로 이동하는 등의 혼란이 포함되어 있다. 그러나 우리는 또한 중국의 커뮤니티가 해양 아시아에 걸쳐 있는 무슬림 무역 디아스포라를 중세 세계에서 가장 부유한 국가에 닻을 내리게 했다는 사실을 장기적인 연속성으로 구별해 보았다. 이처럼 중국의 커뮤니티는 그 기간 내내 세계 시스템이 번창하는 데 중요한 역할을 했다.

전체적으로 볼 때, 중국의 무슬림 해양 커뮤니티의 6세기에 걸친 역사는 처음과 끝 두 지점에 반식민지 시대가 있었고, 그 안에 상대적인 통합 시기로 이루어져 있다고 볼 수 있다. 8세기와 9세기에, 많은 서아시아 상인 인구는 주로 광저우에 있었다. 광저우는 그 자체로 당나라의 변방이었고, 관리, 군인, 실각한 관리의 자녀들, 상인들은 대부분 한족이 아닌 사람들 속에서 살았다. 광저우는 궁정과 수도로 갈 사치품을 무역하는 중계무역항이었다. 이곳에서 외국 상인들은 큰 부자들로 유명했고, 지방 관리들은 특히 해양 무역을 맡은 환관들은 부패로 악명 높았다. 이런 요인들이 역사를 관통한 폭력의 에피소드들을 설명하는 데 도움이 되는데, 그중 가장 큰 사건이었던 879년의 학살이 북에서 내려온 반란군들의 손에서 벌어졌다고 해도 마찬가지다.

원나라 취안저우의 반식민지주의는 본질적으로 매우 달랐다. 취안저우는 당대 광저우와 같은 국경 도시가 아니라, 송나라 시대에 상업 활동이 문학 학습과 시험 성취의 형태로 문화 생산을 수반하는 발전한 대도시였다. 이 성공적인 사회는 몽골인들뿐만 아니라 다른 외국인들, 많은 이슬람교도, 그리고 혜택받은 북부 지역 출신 중국인들로 구성된 지배 집단이 배치되었다. 13세기 후반의 새로운 정치 질서는, 송 사회에 자리 잡았던 무슬림 상인 가족들에게 혜택을 주었고 그들을 근본적으로 변화시켰다. 왜냐하면 대부분 정부 서비스와 군대를 도래한 무슬림의 유입, 그리고 이븐 바투타의 예시처럼 서아시아 이슬람 세계와 긴밀한 관계를 맺음은 모든 무슬림의 이질성을 강조하는 데 기여했기 때문이다. 그리고 해양 무역에서 오르토이가 수행한 핵심적인 역할은 바로 취안저우 상인들이 번영하기 위해서는 오르토이에 참여할 필요가 있음을 의미했다. 당나라에서와 마찬가지로, 1276년 포수경이 벌인 송나라 일족의 학살에서부터, 원나라 말기 이슬람교도들을 상대로 한 이스파 반란에 이르기까지, 폭력은 두드러졌으며 그리고 왕조 말기에 이슬람교도들의 학살로 절정에 달했다.

이 두 시기 사이는 10세기 남한南漢과 민閩을 시작으로 송나라까지 이어지는 시기이다. 이 시기에 관련 정부의 친무역 정책과 아시아 세계체제의 발전과 성숙으로 인해 서아시아의 무슬림 상인 커뮤니티가 형성되었으며, 무슬림 상인 커뮤니티는 눈에 띌 만큼 주류 사회로 통합되었다. 규모 면에서 무슬림 상인 커뮤니티는 당나라나 원나라보다 작았는데, 부분적으로 분할된 원거리 무역이 증가해서 서아시아에서 중국으로의 직항이 감소했기 때문이다. 무카이 마사키에 의해 '하이브리드 시노-무슬림'으로 묘사된 이 그룹은 중국 항구 도시에서 참파, 스리비자야, 동남아시아 정치 조직체들 출신의, 그리고 비록 문서 자료 찾기가 어렵지만 상당한 가능성으로 남아시아 출신 무슬림을 볼 수 있을 정도였기에 당나라의 전임자들보다 지리적으로 더 다양했다.[526] 이슬람교도 외에도 인도양과 동남아시아 해역, 한국과 일본의 대사관과 상인들이 모두 아시아 세계 무역 체제의 활동에 적극적으로 참여했다. 다시, 당나라와 원나라와 달리, 이 기간 동안 해양 상인들이 지시한 폭력이나 그들이 당한 폭력의 기록이 특별히 없다는 점은 주목할 만하다.

우리가 보았듯이, 취안저우 반무슬림 사건의 여파로 발생한 명나라의 해상 무역 금지 조치는 중국의 무슬림 상인 사회를 사실상 해산시켰으며, 이 사실은 그들의 역사적 중요성에 의문을 제기한다. 여기서 우리는 중국의 무슬림 상인 커뮤니티와 무슬림 무역 디아스포라를 구별해야 한다. 무슬림 무역 디아스포라는 인도, 동남아시아 등에 경쟁자가 있었지만, 지리적으로 넓은 범위, 그리고 다양한 국가와 지역의 공동 종교인들을 연결하는 능력이 있어서 세계 무역 체계를 유지하는 데 중요한 역할을 했다. 그리고 중국 무슬림 커뮤니티의 역할은 중국이 무역의 생산자이자 소비자라는 점에서 매우 중요하다.

무슬림 무역 디아스포라의 가장 지속적인 유산은 틀림없이 인도네시아, 말레이시아, 방글라데시, 구자라트의 큰 무슬림 인구에서 찾을 수 있다. 이곳들에서 14세기 자와의 중국-이슬람 상인을 포함한 무슬림 상인들은 이슬람 전파의 대리인을 맡았다. 아이러니하게

도, 무슬림 해양 상인 커뮤니티의 오랜 지속성과 경제적 중요성으로 인해 이슬람 유산이 중국 해안 인구에게 침투하지 않았다. 특히 중국의 남서쪽, 북서쪽, 먼 서쪽과 같은 지역은 무슬림 상인들이 침투했지만 그룹과 역학이 매우 달랐고, 해양 상인들은 포함되지 않았다.

그렇다면 동남아시아와 비교해서, 중국 연안에서 상대적으로 개종이 부족한 이유를 무엇으로 설명할까? 나는 주된 이유가 상인들이 운영했던 정치적, 문화적 맥락에 있다고 제안하고 싶다. 우리가 2장에서 마주친 무슬림 선주의 이야기는, 그가 자박의 왕을 알현하면서 앞으로 "왕 앞이라도 그들이 원하는 대로 앉을 수 있다."는 허락을 받아서 그 관습을 확립했다는 이야기는 동남아시아에서 무슬림 상인들이 가졌던 정치 성향을 보여 준다. 더 일반적으로, 2장에서 동남아시아 사회는 영토가 비정형적이고, '비교적 개방적이며, 사람 중심적인 영역'이라고 묘사한 케네스 홀의 설명을 다루었는데, 이는 이 지역 이슬람의 상대적 개방성을 설명하는 데 도움이 될 수 있다.

이와는 대조적으로, 광저우, 취안저우, 기타 항구 도시들에서 무슬림 상인들은 수도까지 멀리 뻗은 권력 라인과, 시스템에 얽히고설킨 사회적, 문화적 질서를 갖춘 정교한 국가 체제를 마주해야 했다. 공식적인 조공 사절단을 제외하고는 무슬림 상인들은 황제를 만날 자격이 없었고, 항구 도시들에서는 지방 관리들과 엘리트들의 유교적 초점을 흔들리게 할 만한 것을 제공할 수 없었다. 확실히 대중 종교는 광둥과 푸젠에서 번성했고 불교는 그곳과 다른 곳에 널리 퍼져 있었다. 그러나 당나라 말기부터 불교는 국가의 후원을 받으며 엘리트와 비엘리트 모두가 수행하는 사회문화적 질서로 자리 잡혔지만, 유교 문화나 유교 국가에 위협이 되지 않았다. 간단히 말해서, 이슬람이 나아갈 문화적 공간이 없었다.

원대에 변화 징후가 몇 가지 있다. 제국은 외국인들이 통치했는데, 그들 중 많은 이가 이슬람교도였다. 상인들은 전례 없는 지위와 특권을 가졌다. 그리고 유교적 학습은 시험을 통해 공직으로 나가던 중요한 길을 더 이상 제공하지 못했다. 4장에서 다룬, 소씨 가문의 사례는, 생각할 수 없는 건 아니지만 송에서는 드물었을, 엘리트 가문들 가운데 이슬람으로 개종의 의지를 시사한다. 그리고 취안저우에 있는 6~7개의 모스크에 대한 보고서는 중국인 개종자들을 포함해 매우 상당한 이슬람 인구를 보여 준다. 다음 추측을 뒷받침할 증거는 매우 적지만, 원나라 때 이슬람으로 상당히 개종했다고 해도, 명나라가 일으킨 변화로 이슬람 개종을 끝냈을 것이다. 이 장의 앞부분에서 우리가 조사한 족보를 가진 무슬림 가족들이 당면한 문제는 부활한 유교 질서에서 그들 자신의 신념과 관행을 어떻게 잘 다룰 것인가였고, 개종자들을 어떻게 만들까는 확실히 아니었다. 무슬림은 명나라와 청나라를 통해 취안저우시 내에서 계속 예배를 드렸지만, 소수의 사람만 남았으며, 실제로 19세기에 지붕이 없는 아샵 모스크의 폐허에서 무슬림이 살고 있다는 보고가 있었다.[527]

중국에서 해양 무슬림 커뮤니티의 역사적 중요성을 고려해 보면,

이러한 쇠퇴의 증거는 이야기의 일부에 불과하다. 그 이유는 드루 글래드니Dru Gladney가 "7세기부터 14세기까지 중국의 남동쪽 해안과 북서쪽에 크고 작은 수의 아랍, 페르시아, 중앙아시아, 몽골 출신 무슬림 상인, 군인, 관리들이 정착했던" 것이 특징인, 중국에서 세 가지 '이슬람의 흐름' 중 첫 번째 시기의 핵심 부분이기 때문이다.[528] 명나라와 청나라 시대에 이슬람교는 많은 인구가 뿌리내린 북서쪽과 남서쪽뿐만 아니라 중국의 중부 지역에서도 성장하고 발전했다. 특히 주목할 만한 것은 17세기와 18세기에 번성했던 이슬람-유교 학파인 한키탑Han Kitab(옮긴이 주: 한극탑포漢克塔布, 이슬람과 유교를 종합한 중국 이슬람교 문서 모음)의 출현으로, 유교 담론의 문화적 지형에 기반하여 크게 형성된 이슬람 버전이 만들어졌다.[529] 비록 한키탑이 동남부 무슬림과 직접적인 연관은 없지만, 앞서 관찰한 영산 이씨 가문 내에서 그들의 무슬림과 유교 문화 사이의 투쟁은 나중에 달성된 합성의 전조로 볼 수 있다. 게다가 1장에서 논의된 7세기 사하바 사드 왓카스의 전설적인 방문을 포함해, 무슬림의 해양 기원을 기억하면서 즈비 베니치Zvi Benite는 한키탑 사상가들이 "하나의 독특하고 유연한 형태의 중국 무슬림 정체성, 즉 '중국다움'이 '무슬림'만큼 중심이 될 만한 정체성을 만들기 위해서 모인 '문화적 비트'를 구성"했다고 주장한다.[530]

최근 수십 년 동안 중국의 해양 이슬람 커뮤니티에 대한 관심이 부활했다. 중국 정부와 이슬람 국가들은 각자의 이유로 이러한 커뮤

그림 5.1 취안저우의 소씨 사당(사진_windmemories 출처_wikicommons)

니티의 유산을 회복하려는 지역 학자들의 노력을 지지해 왔다. 또한 공공 예술의 형태로도 지원했는데, 2006년에 나는 취안저우 시내에 전시된 거대한 조각상으로, 배 위에 선 아랍인들이 낙타를 이끄는 모습을 봤다. 더 중요한 것은 광저우의 회성 모스크, 잘 보존된 취안 저우의 아샤브 모스크 유적, 특히 취안저우 무슬림 묘지, 그리고 많은 석조 비문과 활발한 연구 프로그램을 운영하는 취안저우 해양 박물관이 이 지역 사회의 역사적 기억을 보존하고 있다는 점이다. 원 나라 때 이슬람으로 개종한 것으로 유명한 소씨 가문은 취안저우 시 내에 그들의 이슬람 유산을 광고하는 사당을 유지하고 있다(그림 5.1 참조). 그리고 2006년에 취안저우의 남서쪽 교외에 있는 진태진陳埭鎮 정씨 가문의 조상 사당과 모스크를 방문했을 때 알게 되었는데, 동시대의 정씨들은 원 시기에 이룬 기원을 보여 주는 그들 거주지의 작은 박물관을 통해 이러한 역사적 보존에 참여했고, 국가 이슬람 단체가 그들의 이맘을 임명했기 때문에 중국 전역의 더 넓은 무슬림 인구와 연결되었다.

정씨의 사례가 시사하는 바와 같이, 역사는 결코 완벽하게 가둬 둘 수 없으며, 중세 중국의 해양 무슬림은 비록 매우 달랐지만, 아직 도 더 다양한 존재들을 보여 줄 수 있다. 그럼에도 우리가 살펴본 6세기에 걸친 역사는 별개의 역사적 장이자, 계몽적인 장일 수 있다. 그 역사를 통해 중국인들이, 주로 그들의 정부와 엘리트들이 사실상 광저우와 취안저우의 영구적인 특징이라 할 이 외국인들을 어떻게 대하고 교류하는지를 보았다. 그 역사는 또한 아시아 세계 질서의 긴 과정에서 무슬림 무역 디아스포라가 수행하는 중심 역할을 그리 고 있다.

이슬람 상인의 해상 무역이
전근대 중국과 아시아에 미친 역사의 탐구

저자인 존 차피John W. Chaffee는 중국사 특히 송대사宋代史를 전공하는 미국의 역사가로, 빙햄턴 대학교 역사 및 아시아계 미국인 학과에 공훈교수Distinguished Service Professor로 재직하고 있으며 아시아와 아시아 디아스포라 연구소 소장도 맡고 있다. 주요 저서로는 『송대 중국인의 과거생활』[531], 『송대 황실의 역사』[532]가 있으며, 『캠브리지 중국사』 송대宋代 부분의 편집을 담당하기도 했다.

그는 무슬림 상인과 중국과의 무역에 대해, 중국 동남 지역에 페르시아와 아랍 커뮤니티가 처음으로 성립된 8세기부터 무역이 사라진 14세기까지 700년의 역사를 고찰했다. 이 기간은 독특한 격동의 시기였다. 송과 몽골의 통치 아래에서 무슬림 디아스포라가 중국에 법적이고 경제적인 관계로 공식적으로 번성했다. 때때로 무슬림 커뮤니티는 적대감과 학대로 곤란을 겪기도 했다. 필자는 중국의 여러 왕조들이 펼친 정책이 아시아 해상 무역에서 어떻게 지정학적 발전을 주었고, 무슬림 커뮤니티의 운명에 어떤 영향을 주었는가를 보여준다. 또한 그는 사회 · 문화 교류와, 무슬림 법률를 따르는 신앙과 삶이 보편적으로 안정되고 유지되었는가를 탐구했다. 무슬림 커뮤니티가 아시아의 역사, 특히 전근대 세계를 형성하는 데 도움을 준 네트워크임을 밝히고, 나아가 이슬람 세계와 해상 무역의 역사를 탐구하는 데 획기적인 이바지를 했다고 판단된다.

연구 시각과 관점

이 책의 주요 목차는 머리말, 1. 제국무역의 상인들, 2. 무역의 방향전환, 3. 상인 커뮤니티의 성숙, 4. 몽골과 상인세력, 5. 종결과 지속로 구성되어 있다.

8세기 중반에서 14세기 말까지의 600년 동안, 중국 남부의 항구들은 무슬림의 고향인 서아시아에서 수천 마일 떨어져 있었지만, 무슬림 무역상인들이 커뮤니티를 형성하며 살았던 거주지였다. 아시아의 양쪽 끝 사이 바다의 너비와 위험을 고려하면, 그들이 중국에 있다는 자체가 놀라울 만했다. 즉 그들은 수 세기 동안 멀티 세대 커뮤니티를 구성하기에 충분한 숫자가 있었다. 그들의 생명선이었던 무역의 본질은, 중국 당국과 그들의 구성 · 경쟁자 · 주거지 · 관계처럼 시대에 따라 다양했고, 이러한 변화에 대한 기록은 결핍으로 인해 방해를 받아왔다. 그러나 여러 자료들은 중국 항구 도시들의 무슬림 상인 커뮤니티, 중국의 해상 무역에서의 그들의 결정적인 역할, 그리고 오랜 시간에 걸쳐 진화해 온 내용을 풍부하게 제공한다.

무슬림 상인 커뮤니티의 존재와 그들과 관련한 많은 증거는 역사가들에게 오랫동안 알려져 왔었다. 그러나 기록들 대부분이 항상 상세한 연구나 단일 왕조의 정사正史에서 짧은 참고사항으로 다루어져 왔으며, 해양 아시아에 걸쳐 있는 상업적 네트워크에 공동체가 내재한 방식으로는 거의 조사되지 않았다. 따라서 역사에서 그들의 지속성이나 장기간에 걸친 활약은 대부분이 검토되지 않았다. 사실상 참고도서들은 고정된 성격, 시대와 상관없이 보이는 예컨대 외국 사절단의 우두머리, 모스크 그리고 묘지에서의 외국인 지분을 정형적으로 나타낸다.

이 책의 목적은 그들의 역사를 복구하는 것이다. 그들의 역사는 파란만장하고 종종 극적인 이야기이다. 그 이야기에 들어가기 전에 우리는 여러 세기 동안 중국에서의 무슬림 커뮤니티가 존재할 수 있도록 지원했던 아시아 해상을 이어주는 상업 질서를 인정해야 한다. 아시아의 바다는 로마, 인도 서남해안에 있는 무지리스Muziris의 로마 무역항으로 증명되듯이, 배·상품 그리고 사람의 이동이 적어도 고대부터 있었다. 8~9세기 아바스와 당唐 사이에 무역이 번성한 것은, 아랍 상인들이 처음으로 대륙간 상업 시스템을 만들고 광저우의 무슬림 커뮤니티를 시작했기 때문이다. 그것은 9~10세기의 요인

과 함께 재닛 아부-루고드Janet Abu-Lughod가 세계체제로 묘사했던 것
533의 등장을 이끌었다. 이들은 아바스 후기와 부예 왕조 동안 바그다
드의 쇠퇴를 상쇄하는 카이로에서 파티마와 맘루크 정권의 흥기, 그
리고 촐라, 자와와 참파, 특히 스리비자야에 의한 적극적인 역할, 그
리고 캘리컷, 팔렘방과 취안저우 같은 새로운 항구의 등장을 포함한
다. 가장 중요한 것은 해상 무역을 제한하기보다는 지원하는 정책을
취한 송宋 경제의 큰 규모와 역동성이었다. 중국산 비단, 구리와 도
자기에 대한 수요는 물소 뼈와 진주뿐만 아니라 향료와 의약품, 향
수 그리고 향 같은 사치품에 대한 중국인들의 요구가 있었기 때문이
었다. 오랫동안 곡물과 다른 식량을 포함한 대량 상품과 철 같은 제
조품은 중국과 동남아시아 간의 상업 세계를 열었다. 이러한 발전은
남부 인도인, 말레이인, 한국인, 일본인 그리고 송인 같은 무역 상인
들의 다양화를 수반했다. 중국 사서에는 일반적으로 아라비아[大食]
와 페르시아[波斯]로 쓰여 있는 무슬림 상인들의 역할이 특히 두드
러졌고, 그들이 동남아시아 국가에서 중요한 위치를 차지했다는 증
거가 있다.

일종의 황량한 서부 분위기가 만연한 남부의 양저우와 광저우에
있던 페르시아와 아랍 상인들의 당 커뮤니티는 중국인들과 긴장하
는 상태로 살았음이 분명하다. 이것은 동남부가 제국의 경제와 정
치의 중심이 되었을 때, 광저우, 취안저우, 밍저우, 그리고 다른 해안
도시들에서 12세기에 발견되는 잘 융합된 커뮤니티와 확연하게 대

비된다. 그리고 13세기 후반에 몽골 지배 아래 특권 무슬림들과 다른 외국인들의 대량 유입은 해상 무역에 간여하지 않는 다른 도시 커뮤니티를 창출했다. 우리가 보게 되듯이 이러한 차이들은 커뮤니티를 넘어서기도 했는데, 그들 주변의 중국 경제, 사회와 정부가 시간에 따라 크게 변했기 때문이다.

　그들의 행동은 바다의 가장자리에 머무르지 않았다. 필자는 이러한 무역 커뮤니티들이 아시아 바다를 통한 상품의 이동에 생계를 의존했고, 상업활동을 통해 공통의 정체성과 독립성을 가졌으며, 지리적으로 분산된 커뮤니티의 집적인 널리 퍼진 무역 디아스포라의 중국 측 가장자리를 구성했다고 주장한다. 근대 '무역 디아스포라'에 대한 논의에서 아브너 코헨Abner Cohen은 권위의 구조, 통신의 방법, 조직과 같은 특성을 지적했지만, 그는 또한 괴테인S. D. Goitein의 저작으로 유명해진 중세 유대인의 무역 디아스포라에 나타난 옛 현상에도 주목했다. 필립 커틴Philip D. Curtin은 그의 저서[534]에서 무역 디아스포라의 모델을 발전시키면서 항구 도시들에서의 디아스포라 상인들이 근대세계체제의 등장과 함께 사라지는 기능인 동료 상인과 지역 정부 간의 문화 중개자로서 활동하는 특별한 기능을 수행했다는 것을 주장했다. '무역 디아스포라'의 개념은 비판을 받아왔다. 차우두리K. N. Chaudhuri는 전근대 무역인들 거의 모두가 "그들의 위치에 상관없이 친족 그룹을 통해 활동해서", 무역인들의 특별한 범주가 필요 없게 되었다고 주장해 왔다. 아슬라니언Sebouth David Aslanian은 아르메니아 상인들을 다룬 논문에서, '무역 디아스포라'의 개념에 다른 이유로 문제를 제기했다. 무역 디아스포라가 초기 근대 상인 그룹을 넓은 그림으로 묘사한 데는 기술적인 도구로 유용함을 인정하면서도, 그는 분석적인 유용성에는 의문을 표했고 대신에 상업 커뮤니티의 네트워크에 초점을 둔 '무역 네트워크'나 '유통 사회'를 사용했다.

필자는 분석 모델로서의 '무역 디아스포라'에 대한 비판에 동의한다. 그래서 이 연구에서의 '무역 디아스포라'의 사용은, '이슬람 공동체Dar al-Islam' 밖에서 작동하는 무슬림 상인들의 커뮤니티와 네트워크에 초점을 둔다고 한다. '무역 디아스포라'나 '유통 사회'가 지닌 문제는, '무역 디아스포라'가 자체의 역사 전개를 가진 역사 독립체를 구성하고 지리적으로 분산된 구성원들을 더 잘 이해시키는 데 반해, 근본적으로 정적인 구조라는 점이라고 한다. 역사를 복원하는 것이, 이 연구의 주요한 목표라고 한다.

아울러 이슬람 무역 디아스포라가 서아시아와 중국의 공동체보다 더 많은 걸 포함한다는 점에 주목해야 한다고 말한다. 확산의 문제는 시간이 갈수록 복잡하지만, 본질적인 접착제는 이슬람이다. 이슬람 무역 디아스포라의 핵심에는 무수한 관계가 상업 거래, 정치적인 과금, 법적 의무, 종교적인 믿음, 우정, 가족 동맹을 작동시키고, 음식과 관습을 공유했는데, 그것은 디아스포라에 일관성을 주는 네트워크를 함께 만들었다는 것이다. 게다가 무역 디아스포라는 수많은 관계들의 비구조적인 본성뿐만 아니라 정치적인 상황(왕조의 흥망성쇠부터 세금 관련 법규의 변화까지 모든 것)과 인구(디아스포라 커뮤니티의 성숙을 포함)의 변화에 따른 대응 등으로, 항상 변화했다.

중국의 항구들에 발판을 세우고 유지한 무슬림 무역 디아스포라는 상당히 이른 시기부터 아시아 해상을 통해 항구와 정치체를 확장했다. 10세기 이전에 무슬림이 신드(파키스탄 남동부 인더스강 하류 지역, 인더스 문명의 중심지)에 무슬림 무역 디아스포라를 세웠고 스리랑카, 인도의 코로만델 해안, 동남아시아의 주요 도시에서도 발견됨을 우리는 알고 있다. 그리고 우리가 보게 되듯이, 10세기부터 무슬림 특히 무슬림 무역 상인들은 이 거대한 지역에서 수가 늘어나고 중요해진다.

무슬림 무역 디아스포라는 항상 진화하고 때때로 작은 디아스포라 네트워크로 나누어졌으나, 개인 관계와 친족·언어, 그리고 믿음에 의해 항상 연결되었다. 그 믿음은 이슬람 공동체에서 살아야 한다는 것과 그들의 생계에 필수인 동료애와 조합 계약을 지배하는 이슬람 율법의 수용이었다. 우리가 네트워크의 존재를 추론하는 동안에, 그들은 7세기 역사의 과정부터 근본적인 변화를 겪었고, 그런 변화의 식별은 역사 복원 과정에서 또 다른 필수적인 요소라고 한다.

전근대 역사 연구에 가장 어려운 점은 자료 부족이다. 이 연구도 마찬가지이다. 필자도 자료 부족의 어려움을 토로했다. 중세 무슬림 상인들이 쓴 기록들은 사라졌고, 중국의 유교 엘리트들은 비록 우리가 관심을 기울이는 예외적인 작가들을 충분히 이용하더라도 외국인들에 별로 관심이 없음을 분명히 밝히고 있다고 한다. 우리의 정보는 13~14세기 아랍 지리학자와 여행가들과 페르시아 역사가들의 저작에서 골라 모아야 한다고 한다. 우선은 정부 기록, 역사, 지역 관보, 지리서, 족보와 위에서 언급한 예외적인 사람들의 기록을 포함하는 중국 자료가 있다. 다음으로는 이들 커뮤니티가 생산한 건축물과 묘지에서 나온 기록과 비문과 난파선 발굴을 포함한 고고학 기록이 있다. 이러한 자료를 모으는 것은 아랍어나 페르시아어를 읽을 수 없는 사람들에게는 벅찬 작업이 되어 왔다. 다행히 뽑아낼 수 있는 2차 연구성과와 번역물이 있지만, 해상 아시아가 그들 그룹과 역사의 구성 그림을 식별할 수 있게 하는 것을 통한 역사 지리, 이슬람의 확산, 중국 해상 기구와 무역의 역사 같은 잘 연구된 주제처럼, 상인 커뮤니티를 구체적으로 다룬 일부분일 뿐이다.

무슬림 상인 네트워크에 관계된 연구 성과 몇몇이 본 연구에 결정적인 도움이 되었다고 한다. 구와바라 지쓰조桑原隲藏의 송-무슬림 관리이자 상인인 포수경蒲壽庚에 대한 연구는 중국에서의 무슬림 상인을 다룬 경이로운 자료이다. 송-원 과도기에 포수경의 중요한 역할을 잘 정리하여 보여줌으로서 커뮤니티 변화에 대한 근대적 연구의 시작을 알렸다. 최근에 휴 클락Hugh Clark과 빌리 소Billy So는 송대 푸젠의 해상무역과 외국 상인들의 역할을 상세하게 검토했다. 이 연구는 취안저우가 11세기 후반부터 외국 상인 활동의 중심지였을 뿐만 아니라, 송과 원대의 모스크와 그곳에서 발견되어온 수백 개의 무슬림 비문이 있기 때문이다.

마지막으로 우리는 아시아의 바다를 통한 여행의 매우 구체적인 실체에 유의해야만 한다고 했다. 11세기까지 원거리 항해는 아랍 다우선이나 그 사촌인 동남아시아 곤륜선에 의해 지배되었는데, 둘 다 코코넛 섬유 줄로 바느질한 돛으로 상징화 할 수 있다. 수마트라 해안에서 발견되었고 9세기 초로 비정되는 빌리턴 난파선은, 원거리 무역에서 다우선의 이용에 대한 중요한 증거이다. 15.3미터 길이의 용골을 가진 배는 60,000개의 화물을 운송하였는데, 그 대다수는 중국산 도자기였다. 아랍을 대표하는 다우선은 선원과 상인들의 관계를 보여주는데, 선원은 갑판에서 바쁜 데 반해 상인은 선창을 응시하고 있다. 이 그림은 배의 크기를 나타내지는 않는다. 바람 이븐 샤리 야르Bahram ibn Shahriyar(900~953)는 918년에 시라프에서 사바로 가는 여정에 '1,200명의 사람, 상인, 선주, 선원, 무역 상인 외 기타'가 함께 탔는데, 배 3척을 잃었다고 서술했다. 11세기에 다우선은, 바다에서 쓸모를 높이고 더 규모를 키울 수 있도록, 쇠못을 박은 선체와 격벽 구조를 갖춘 중국 정크선으로 대체되었다. 유럽으로 돌아오는 여행에서 마르코 폴로는 13개의 방수격벽, 60개의 상인과 상품을 위한 선실과 창고로 구성되고 150~300명의 선원이 일했던 정크선에 대해 자세하게 기록했다. 반세기 뒤에 이븐 바투타는 1,000명 이상의 사람을 실어 나르는 좀 더 큰 중국 배에 관해 서술했다. 이 기록들에 나오는 항해술은 해상 무역이 융성했음을 밝히는 분명한 증거이지만, 폭풍과 모래톱, 해적이나 적대적인 정부 등으로 인해 바다로 이동하는 것이 사망할 확률이 높고 얼마나 위험한지를 소홀히 해서는 안 된다고 했다.

결국 필자의 관점과 시각은 8세기 중반에서 14세기 말까지 무슬림 상인들의 커뮤니티와 네트워크를 동적으로 복원하고자 한 것이라고 할 수 있다.

주요 내용

이 책은 무슬림 상인 커뮤니티 역사를 다섯 개의 장으로 나누어 묘사하고 있다. 첫째 장은 중국과 페르시아 걸프만에 초점을 둔 사치품 무역인, 당-아바스 무역(700~879)의 황금시대이다. 8세기 초는 중앙아시아에서 두 거대한 제국이 군사적 맞수로서 육로로 사절단을 주고받으며 빈번하게 접촉했던, 유라시아 역사에서 주목할만한 시기였다. 아바스의 항구들에서 아랍인들은 최소한 두어 세기 동안 해양 아시아 전역에서 활동했던 페르시아인과 합류하면서 모험에 나섰다. 그들은 무역의 동단에서 출발하여 중국에 발전시킨 정착지에 도착했다. 이 정착지들은 주로 당 제국의 변방 전초기지인 광저우, 그리고 대운하와 양쯔강이 만나는 양저우에 위치했고, 하이난 남부의 아주 흥미로운 정착지도 포함한다. 그들은 혼자가 아니었다. 남아시아와 동남아시아 출신 무역업자들도 중국의 항구에 모여들었다. 당 황실이 구매하는 향, 진귀한 나무, 물소 뿔, 진주 그리고 다른 이국적인 상품의 주요 소비자여서, 페르시아인과 아랍인들이 서아시아와의 사치품 무역을 독점했다. 아랍 여행가와 지리학자들이 쓴 저작으로, 우리는 아시아의 양쪽 끝을 연결한 해로를 파악할 수 있고, 중국인의 삶과 관습도 접할 수 있다. 이 장은 당시 중국에 이슬람교가 도입된 것도 다룬다. 육로로 무슬림이 수도인 장안에 이르렀다. 이슬람 선교사들이 무함마드 사망 이후 한 세대가 지나지 않아서 도착했다는 전설이 남쪽 지역의 이슬람 전통에 전한다. 이게 사실이건 아니건, 이야기의 존재만으로도 그곳에 존재했던 무슬림 커뮤니티의 종교적인 면을 말해주고 있다. 그들이 상대했던 중국인들과의 관계에 대해, 에드워드 샤퍼Edward H. Schafer는 상인들이 거대한 부를 얻더라도 "종종 중국인들에게 부당한 처우를 받았음"을 주목했다. 사실상 우리가 보게 되듯이 외국 상인들과 당 조정과의 관계는 적대감으로 나타났다. 예컨대 758년 페르시아인과 아랍인들의 광저우 약탈, 760년 양저우의 학살, 그리고 879년 기독교·유대인·무슬림과 조로아스터교 신자의 대량 학살 등이다. 마지막 사건은 특히 중요한데 외국 상인들이 광저우 항구를 포기하고 그들의 활동을 동남아시아에 집중해서, 외국인들의 해안 커뮤니티의 첫 번째 페이지의 종말을 가져왔기 때문이다.

짧지만 결정적인 두 번째 장은 879년 학살의 영향에서 시작하는 무역의 구조적인 방향 전환을 다룬다. 아랍 자료에 의하면 학살은 상인 커뮤니티가 수 세기 동안 동아시아 상업활동의 주요한 기지로 제공되었던 광저우로부터, 말레인 반도의 새로운 도시가 있는 동남 아시아로의 탈출을 초래했다. 아바스조의 지속적인 경제 활력과 남 아시아의 촐라, 동남아시아 스리비자야, 참파, 그리고 자와 같은 국가들의 번영으로 인해, 이러한 도시들이 번성했지만, 중국의 매력은 곧 다시 영향을 끼쳤다. 당 제국의 붕괴와 함께 남부 한과 민閩 같은 동남부 중국 국가들은 무슬림과 다른 외국 상인들을 환영했고, 중국 역사에서 처음으로 국가 재정 수입의 하나로 해상 수입품에 세금을 부과했다. 이 장은 중국인들이 당 스타일의 조공시스템을 크게 성장한 해상 무역으로 돌렸을 때인, 송 왕조(960~1279)의 첫 60년간의 대응을 다루었다.

세 번째 장은 정부에 의해 세금이 부과된 자유 무역의 시대인 1020년부터 송이 멸망하는 1279년까지 무슬림 상인 커뮤니티의 다양한 면을 탐구했다. 해상 무역의 관리와 감독을 주로 다루었는데, 무슬림 상인 커뮤니티는 외국 상인 커뮤니티를 위한 일반적인 관리와 복지 기능 외에 세금부과도 담당했고, 가장 중요한 광저우와 취안저우 등 9곳의 도시에 위치했다. 온정적인 보살핌 아래 무슬림 커뮤니티는 해상 무역의 끊임없는 성장과 송 관리들의 참을성 있는 정책에 의해 적어도 12세기 말까지 번영했다. 이로 인해 항구 도시들의 도시 사회에 잘 녹아 들어간 상인 엘리트들이 나타났다는 점은 놀랄 만하다. 중요한 두 가지 지정학적 변화로 이런 활동들은 영향을 받게 되었다. 1120년에 중국 대륙의 북부를 상실하고 내려 온 남송(1127~1279)은 해상 무역으로 거둔 수입에 더 의존하게 되었다. 반면 11세기 아바스 왕조가 몰락하면서 무슬림 무역 디아스포라는 정신적 지주인 모국에 대한 의지가 약화되었다. 결과적으로 중국의 커뮤니티들은 아시아의 바다를 가로지르는 무역 디아스포라를 더욱 중요하게 여기게 되었다.

네 번째 장은 몽골의 정복으로 시작한다. 몽골의 정복은 13세기 초에 시작되었고, 아시아의 바다에는 1270년대부터 영향을 끼쳤으며, 원이 멸망하는 1368년까지 지속한다. 군사적으로 바꾼 유라시아 세계에서 몽골은 상인들을 선호했고 상인들에게 이익이 돌아가게 했다. 몽골은 해상 무역의 열렬한 후원자였지만 일본, 베트남, 그리고 자와를 침략해 해상 세계를 군사화했다. 13세기 말 대륙에서 몽골의 내부 갈등 때문에 서아시아로 가는 해로는 전략적으로 경제적으로도 중요해졌는데, 쿠빌라이와 그의 동맹을 페르시아 일한국과 연결해 주었기 때문이다. 따라서 서아시아 관계는 이전보다 탄탄해졌는데, 몽골이 페르시아와 중앙아시아 출신 무슬림들을 중국에 많이 유입시켰기 때문이었다. 중국의 무슬림 커뮤니티도 영향력이 커졌는데 이전보다 규모도 더 커졌고 특권도 늘었으며 정치적으로 강해졌다. 이러한 발전의 결과로 무슬림 무역 디아스포라는 다시 서아시아 모국에 닻을 내렸고, 페르시아만과 인도뿐만 아니라 중국에서도 정치적으로 강력한 상인들이 되었다.

마지막 장은 명 초기 무슬림 상인 커뮤니티의 종말을 다루었다. 몽골 지배의 몰락과 함께 무슬림들은 특권층에서 외부인이나 믿을 수 없는 존재로 바뀌었다. 명明의 시조인 주원장은 외국과의 무역을 강력하게 축소하고, 중국 상인들의 외국 항해를 금지했으며, 특정한 항구에서 특정한 물품만을 거래하도록 무역을 제한하고, 모든 색목인色目人(원元에서 몽골 통치를 도운 무슬림을 포함한 외국인)들에게 중국식 옷과 이름을 채택하게 하고 중국인과만 결혼하게 했다. 비록 15세기 초 영락제 때에 무슬림 제독인 정화가 이끄는 일곱 차례 원정으로 중국이 아시아 해상 세계에 광범위한 협력 활동을 남겼지만, 그 활동들은 단명했고 제독과 황제보다 오래가지 못했고, 명은 다시 바다에 등을 돌렸다.

중국에서 몇 세기 동안 번성하던 무슬림 상인 커뮤니티는 명을 거치면서 마침표를 찍었다. 최악의 경우로 오대五代 시기에 취안저우에서의 반무슬림 학살은 수많은 외국인을 죽이고 불구로 만들었다. 알려진 다수의 가족은 도시를 떠나 시골로 갔고, 그곳에서 그들은 농장 가족으로 새로운 생계를 이었다. 몇몇은 도시에 머물렀지만 다른 직업을 택했는데, 왜냐하면 해외무역이 더는 선택사항이 아니었기 때문이다. 다른 이들은 중국을 떠나 동남아시아에서 새로운 삶을 모색했는데, 동남아시아에서 그들은 상업활동을 계속했고 중국계 무슬림이 지역 이슬람화의 근원이 되었다. 중국에 남은 사람들은 해상 세계를 가로지르는 무역 디아스포라의 일부에서 소수민족 집단으로 정체성이 변했다고 주장한다.

조금 더 넓게 보면 이슬람을 중국에 소개한 해상 무슬림 커뮤니티는 중국에서 무슬림의 역사 전개에서 중요한 역할을 맡아왔다. 최근에 중국 당국은 중동의 수많은 아랍 정부가 그렇듯 중국의 해상 실크로드의 유산을 포용하여 중화문명의 증거로 삼아왔다. 그러나 저자는 이 연구를 통해서 수 세기 동안 아시아의 바다를 연결한 그들의 역할을 글로벌 역사로 관심을 기울이고 있다.

맺음말

이 책은 이미 다문화사회에 진입한 오늘날의 한국에 많은 시사점을 준다. 특히 한국 고대나 고려 시대에서 다문화의 요소로 언급되는 이슬람의 존재에 대해서는 간헐적으로 연구가 되고 있을 뿐이다.[535]

전근대 동서교류나 동서 네트워크의 역사를 규명하기 위해서는 저자가 말하는 이슬람 네트워크의 규명이 시급한 과제라고 할 수 있다. 흔히 실크로드로 불리는 동서교류의 루트는 육상과 해상구간으로 나누어 볼 수 있으며, 이 저서는 동서교류의 한 축을 담당했던 중국 내 이슬람 커뮤니티의 존재 양상과 그 의미를 분석한 것으로 그 의의가 높다고 할 수 있다.

본서와 관련한 연구 과제로는, 우선 저자는 무슬림 상인 활동의 지리적 범위가 중국 동남해안부터 동남아시아를 거쳐 서쪽으로 인도양까지만 다루고 있어서, 동쪽으로 동아시아 특히 한국, 일본 그리고 류큐와의 교류를 검토하지 않았다. 이에 대해 저자는 무슬림 상인들이 때때로 그 나라들에 갔음이 알려져 있으나, 역사적인 결과물을 내기에는 충분하지 않았다고 하지만, 관련 문화유산과 사료를 보면 무슬림 네트워크와 동아시아와의 교류도 검토가 되어야 할 것이다. 다음으로 무슬림 네트워크와 다른 종교 특히 불교와의 관련성 여부도 향후 연구가 필요하다고 할 수 있다.

(이 글은 '윤재운, 2020, 「전근대 중국에서의 무슬림 상인과 무역 디아스포라의 역사」, 『중국사연구』 128'에 실린 글을 정리해 옮겼다.)

주석

1   Janet L. Abu-Lughod, *Before European Hegemony: The World System A.D. 1250-1350*(Oxford: Oxford University Press, 1989), chapter 1; 재닛 아부 루고드 지음 · 박홍식 옮김, 2006, 『유럽 패권 이전-13세기 세계체제』, 까치.

2   Cohen, Abner, "Cultural Strategies in the Organization of Trading Diasporas," in Claude Meillassoux, ed., *The Development of Indigenous Trade and Markets in West Africa: Studies Presented and Discussed at the Tenth International African Seminar at Fourah Bay College, Freetown, December 1969* (London: Oxford University Press, 1971), pp.266-281.

3   Philip D. Curtin, *Cross-Cultural Trade in World History* (Cambridge: Cambridge University Press, 1984); 필립 D. 커틴 지음 · 김병순 옮김, 2007, 『경제인류학으로 본 세계무역의 역사』, 모티브북.

4   K. N. Chaudhuri, *Trade and Civilization in the Indian Ocean. An Economic History from the Rise of Islam to 1750* (Cambridge: Cambridge University Press, 1985), pp.224-226.

5   Sebouh David Aslanian, *From the Indian Ocean to the Mediterranean: the global Trade Networks of Armenian Merchants from New Julfa* (Berkeley: University of California Press, 2011), pp.232-233.

6   앙드레 윙크Andre Wink도 '무역 디아스포라' 개념을 사용하는데, 그는 수용 사회에서 필수적인 외래 요인이라는 의미로 폐쇄적이기보다 개방적이고 역사적인 의미로 서술한다. Andre Wink, *Al-Hind. The Making of the Indo-Islamic World, vol. I. Early Medieval India and the Expansion of Islam 7th to 11th Centuries* (3rd edition. Leiden, New York, Köln: E. J. Brill, 1996), p.67.

7   이슬람의 확산에 대한 역사적 개관은 Andre Wink, *Al-Hind*, pp. 67-81 참조.

8   구와바라 지츠조桑原騭藏, "송 말 취안저우에서 무역선의 감독관이었던 서아시아 출신 포수경蒲壽庚, 더불어 당송 변혁기에 중국에서의 아랍인들의 무역에 대한 개괄, 1부", *Memoirs of the Research Department of the Toyo Bunko 2* (1928), pp.1-79; "On P'u Shou-keng, Part2," *Memoirs of the Research Department of the Toyo Bunko 7* (1935), pp.1-104. 구와바라의 『포수경의 사적事績』 (Tokyo: Kazama shobo, 1935)은 陳裕菁에 의해 『포수경』으로 중국어로 번역되었다.(Beijing: Zhoughua shuji, 1954).

9   Hugh Clark, *Community, Trade, and Networks. Southern Fujian Province from the Third to the Thirteenth Centuries* (Cambridge: Cambridge University Press, 1991); "Muslims and Hindus in the Economy and Culture of Song Quanzhou," *Abstract the 1993 Annual Meeting, 4* (Ann Arbor: Association for Asia studies, 1993); "Muslim and Hindus in the Culture and Morphology of Quanzhou from the Tenth to the Thirteenth Century," *Journal of World History* 6.1 (spring 1995), pp.49-74.

10   Billy Kee Long[Su Jilang蘇基郎], Prosperity, Region, and Institutions in Maritime China. *The South Fukien Pattern, 946-1368* (Cambridge, MA: Harvard University Asia Center, 2000); *Tang Song shidai Minnan Quanzhou shidi lungao* 唐宋時代閩南泉州駛抵論稿 (Taipei: Shangwu yinshuguan, 1991).

11   Wu Wenliang吳文良, ed., *Quanzhou zongjiao shike* 泉州宗教石刻, Wu Youxiong吳幼雄(Beijing:

Kexue, 2005)에 의해 편찬되었다. 우원렌의 고독한 초기 노력에 대해서는 Nancy Shatman Steinhardt, *China's Early Mosques*. Edinburgh Studies in Islamic Art(Edinburgh University Press, 2016), p.38 참조.

12　Chen Dasheng陳達生, *Quanzhou Yisilan jiao shike* 泉州伊斯蘭敎石刻(Fu-chou: Ningxia renmin chubanshe, Fujian renmin chubanshe, 1984); Ludvik Kalus, *Corpus d'Inscription Arabes et Persanes en Chine, Vol 1, Province de Fu-jian*(Paris: Librairie Orientaliste Paul Geuthner, 1991). 오늘날 비석의 대다수는 취안저우 해양 박물관이 소장하고 있다.

13　한국에서의 무슬림 상인에 대한 증거는, Hee-Soo Lee, *The Advent of Islam in Korea: A Historical Account*(Istanbul: Research Centre for Islamic history, Art and Culture, 1997) 참조.

14　Tansen Sen, *Buddhism, Diplomacy, and Trade: The Realignment of Sino-Indian Relations, 600-1400* (Honolulu: University of Hawaii Press, 2003)와 "Buddhism and the Maritime Crossings" in Dorothy Wong and Gustav Heldt, eds., *China and Beyond in the Mediaeval Period: Cultural Crossings and Inter-Regional Connections* (Amherst and Delhi: Cambria Press and Manohar Publishers, 2014), pp. 39-51 참조.

15　Buzurg Ibn Shahriyar(c. 900-953), *The Book of the Wonders India, Mainland, Sea, and Islands* (Kitab 'Aja'ib al-Hind), G. S. P. Freeman-Grenville, translator (London and The Hague: East-West Publications, 1981), p. 97(CXIV).

16　Marco Polo, *The Travels of Marco Polo*, Ronald Latham (London: Penguin Books, 1958), pp.241-242에서 소개와 번역이 곁들여졌다.; 마르코 폴로 지음 · 김호동 역주, 2015, 『마르크 폴로의 동방견문록』, 사계절; 마르코 폴로 지음 · 채희순 옮김, 2022, 『동방견문록』, 동서문화사.

17　Ibn Battuta, *The Travels of Ibn Battuta, A.D. 1325-1354*, C. Defremery와 B. R. Sanguinetti에 의해 각주를 첨가한 번역이 되었고, H. A. R. Gibb이 편집했으며, c. f. Beckingham이 주석을 달았은 5 vols. (London: The Hakluyt Society, 1994), vol. 4, p.813이 있다. 수천 명에 대한 설명은 인용 가치가 있는데, "그 가운데서 600명이 선원이고, 400명이 무장하고 있는데, 궁수와 방패를 든 사람과 나프타를 던지는 사람이다."라고 했다. 아마도 인도양 세계에서 항해는 자주 묘사되는 것처럼 평화롭지는 않았을 것이다; 이븐 바투타 저 · 정수일 역, 2001, 『이븐 바투타 여행기』1 · 2, 창작과비평사.

18　Buzurg, *The Book of the Wonders*, p. 50(XLVI).

19　Edward Schafer, *The Vermilion Bird: T'ang Images of the South* (Berkeley: University of California Press, 1967), p. 76.

20　Liu Xu劉煦, *Jiu Tangshu* 舊唐書 (Beijing: Zhonghua shuju, 1987), 15b, p. 5313, and *Ouyang Xiu* 歐陽修, *Xin Tangshu* 新唐書 (Beijing: Zhonghua shuju, 1975), 221B, p. 6259, 이들 책은 지금부터 각기 JTS와 XTS로 인용한다.

21　JTS, 10, p. 253. 가장 덜 유익하지만 4권에서는 아랍인과 페르시아인들이 광저우를 약탈했음을 간단하게 서술한다. XTS, 6, p. 161.

22　Kenneth R. Hall, *Maritime Trade and State Development in Early Southeast Asia* (Honolulu: University of Hawaii Press, 1985), pp. 29-38. 서역과 한과의 관계에 대해 송서宋書는 바다를 통한 중국 사신의 여행을 서술하는데, "서양(대형大溟)의 먼 로마(대진大秦)와 인도와 관련해서는 양한 왕조가 이 경로에서 특별한 어려움을 겪었지만, 무역은 진행되었고, 상품은 외국 부족에 보내졌으며, 바람의 힘은 그들을 멀리 바다의 파도를 가로질러 몰아갔다."라고 하였다. Frederick Hirth and W. W. Rockhill, translators, *Chau Ju-kua: His Work on the Chinese and Ara Trade in the Twelft and Thirteenth Centuries*, Entitled Chu-fan-chi (St. Petersburg: Imperial Academy of Sciences, 1911; reprint, Taipei: Ch'eng-wen Publishing Company, 1971), p. 7.에서 인용. 학자들 사이에 논쟁을 일으킨 용어인 '곤륜'의 초기 사용에 대하여는 Don J. Wyatt, *The Blacks of Premodern China* (Philadelphia: University of Pennsylvania Press, 2009), pp. 19-20 참조.

23　Tansen Sen, *Buddhism, Diplomacy, and Trade*, pp. 163-164.

24　Edward H. Schafer, "Iranian Merchants in T'ang Dynasty Tales," in *Semitic and Oriental Studies:*

A Volume Presented to William Popper (University of California Publications in Semitic Philology, vol. XI, Berkeley, CA: University of California Press, 1951), p. 403, and Gungwu Wang, "The Nanhai Trade. A Study of the Early History of Chinese Trade in the South China Sea," *Journal of the Malayan Branch of the Royal Asiatic Society*, 31(2) (1958), p. 60, 124 - 127.

25 Hadi Hasan, *A History of Persian Navigation* (London: Methuen & Co., 1928), p. 97, 인용은 J. Takakusu, *A Record of the Buddhist Religion* (Oxford: Oxford University Press, 1896), p. 211. 나는 자유롭게 인용문의 로마자 표기를 웨이드-자일스에서 병음으로 변경했다.. G. F. Hourani, *Arab Seafaring in the Indian Ocean in Ancient and Early Medieval Times* (Princeton, NJ: Princeton University Press, 1951), p. 62 참조.

26 Hasan, *A History of Persian Navigation*, p. 79: Hourani, Arab Seafaring, p. 62.

27 Schafer, "Iranian Merchants in Tang Dynasty Tales," p. 406; Hourani, *Arab Seafaring*, p. 62.

28 J. Takakusu, "Aomi-no Mabito Genkai (779), *Le voyage de Kanshin en Orient* (742 - 754)," *Bulletin de l'Ecole Française d'Extrême Orient*, vol. 28 (1928), p. 462.

29 Schafer, "Iranian Merchants in Tang Dynasty Tales," pp. 403 - 422, especially 414 - 415. 여기서 '이란'은 넓은 의미로 해석되어야 하는데, 중국 당나라에서 활동한 많은 페르시아 민족은 사실 사산 제국이 아닌 트란스옥시아나 출신의 소그드 민족이었기 때문이다. 소그드인에 대해서는 Étienne de la Vaissière, *Sogdian Traders: A History*, translated by James Ward (Leiden: Brill, 2005). 참조.

30 F. S. Drake, "Mohammedanism in the T'ang Dynasty," *Monumenta Serica* 7 (1943), pp. 6 - 7, 인용은 JTS, 198, pp. 5212 - 5213 (Beijing: Zhonghua shuju, 1975), 그리고 XTS, 221b, pp. 6258 - 6259. 『구당서』에 따르면, 피루즈는 당군과 헤어진 후 토카리스탄에서 20년을 보냈고, 그 후 당으로 돌아와 군사 작위를 받았고 그 후 사망했다. 신당서에서 피루즈는 670년대에 중국에서 죽었고, 그의 아들 나르세스가 서쪽으로 여행하고 20년 후에 돌아왔다.

31 Donald Leslie, *Islam in Traditional China* (Canberra: Canberra College of Advanced Education, 1986), p. 31, 651~750년 사이의 아랍 사절단을 열거하였는데, 이들 대다수는 8세기에 온 것이다.

32 Drake, "Mohammedanism in the T'ang Dynasty," pp. 7 - 9. 우마이야 왕조가 얻은 가장 큰 성과는 705~712년 사이에 아랍 장군 꾸따이바 이븐 무슬림의 지휘 아래 일어났다. 이들 군사 작전은 715년 정치적인 이유로 꾸따이바가 처형됨으로써 막을 내렸다.

33 Drake, "Mohammedanism in the T'ang Dynasty," p. 9. 당나라의 탈라스 상실 중요성에 대해서는 Denis Twitchett, "Hsüan-tsung," in Denis Twitchett, ed., *The Cambridge History of China, Volume 3, Sui and T'ang China, 589 - 906, Part 1* (Cambridge: Cambridge University Press, 1979), pp. 443 - 444 참조.

34 이 비석은 785년 덕종이 아바스 왕조, 인도 왕국, 南詔國, 위구르족과 티베트에 대항하여 동맹을 맺기 위해 바다로 파견한 양양요楊良瑤(736~806)의 모습을 묘사한 것이다. Angel Schottenhammer, "Guangzhou as China's Gate to the Indian Ocean: The Importance of Iranian and Arab Merchant Networks for Long-Distance Maritime Trade during the Tang-Song Transition (c. 750 - 1050), Part 1: 750 - c. 900)," *Harvard Journal of Asiatic Studies* 76 (2016), pp. 155, 172.

35 Hyunhee Park, *Mapping the Chinese and Islamic Worlds: Cross-Cultural Exchange in Pre-modern Asia* (Cambridge: Cambridge University Press, 2012), pp. 24 - 26. 두환에 대한 설명은 Du You杜佑, Tong dian通典, 193, p. 1044 참조.

36 하산(Hasan, *A History of Persian Navigation*, p. 79)에 의하면, 중국인들이 아랍인들을 위해 사용한 바로 그 이름은 페르시아 이전의 영향을 반영한다고 한다. "중국은 타시라는 이름으로 아랍인들을 알고 있다. 그것은 페르시아인 타지 또는 타지크인에 지나지 않는다. 그러므로 페르시아인들이 아랍인들을 초기에 아랍인들 스스로 불렀던 같은 이름으로 중국에 알린 것이다."

37 Schafer, "Iranian Merchants in Tang Dynasty Tales," p. 418. 이 이야기들은 『태평광기太平廣記』에 있는 '보물'과 '초자연적인 존재' 부분에 있다.

38 JTS 10, p. 253 and 15b, p. 5313, and XTS 6, p. 161 and 221B, p. 6259.

39   JTS 110, p. 3313 and 124, p. 3533, and XTS 141, p. 4655 and 144, p. 4702.

40   Schafer, "Iranian Merchants in Tang Dynasty Tales," p. 413, 그리고 Abramson, Marc S., *Ethnic Identity in Tang China* (Philadelphia, PA: University of Pennsylvania Press, 2008), 여러 곳에 나오는 데 특히 pp. 18 – 19 and 130 – 131.

41   외국 상인에게 적용되는 다른 민족명으로는 중국 남부의 비한족에게 일반적으로 적용되는 '만蠻'과 동남아시아에서 온 비한족을 가리키는 '요獠'가 있다.

42   Richard W. Bulliet, *Conversion to Islam in the Medieval Period: An Essay in Quantitative History* (Cambridge, MA and London: Harvard University Press, 1979), pp. 16 – 32 참조, 그것은 때때로 저항과 반란으로 이어지는 과정을 묘사하지만 그런데도 압도적으로 성공적이었다.

43   Schafer, "Iranian Merchants in Tang Dynasty Tales," pp. 404 – 405.

44   Du You, *Tong dian*, zhuan 193, p. 1044.

45   Leslie, *Islam in Traditional China*, pp. 70 – 75; Drake, "Mohammedanism in the T'ang Dynasty," pp. 23 – 28.

46   Hyunhee Park, *Mapping the Chinese and Islamic Worlds*, pp. 26 – 27, 인용은 Du You, *Tong dian* zhuan 193, p. 1044. 두우는 대식에 대한 그의 일반적인 논술에서 이러한 관행을 '아랍인의 법'(大食法)으로 요약하였다. Tong dian zhuan 193, p. 1041.

47   Leslie, *Islam in Traditional China*, pp. 40 – 48; Drake, "Mohammedanism in the T'ang Dynasty," 28 – 33 (광저우, 항저우와 장안만을 다룸), and Lo Hsiang-lin, "Islam in Canton in the Sung Period: Some Fragmentary Records," in F. S. Drake, ed., *Symposium on Historical Archaeological and Linguistic Studies in Southeast Asia* (Hong Kong: Hong Kong University Press, 1967), p. 179. Yang Hongxun 楊鴻勛, "A Preliminary Discussion on the Building Year of Quanzhou Moslem Holy Tomb and the Authenticity of Its Legend," in *The Islamic Historic Relics in Quanzhou*, the Committee for the Preservation of Quanzhou Islamic Sites and the Chinese Cultural Historical Sites Research Center 편찬(Fuzhou: Fujian People's Publishing House, 1985)에서는 영산선묘를 당 시기의 것으로 보았으나, Su Jilang 蘇基朗 [Billy K. L. So] in "Lingshan sheng mu niandai kaobian" 靈山聖墓年代考辨, in Su Jilang, *Tang Song Minnan Quanzhou shidi lungao* 唐宋時代閩南泉州史地 論稿 (Taipei: Taiwan Shangwu yinshuguan, 1992), pp. 62 – 94에 의해 반박당했다. 수지랑은 그 무덤을 남송이나 원 시기의 것으로 본다.

48   Hourani, *Arab Seafaring*, p. 63. Schafer's speculation, based upon Hourani, is in Edward H. Schafer, *The Golden Peaches of Samarkand: A Study of T'ang Exotics* (Berkeley, CA: University of California Press, 1963), p. 15; 에드워드 H. 세이퍼 지음 · 이호영 옮김, 2021, 『사마르칸트의 황금 복숭아-대당제국의 이국적 수입 문화』, 글항아리.

49   Abu Zayd al-Sirafi, *Account of China and India*, 번역 편찬은 Tim Mackintosh-Smith, in *Two Arabic Travel Books*, Philip F. Kennedy and Shawkat M. Toorawa, eds. (New York, NY: New York University Press, 2014), p. 31. S. Maqqbul Ahmad, *Arabic Classical Accounts of India and China* (Calcutta: Indian Institute of Advanced Study, 1989), No. 12, pp. 37 – 38 참조, 그리고 *Akhbar al-Sin wa 'l-Hind, Relation de la Chine et de l'Inde, rédigée en 851*, 아랍 문헌의 프랑스어 번역과 각주는 Jean Sauvaget (Paris: Belles Lettres, 1948), p. 7 참조; Park, *Mapping the Chinese and Islamic Worlds*, pp. 64 – 72. Akhbar al-Sin wa 'l-Hind에 대한 훌륭한 논의는 Drake, "Mohammedanism in the T'ang Dynasty," pp. 17 – 22. 해당 어귀의 번역은 19 – 20쪽에 있다.

50   Elizabeth Lambourn, "India from Aden: Khutba and Muslim Urban Networks in Late Thirteenth-Century India," in Kenneth R. Hall, ed., *Secondary Cities and Urban Networking in the Indian Ocean Realm, c. 1400 – 1800* (Lanham, MD: Rowman & Littlefield Publishers, 2008), pp. 55 – 98.

51   Abu Zayd al-Sirafi, *Account of China and India*, pp. 79 – 87. Sulayman al-Tajir, *Ancient Accounts of India and China, by Two Mohammedan Travellers: Who Went to Those Parts in the 9th Century; Translated from the Arabic, by the Late Learned Eusebius Renaudot: With Notes, Illustrations and*

Inquiries by the Same Hand (London: printed for Sam. Harding at the Bible and Author on the Pavement in St. Martins-Lane, 1733), pp. 51 – 59, and M. Reinaud, Relations des voyages faits par les Arabes et les Persans dans l'Inde et à la Chine au IXe siècle de l'ère Chrétienne, Tome 1 (Paris, 1895), pp. 79 – 91.

52 Abu Zayd al-Sirafi, Account of China and India, pp. 79 – 81. 번역가 티머시 매킨토시 스미스도 이 주장의 타당성에 대해 언급하면서, 그것이 지나치게 외교적인 통역의 결과이거나 이븐 와브가 자신의 사회에 대한 요점을 말하기 위해 기회를 이용하고 있었음을 제시한다. (p. 11).

53 Abu Zayd al-Sirafi, Accounts of China and India, pp. 85 – 87.

54 Pierre-Yves Manguin, "Trading Ships of the South China Sea," Journal of the Economic and Social History of the Orient 36.3 (Aug. 1993), pp. 253 – 280.

55 Michael Flecker, "A Ninth-Century Arab or Indian Shipwreck in Indonesian Waters," International Journal of Nautical Archaeology 29.2 (2000), pp. 199 – 217, 그리고 Flecker, "A Ninth Century Arab or Indian Shipwreck in Indonesia: First Evidence for Direct Trade with China," World Archaeology 32.3 (February 2001), pp. 335 – 354.

56 John Guy, "The Phanom Surin Shipwreck, a Phalavi Inscription, and Their Significance for the History of Early Lower Central Thailand," Journal of the Siam Society, 105 (2017), pp. 179 – 196, Abhirada Pook Komoot, "Recent Discovery of a Sewn Ship in Thailand: Challenges," Proceedings of the Underwater Archaeology in Vietnam Southeast Asia: Cooperation for Development, Quang Ngai, Vietnam, 2014; "Up from the Deep: The Discovery of a 1,000-Year-Old Arab-Style Ship in Samut Sakhon May Give a Clearer Picture of Life and Trade during the Dvaravati Period," Bangkok Post, March 6, 2014. www.bangkokpost.com/lifestyle/interview/413237/up-from-the-deep.

57 Guy, "The Phanom Surin Shipwreck," pp. 183 – 190.

58 Abu-Lughod, Before European, pp. 253 – 259.

59 Wang, "The Nanhai Trade," pp. 103 – 104. 7세기 후반부터 11세기 초까지 동남아시아의 지배적인 세력이었던 스리비자야는 당나라의 선호를 받는 무역 상대이기도 했다. Kenneth Hall, A History of Early Southeast Asia: Maritime Trade and Societal Development, 100 – 1500 (Lanham, MD: Rowman and Littlefield Publishers, 2011), pp. 109 – 120.

60 XTS 43B, pp. 1146, 1153 – 1155. 이 중요한 문서에 대한 연구들 중에서, Frederick Hirth and W. W. Rockhill, trans., Chau Ju-kua, pp. 9 – 15, Wang, "The Nanhai Trade," pp. 104 – 105, 특히 Park, Mapping the Chinese and Islamic Worlds, pp. 29 – 34. 참조.

61 Jia's biography in XTS 166, pp. 5083 – 5085.

62 Park, "The Delineation of a Coastline," pp. 83 – 86 on The Book of Routes and Realms and pp. 87 – 88 on An Account of China and India. 두 책은 Ahmad의 Arabic Classical Accounts, 후자는 새롭게 Abū Zayd al-Sīrafī, Accounts of China and India로 번역되었다.

63 Raphael Israeli의 여행기와 공식적인 지리서인 The Book of Routes and Realms 사이의 차이에 대한 논의는 "Medieval Muslim Travelers to China," Journal of Muslim Minority Affairs, 20.2 (2000), pp. 315 – 317 참조.

64 근대 켈라라주의 퀼론항은 Ahmad, Arabic Classical Accounts, p. 38 참조.

65 Ahmad, Arabic Classical Accounts, Nos. 13 – 16, pp. 38 – 40; Akhbar al-Ṣin wa-'l-Hind, pp. 7 – 9; and Hourani, Arab Seafaring, pp. 69 – 75.

66 Park, Mapping the Chinese and Islamic Worlds, pp. 61 – 62.

67 Schafer, "Iranian Merchants," p. 408.

68 Pier Giovanni Donini, Arab Travelers and Geographers (London: Immel Publishing, 1991), p. 53, citing p. 51 of M. J. De Goeje의 번역서 Kitab al-Masalik wa-l-mamalik 참조.

69 Ahmad, Arabic Classical Accounts, No. 34, p. 46; Akhbar al-Ṣin wa-'l-Hind, Relation de la Chine et de l'Inde, rédigée en 851, p. 16. 각주에서 장 소바제는 서구에서 도자기에 대한 첫 번째 묘사라는

폴 펠리오의 주장을 인용했다.

70 Regina Krahl, "Chinese Ceramics in the Late Tang Dynasty," in Regina Krahl et al., *Shipwrecked: Tang Treasures and Monsoon Winds* (Washington, DC: Smithsonian Institution, 2010), p. 49.

71 John Guy, "Rare and Strange Goods: International Trade in Ninth Century Asia," in Regina Krahl et al., *Shipwrecked: Tang Treasures and Monsoon Winds* (Washington, DC: Smithsonian Institution, 2010), p. 20. 사뭇사콘 난파선의 초기 세부 사항은 흥미로운데, 화물에 중국과 태국의 토기와 사기가 포함되었고, 일부는 중동 암포라와 매우 흡사한 모양이었고, 적어도 빈랑나무 열매가 들어 있는 단지 하나가 포함되어 있었기 때문이다. ("Up from the Deep").

72 John Guy, "Early Ninth Century Chinese Export Ceramics and the Persian Gulf Connection: The Belitung Shipwreck Evidence," *China-Mediterranean Sea Routes and Exchange of Ceramics prior to 16th century/Chine-Méditerranée Routes et échanges de la céramique avant le XVIe siécle* (Suilly-la-Tour: Éditions Findakly, 2006), pp. 14 – 18; Rosemarie Scott, "A Remarkable Tang Dynasty Cargo," *Transactions of the Oriental Ceramics Society* 67 (2002 – 2003), pp. 13 – 26; David Whitehouse, "Chinese Stoneware from Siraf: The Earliest Finds," in Norman Hammond, ed., *South Asian Anthropology: Papers from the First International Conference of South Asian Archaeologists Held in the University of Cambridge* (Park Ridge, NJ: Noyes Press, 1973), pp. 241 – 256. 화이트하우스에 의하면 9세기 초로 추정되는 중국 도자기 대다수는 시라프 유적에서 발견되었다.

73 Chen Dasheng, "Chinese Islamic Influence on Archaeological Finds in South Asia," in *South East Asia & China: Art, Interaction & Commerce*, eds. by Rosemary Scott and John Guy, Colloquies on Art & Archaeology in Asia, No. 17 (London: University of London Percival David Foundation of Chinese Art, 1995), pp. 59 – 60. Chen이 논문의 다른 곳에서 언급했듯이, 이 당나라 시기 창사에서 생산된 이슬람 도자기들의 많은 예들이 태국 북부의 고고학 유적지에서 발견되었다. (pp. 55 – 58). Rosemarie Scott, "A Remarkable Tang Dynasty Cargo," p. 18. 참조.

74 Schafer, *The Vermilion bird*, p. 77, citing Han Yu, *Han Changli quan ji* 韓昌黎全集.

75 Schafer, *The Golden Peaches*, pp. 170 – 171.

76 Schafer, "Iranian Merchants in Tang Dynasty Tales," p. 415.

77 JTS, 81, p. 3635; XTS, 81, pp. 4507 – 4508.

78 Kuwabara Jitsuzō 桑原騭藏, "On P'u Shou-keng, Part 2," *Memoirs of the Research Department of the Tōyō Bunko* 7 (1935), pp. 48 – 55.

79 Buzurg, *The Book of the Wonders*, pp. 62 – 64. Moira Tampoe, *Maritime Trade between China and the West: An Archaeological Study of the Ceramics from Siraf (Persian Gulf), 8th to 15th centuries A.D.* (BAR International Series 555, 1989), p. 124. 이샤크의 이야기는 이것으로 끝나지 않았다. 이샤크가 소하르에 도착한 후, 오만의 군주 칼리프 알무크타디르는 그를 감금하고 그의 재산을 압류하려고 시도했다. 이에 아흐마드 오만 주지사는 항구의 상인들을 동원해 시장을 폐쇄하고 이샤크가 체포돼 칼리프로 이송되면 선박이 소하르에 정박하지 않을 것이라고 발표했다. "오만(소하르)은 모든 나라의 중요하고 부유한 상인들이 많이 있는 마을이기 때문이다. 그들은 정의와 칼리프와 그의 총독들에 대한 보호 외에는 다른 안전 보장이 없었다." 이에 칼리프는 굴복했고 이샤크는 풀려났지만, 칼리프의 내시가 그의 돈 일부를 압류하여 아흐마드에게 보상해야 했다. (Tampoe, *Maritime Trade*, p. 129). 이샤크는 이후 중국으로 다른 항해를 떠났지만, 그의 배는 수마트라에서 나포되어 그곳에서 사망했다. Denis Lombard, "Introduction," in Denys Lombard and Jean Aubin, eds., *Asian Merchants and Businessmen in the Indian Ocean and the China Sea* (New Delhi: Oxford University Press, 2000), pp. 1 – 2.

80 S. D. Goitein and Mordechai Akiva Friedman, *India Traders of the Middle Ages: Documents from the Cairo Geniza* ("India Book") (Leiden: Brill, 2008), p. 124.

81 André Wink, Al-Hind, *The Making of the Indo-Islamic World*, p. 67.

82 Goitein, S. D., 1967. *A Mediterranean Society: The Jewish Communities of the Arab World as*

Portrayed in the Documents of the Cairo Geniza, vol. 1 (Berkeley, CA: University of California Press, 1967), p. 269.

83 Wang Zhenping, "T'ang Maritime Trade Administration," *Asia Major* 4.1 (1991): pp. 25‒37; and Schottenhammer, "Guangzhou as China's Gate to the Indian Ocean," pp. 153‒154. 많은 역사학자는 이 '관리'들이 사실 송나라에 존재했던 것과 같은 공식적인 해상 무역 감독(市舶司)의 수장이었다고 주장해 왔다. 왕전핑은 시박사가 외국 상품의 특별 구매를 위해 궁궐에서 비정기적으로 파견된 관리들이었고, 기관으로서의 감독권은 광저우나 다른 곳에 존재하지 않았다고 설득한다.

84 *The Vermilion Bird: T'ang Images of the South* (Berkeley, CA: University of California Press, 1967), p. 77.

85 Abu Zayd al-Sirafi, *Accounts of China and India*, p. 7. Ahmad, *Arabic Classical Accounts*, No. 37, p. 47; *Akhbar al-Ṣin wa-'l-Hind*, p. 17.

86 Abu Zayd al-Sirafi, *Accounts of China and India*, pp. 45‒47. Ahmad, *Arabic Classical Accounts*, No. 34, pp. 46‒7; *Akhbar al-Ṣin wa-'l-Hind*, p. 16.

87 Kuwabara Jitsuzō, "On P'u Shou-keng, a Man of the Western Regions, Who was the Superintendent of the Trading Ships' Office in Ch'üan-chou towards the End of the Sung Dynasty, Together with a General Sketch of Trade of the Arabs in China during the T'ang and Sung Eras, Part 1," *Memoirs of the Research Department of the Tōyō Bunko 2* (1928), p. 13, citing the *Quan Tang wen* 全唐文 75. I have converted the romanization to Pinyin.

88 JTS 151, p. 4060. 번역은 Kuwabara, "P'u Shou-keng," Pt. 2, p. 55 참조.

89 Park, *Mapping the Chinese and Islamic Worlds*, p. 61, the *Book of Routes and Realms* 인용.

90 Schafer, *The Golden Peaches*, p. 77.

91 Wang, "The Nanhai Trade," p. 46.

92 J. Takakusu, "Aomi-no Mabito Genkai (779), Le voyage de Kanshin en Orient (742‒754)," *Bulletin de l'École Française d'Extrême Orient*, Vol. 28 (1928), 466‒467.

93 J. Takakusu, "Aomi-no Mabito Genkai (779), Le voyage de Kanshin en Orient (742‒754)," *Bulletin de l'École Française d'Extrême Orient*, Vol. 28 (1928), 466‒467.

94 Kuwabara, "On P'u Shou-keng," Part 1, p. 40, and Denis Twitchett and Janice Stargardt, "Chinese Silver Bullion in a Tenth-Century Indonesian Wreck," *Asia Major*, 3rd Series, 15.1 (2002), p. 63, both citing *Tang guoshi bu* 唐國史補 by Li Zhao 李肇, fl. 806‒820; 김택민 · 이완석 · 이준형 · 임정운 · 정재균 지음, 2021,『당률소의 역주』1-명례율, 경인문화사.

95 Kuwabara, "On P'u Shou-keng," Part 1, p. 40.

96 Kuwabara, "On P'u Shou-keng," Part 1, pp. 45‒46, 인용은 *Tanglü shuyi* 唐律疏議, 6 참조. 번역은 수정하였다.

97 JTS 151, p. 4060. XTS 170, 5169, 왕악의 전기에서는 대부분이 같지만, 광둥인과 만족蠻族이 함께 살았다고 언급하고 있다. Kuwabara, "On P'u Shou-keng," Part 1, pp. 57‒58.

98 JTS 177, pp. 4591‒4592 and XTS 182, p. 5367. 이 기록은 노균의 전기 두 판본에서 따온 것이다. 중국인과 외국인의 혼인에 대한 법적 금지는 없었다는 점에 유의해야 한다. 정관 2년(628년)의 칙령에는 모든 외국 사절들이 중국 여성(한부녀漢婦女)과 결혼하는 것이 허용되었지만, 그 아내들을 본국으로 데려가는 것은 금지되었다고 명시되어 있다. Tang huiyao 唐會要 (Taipei: Shijie shuju, 1968), 100, p. 1796.

99 JTS 177, p. 4592 and XTS 182, p. 5367.

100 노준의 사당을 요청한 '수천 명의 중국인과 외국인'은 화華와 만蠻이었다.

101 Ahmad, *Arabic Classical Accounts*, pp. 56‒57; *Akhbar al-Ṣin wa-'l-Hind*, pp. 2‒27. 유일하게 긴 항목은 72번으로, 중국에 대한 11개의 간략한 진술이 포함되어 있으며, 대부분은 인도와의 비교를 포함한다. 이 자료는 또한 Park, *Mapping the Chinese and Islamic Worlds*, pp. 63‒72에서 다뤄지고 있다. 내가 이용한 Abu Zayd al-Sirafi, *Accounts of China and India*의 매킨토시 스미스의 번역은 숫

자를 매기지 않아서, 이 부분에서 나는 Ahmad와 Akhbar al-Ṣin wa-'l-Hind를 이용했다.

102 This is No. 11 (Ahmad, *Arabic Classical Accounts*, p. 37; *Akhbar al-Ṣin wa-'l-Hind*, p. 6), 또한 난파선, 도중 약탈, 예멘이나 다른 지역으로 항로 이탈을 이러한 상품의 희귀성을 증가시키는 다른 요인으로 언급하고 있다.

103 비록 사용된 아랍어 용어 중 많은 것들이 중국 관직명과 연결될 수 없지만, 일부는 그럴 수 있다. 좋은 예로는 '작은 마을을 다스리는 왕'으로 묘사되는 타스시가 있는데, 장 소바제는 이를 자사刺史에 시 또는 현縣으로 파악했다. Ahmad, *Arabic Classical Accounts*, pp. 47, 69.

104 Edward A. Kracke, Jr., "Early Visions of Justice for the Humble in East and West," *Journal of the American Oriental Society* 96.4 (1976), pp. 492 – 498. 그는 샤를마뉴, 동로마 테오도시우스 대왕, 사산 왕조 아누샤르반 정의왕을 포함한 여러 초기 서아시아와 유럽 통치자들에게 불평의 종소리가 비롯되었다고 쓰고 있다. 중국에서 고충북에 대한 최초의 언급은 주나라 초기(기원전 1000년경)에서 비롯되었다. 일본의 서기 647년과 중국 북부의 거란족 1039년 등 동아시아 기록에도 고충의 종이 등장한다.

105 Ahmad, *Arabic Classical Accounts*, pp. 41 – 42; *Akhbar al-Ṣin wa-'l-Hind*, p. 11.

106 Abu Zayd al-Sirafi, *Accounts of China and India*, p. 37; Ahmad, *Arabic Classical Accounts*, p. 42; *Akhbar al-Ṣin wa-'l-Hind*, p. 11.

107 비록 그녀가 늦은 시기를 다루고 있지만, 엘리자베스 램번Elizabeth Lambourn은 "India from Aden," pp. 55 – 98.에서 인도 서해안의 도시들에서 무슬림 기업 관행에 대한 훌륭한 설명을 제공한다.

108 Schafer, "Iranian Merchants in T'ang Dynasty Tales," pp. 416 – 417. 전술했듯이 호胡라는 용어의 모호함을 고려하면, 이들 상인은 이란인이라기보다 소그드인일 것이다.

109 Abraham L. Udovitch, "Commercial Techniques in Early Medieval Islamic Trade," in D. S. Richards, ed., *Islam and the Trade of Asia: A Colloquium* (Papers on Islamic History: II; Oxford: Bruno Cassirer, 1970), pp. 44 – 47. 존 H. 프라이어John H. Prior에 따르면, 계약은 자본 제공자(자본 투자자)와 사용자 상인(노동 투자자) 사이의 유사한 관계를 포함하는 무슬림 키라드와 매우 유사했기 때문에, 실제로 중국의 무슬림 상인들은 키라드 계약을 사용했을 수 있다. "The Origins of the Commenda Contract," *Speculum* 52.1 (1977), pp. 29 – 36. 나는 우도비치의 견해를 따라 조금 더 익숙한 용어인 계약commenda을 사용한다.

110 Udovitch, "Commercial Techniques in Early Medieval Islamic Trade," p. 59.

111 M. Kervran, "Famous Merchants of the Arabian Gulf in the Middle Ages," *Dilmun, Journal of the Bahrain Historical and Archaeological Society*, No. 11 (1983), p. 21 and Tadeusz Lewicki, "Les premiers commerçants Arabes en Chine," *Rocznik orientalistyczny*, 11 (1935), pp. 178 – 181.

112 반란에 대한 여러 설은 다음 참조. Charles A. Peterson, "Court and Province in Mid- and Late T'ang," in Denis Twitchett, ed., *The Cambridge History of China, Volume 3: Sui and T'ang China*, 589 – 906, Part 1 (Cambridge: Cambridge University Press, 1979), pp. 468 – 486.

113 Peterson, "Court and Province in Mid- and Late T'ang," p. 482.

114 JTS 110, p. 3313, and XTS, 141, p. 4655 and 144, p. 4702.

115 JTS 141, p. 3533, and XTS, 144, p. 4702 and 144, p. 4702.

116 Ennin, *Ennin's Diary: The Record of a Pilgrimage to China in Search of the Law*, Edwin O. Reischauer, trans. (New York, NY: Ronald Press, 1955), pp. 69 – 70.

117 XTS, 6, p. 161.

118 JTS, 15b, p. 5313, and XTS, 221B, p. 6259.

119 JTS, 10, p. 253.

120 Abu-Lughod, *Before European Hegemony*, p. 199.

121 이는 Schafer, *The Golden Peaches of Smarkand*, p. 16의 견해인데, 그는 Nakamura Kushirō in "Tō-jidai no Kanton," *Shigaku Zasshi*, 28 (1917), p. 354에 나오는 곽자의郭子儀의 이론을 따랐다.

122 이것은 감진의 실패한 다섯 번째 일본 여행 시도 과정이었다. 753년 일본 사신의 배를 타고 여섯 번째 시도를 한 그는 마침내 일본에 도착하여 당초제사唐招提寺를 세우고 일본 불교의 율종律宗을 설립하였다.

123 Takakusu, "Aomi-no Mabito Genkai," p. 462.

124 Li Fang 李昉, Taiping guangji 太平廣記 (Song; Taipei: Xinxing shuju, 1962), 286, vol. 23/28a－b (p. 879). Chen Dasheng, "Synthetical Study Program on the Islamic Inscriptions on the Southeast Coastland of China," in Zhongguo yu haishang sichou zhi lu 中国与海上丝绸之路 (China and the Maritime Silk Route), Lianheguo jiaokewen zuzhi haishang sichou zhilu zonghe kaocha Quanzhou guoji xueshu taolunhui zuzhi weiyuanhui 联合国教科文组织海上丝绸上之路综合考察泉州国际学术讨论会组织委员会 (Fuzhou: Fujian renmin chubanshe, 1991), pp. 167－168 편찬. 그리고 Chen Dasheng and Claudine Salmon, "Rapport préliminaire sur la découverte de tombes musulmanes dans l'ile de Hainan," Archipel, Paris, 38 (1989), p. 80.

125 Chen and Salmon, "Rapport préliminaire," pp. 75－106, and Chen, "Synthetical Study Program," pp. 165－166.

126 Wang, "The Nan-hai Trade," 81.

127 JTS 122, p. 3500은 가장 자세한 진술을 제공하는데, XTS 138, p. 4624에서 간결하게 다룬다. 또한 Wang, "The Nan-hai Trade," p. 81 참조.

128 Sima Guang 司馬光, Zizhi tongjian 資治通鑒 (Beijing: Zhonghua shuju, 1956), 234, pp. 7532－7533. 두 번역은 Wang, "The Nan-hai Trade," p. 82 참조.

129 Robert M. Somers, "The End of the T'ang," in Denis Twitchett, ed., The Cambridge History of China, Volume 3: Sui and T'ang China, 589－906, Part 1 (Cambridge: Cambridge University Press, 1979), p. 179.

130 레비의 학살에 대한 아랍 측의 기록을 자세히 연구한 것은 Biography of Huang Ch'ao, pp. 109－121 참조. 다른 아랍 측 기록은 Mas'udi (Muruj al-dhahab wa-ma'adin al-jawahir － Meadows of Gold and Mines of Gems) (947), Ibn al-Athir (1160－1234), and Abu'l Fida (d. 1331) 참조.

131 Abu Zayd al-Sirafi, Accounts of China and India, pp. 67－69. Levy, Biography of Huang Ch'ao, pp. 113－114.

132 Abu 'l-Hasan 'Ali ben al-Husain al-Mas'udi, Muruj al-dhahab wa-ma'adin al-jawahir, tome I, pp. 302－305. Angela Schottenhammer, "Guangzhou as China's Gate to the Indian Ocean," pp. 135－136.

133 Levy, Biography of Huang Ch'ao, p. 115.

134 Rita Rose Di Meglio, "Arab Trade with Indonesia and the Malay Peninsula from the 8th to the 16th Century," in D. S. Richards, ed., Islam and the Trade of Asia: A Colloquium (Papers on Islamic History: II; Oxford: Bruno Cassirer, 1970), p. 106; and Hourani, Arab Seafaring in the Indian Ocean, p. 78.

135 Buzurg, The Book of the Wonders of India, p. xxi.

136 Kenneth R. Hal, "Local and International Trade and Traders in the Straits of Melaka Region: 600-1500," Journal of the Economic and Social History of the Orient 47.2 (2004), pp. 237-238.

137 Gabriel Ferrand, Relations de voyages et textes geographiques arabes, persons et turks relatifs de l'Extreme-Orient du Ville au XVIIIe siecles, 2 vols. (Paris: Ernest Leroux, 1913-1914), p. 83. 자박의 정체성에 대해서는 Wink, Al Hind, p. 341 참조: "860년 이전의 자박은 자와와 샤일렌드 왕국을 의미했지만, 그 이후 자박은 중국어로 삼불제三佛齊인 스리비자야 또는 전체 군도群島와 동일시되었다."

138 Ferrand, Relations de voyages et textes, p. 96.

139 칼라에 대한 모든 아랍어 기록을 꼼꼼히 비교한 G. R. 티베츠Tibbetts에 따르면, "수집한 자료의 요약에서 칼라는 인도에서 중국으로 가는 바닷길에 있는 '섬' 또는 왕국이었는데, 남인도와 실론에서

20~30일, 니코바르 제도에서 6일, 티유마에서 10일, 스리비자야에서 120잼zam, 그리고 발라스에서 이틀 항해하면 갈 수 있다."라고 한다. *A Study of the Arabic Texts Containing Material on Southeast Asia* (Leiden and London: E. J. Brill, 1979), p. 121. 다음 논의는 118~128쪽의 칼라Kalah에 대한 확장된 내용에서 많은 부분을 가져 온 것으로, 여기에는 항구의 위치에 관한 많은 학설에 대한 자세한 분석이 포함되어 있다. Michel Jacq-Hergoualc'h, *The Malay Peninsula: Crossroad of the Maritime Silk Road*, Victoria Hobson (Leiden: Brill, 2002), pp. 195-196, 그리고 Schottenhammer, "China's Gate to the South," p. 17.

140   Geoff Wade, "Beyond the Southern Borders: Southeast Asia in Chinese Texts to the Ninth Century," in John Guy, ed., *Lost Kingdoms: Hindu-Buddhist Sculpture of Early Southeast Asia* (New York, NY: The Metropolitan Museum of Art; New Haven, London: Yale University Press, 2014), pp. 29-30.

141   Ahmad, *Arabic Classical Accounts*, No. 15, p. 39 for Observations, and p. 6 for Ibn Khurradadbih; Tibbetts, *A Study of Arabic Texts*, p. 120.

142   Tibbetts, *A Study of Arabic Texts*, p. 40.

143   *A Study of the Arabic Texts*, pp. 9-10, 124.

144   티베츠의 주장은 나름대로 어려움이 있다. 사산 제국의 사절단은 앞으로 보게 될 남쪽 왕국의 해상 무역과 멀리 떨어진 북쪽의 후금 왕조(936-947)에 있었을 것이므로, 아부 둘라프가 카이펑의 수도에서 중국 상인들과 접촉했을 가능성은 작다. 반면에 그가 무역상들이 확실히 있는 남쪽 항구로 갔다면, 그가 바닷길을 통해 집으로 돌아온 것은 매우 의미가 있었을 것이다.

145   Abu al-Hasan al-Mas'udi, 'Ali ben al-Husain al-Mas'udi, *Muruj al-dhahab wa-ma'adin al-jawahir*, tome I, pp. 307-308. 이 구절의 번역은 Yokkaichi Yasuhiro 四日市康博, "Chinese and Muslim Diasporas and the Indian Ocean Trade Network under Mongol Hegemony," in Angela Schottenhammer, ed., *The East Asian "Mediterranean" Maritime Crossroads of Culture, Commerce and Human Migration* (Wiesbaden: Harrasowitz Verlag, 2008), p. 83 참조. 그는 Transoxiana를 Mawara al-Nah로 특정한다.

146   G. F. Hourani, *Arab Seafaring in the Indian*, pp. 46-50, 특히 p. 47. K. N. Chaudhuri, *Trade and Civilization*, p. 51; Tansen Sen, *Buddhism, Diplomacy, and Trade*, p. 230.

147   Chaudhuri, *Trade and Civilization*, pp. 37-39; Sen, *Buddhism, Diplomacy, and Trade*, pp. 178-179.

148   Ferrand, *Relations de voyages et textes*, p. 176. 무함마드 알 이드리시는 1099년에 세우타에서 태어났으며 코르도바에서 공부했고, 시칠리아의 로저 2세를 위해 위대한 지도를 만들었다.

149   Buzurg, *The Book of the Wonders of India*, pp. 56, 57, 76 and 77. Rita Rose Di Meglio, "Arab Trade with Indonesia and the Malay Peninsula from the 8th to the 16th Century," in D. S. Richards, ed., *Islam and the Trade of Asia: A Colloquium* (Papers on Islamic History: II; Oxford: Bruno Cassirer, 1970), p. 112, the Aja'ib al-Hind, 괴물과 인어에 대한 이야기에도 불구하고, "당시 무슬림 아랍인들의 상업적 활동에 대한 그림을 보여준다."

150   Graham Saunders, *A History of Brunei* (Kuala Lumpur: Oxford University Press) 1994), p. 24.

151   Hall, *A History of Early Southeast Asia*, p. 129.

152   Tampoe, *Maritime Trade*, p. 129.

153   인구 통계 추정치에 대해서는 Horst Liebner, "Cargoes for Java: Interpreting Two 10th Century Shipwrecks," *Southeast Asian Ceramic Society, West Malaysia Chapter, Lecture Series* (Kuala Lumpur, 2009), p. 41 참조.

154   Jan Wisseman Christie, "Javanese Markets and the Asian Sea Trade Boom of the Tenth to the Thirteenth Centuries A.D.," *Journal of the Economic and Social History of the Orient* 41.3 (1998), pp. 341-381, 특히 pp. 351-353; Horst Liebner, *The Siren of Cirebon: A Tenth-Century Trading Vessel Lost in the Java Sea* (Ph.D. dissertation, University of Leeds, 2014), p. 19. 자와의 동쪽으로

이동에 대해서는 pp. 26-31 참조. Kenneth Hall, "Indonesia's Evolving International Relationships in the Ninth to Early Eleventh Centuries: Evidence from Contemporary Shipwrecks and Epigraphy," *Indonesia* 90 (Fall 2010), pp. 15-45, especially pp. 27-28.

155 아래에서 논의된 인탄과 난한/치르본 난파선 외에도 자와해의 같은 부분(서자와 북쪽)에서 발견된 세 번째 카라왕 난파선이 있는데, 리브너가 '자와행 화물'이란 글에서 난한/치르본 난파선을 다루었다. 후자의 발견이 훨씬 더 많은 정보를 제공하기 때문에, 나는 인탄 난파선과 함께 그것에 초점을 맞추기로 했다.

156 Twitchett and Stargardt, "Chinese Silver Bullion," pp. 14-16, 29.

157 Liebner, "Cargoes for Java," pp. 33-35.

158 Liebner, "Cargoes for Java," pp. 41-46.

159 Horst Liebner, *The Siren of Cirebon*, pp. 188-191. 또한 아마도 검을 위한 두 개의 칼자루는 아랍어로 표시될 수 있는 금박 수지로 만들었는데, 칼자루들의 표시는 옛 자와어나 말레이의 카위어로도 볼 수 있고, 그것들을 만든 솜씨는 서아시아보다 더 동남아시아적이다. (pp. 188-189).

160 Wink, *Al Hind*, p. 84.

161 Gokul Seshadri, "New Perspectives on Nagapattinam: The Medieval Port City in the Context of Political, Religious, and Commercial Exchanges between South India, Southeast Asia and China," in Herman Kulke, K. Kesavapany, and Vijay Sakhuja, eds., *Nagapattinam to Suvamadwipa: Reflections on the Chola Naval Expeditions to Southeast Asia* (Singapore: Institute of Southeast Asian Studies, 2010), pp. 118-123; Noboru Karashima, "South Indian Merchant Guilds in the Indian Ocean and Southeast Asia," in Hermann Kulke et al., *Nagapattinam to Suvamadwipa*, p. 137.

162 Wink, *Al Hind*, pp. 67-86. 서부 인도 아대륙의 많은 지역을 통한 이슬람의 확산에 대하여는 Brajesh Krishna, *Foreign Trade in Early Medieval India* (New Delhi: Harman Publishing House, 2000), p. 65.

163 Pierre-Yves Manguin, "The Introduction of Islam into Champa," in Alijah Gordon, ed., *The Propagation of Islam in the Indonesian-Malay Archipelago* (Kuala Lumpur: Malaysian Sociological Research Institute, 2001), p. 290.

164 참파의 조공품에 대한 자세한 분석은 Geoff Wade, "The 'Account of Champa' in the Song Huiyao Jigao," in Tran Ky Phuong and Bruce M. Lockhart, eds., *The Cham of Vietnam: History, Society and Art* (Singapore: NUS Press, 2011), pp. 138-167.

165 Wang Pu 王溥, *Wudai huiyao* 五代會要(Beijing: Zhonghua shuju, 1998) 30, p. 367; *Song huiyao jigao* 宋會要輯稿 (Taipei: Shijie shuju, 1964), Fanyi 4, p. 61a (hereafter cited as SHY); and *Tuo Tuo* 脫脫, *Songshi* 宋史 (Beijing: Zhonghua shuju, 1977), 489, p. 14078 (hereafter cited as SS). Tazaka Kodo 田坂興道, *Chugoku niokeru kaikyd no denrai to sono gutsu* 中國における回教の傳來と弘通 (중국에서 이슬람: 전래와 전개) (Tokyo: Toyo Bunko, 1964), p. 305, 그는 10세기와 11세기 참파에서 중요한 무슬림의 존재에 대한 강력한 증거를 제시한다(pp. 305-307).

166 Wade, "Account of Champa," p. 143 and n. 14.

167 Manguin, "The Introduction of Islam into Champa," p. 291. 사절단은 SS 489, p. 14079 참조.

168 Manguin, "The Introduction of Islam into Champa," p. 292. 이 설명에 대한 근거는 SS 489, p. 14080 참조.

169 이 문제에 대한 망갱Manguin의 논의는 "The Introduction of Islam into champac," p. 291, 특히 n. 18-19 (pp. 312-313) 참조. Sen, *Buddhism, Diplomacy and Trade*, pp. 167-168. 폼풀포pulmpulpo에 대한 제안은 1922년 가브리엘 페랑에 의해 만들어졌다. "푸Pu"가 서아시아인이나 무슬림을 지칭한다는 가정에 강하게 반대하는 스티브 하와Stephen Haw의 광범한 개인적인 서신도 참고해야 한다.

170 예를 들면, 창피득Chang Bide의 송인전기자료 색인*Song Biographical Index*은 4,509쪽의 푸 가문 가운데 단지 6쪽만 할애한다. Chang Bide 昌彼得, Wang Deyi 王德毅, Cheng Yuanmin 程元敏 and

Hou Junde 侯俊德, eds., *Songren zhuanji ziliao suoyin* 宋人傳記資料索引, 6vols. (Taipei: Dingwen shuzhu, 1974-1975).

171 나는 폴 라이세가 1922년에 출판한 참파 남부에서 출토된 11세기 쿠픽Kufic 비문을 증거에 포함하지 않았다. Paul Ravaisse in 1922 (Paul Ravaisse, "Deux Inscriptions Coufiques Du Campa", *Journal Asiatiques* (Paris), Serie II, 20.2 (1922), pp. 247-289). 그들은 처음부터 논란의 대상이 되었는데, 라이세는 중개인으로부터 얻은 탁본에 의존하고 있었기 때문이다.

172 Hall, "Local and International Trade and Traders" , p. 231.

173 Hall, "Local and International Trade and Traders", p. 214.

174 Hugh R. Clark, "The Southern Kingdoms between the T'ang and the Sung," in *The Cambridge History of China, Volume 5 Part One: The Sung Dynasty and Its Precursors*, Denis Twitchett and Paul Smith, eds., pp. 133-205. 나오미 스탠든Naomi Standen의 같은 책에 나오는 "5대(The Five Dynasties)", pp. 38-132는 북방의 왕조에 대한 훌륭한 소개를 제공한다.

175 남부 왕국 중 가장 번영하고 장수한 오월은 양쯔 삼각주와 현재의 저장성, 항저우와 밍저우를 포함했다. 건국자인 전류錢鏐(852~931)는 가난한 시골 마을에서 민병대 지휘관으로 변신한 도적 지도자로 895년까지 그의 경쟁자들을 물리치고 902년에 오월왕의 칭호를 얻었다. 푸젠의 민은 884년에 5,000명의 용병을 거느리고 푸젠에 도착한 북방의 도적 왕조王潮에 의해 세워졌고, 그들의 도움으로 892년에 패권을 잡았고, 909년에 민 나라를 세웠다. 광저우에 수도를 둔 남한의 건국자 유은劉隱은 도적이 아니라 극남의 비한족 출신으로 황소 학살 이후 지역의 질서를 회복한 당나라 관리 유겸劉謙의 아들이었다. 909년에 한나라를 세우고 917년에 황제의 자리에 올랐다.

176 971년에 남한이 항복하고 975년에 장시성의 남당南唐이 포함되었다.

177 SHY, Shihuo, 36/1b-2b, cited by Robert Hartwell, *Tribute Missions to China*, 960-1126 (Philadelphia, 1983), p. 34.

178 Xue Juzheng 薛居正, *Jiu Wudai shi* 舊五代史 (974; Beijing: Zhonghua shuju, 1976) 135, p. 1808.

179 Clark, "The Southern Kingdoms," pp. 184-185, citing *Wuguo gushi* 五國古史 in *Zhibuzu zhai congshu* 知不足齋叢書 (Shanghai: Gushu liutongchu, 1921), 2, pp. 9b-10a (col. 4, pp. 368-936, in Zhibuzu zhai).

180 Angela Schottenhammer, "China's Emergence as a Maritime Power," in *The Cambridge History of China. Vol. 5, Part 2: The Sung Dynasty* (Cambridge and New York: Cambridge University Press, 2015), pp. 462-463.

181 Angela Schottenhammer, "Local Politico-Economic Particulars of Quanzhou during the Tenth Century", *Journal of Sung-Yuan Studies* 29 (1999), pp. 24—25.

182 Clark, "The Southern Kingdoms," p. 185, Wu Renchen 吳任臣, *Shiguo chunqiu* 十國春秋 (Beijing: Zhonghua shuju, 1983), 95, p. 1377.

183 SS 6, p. 76. 빌리 소Billy K. L. So의 송나라 해상 무역 정책에 대한 명확한 요약은 *Prosperity, Region, and Institutions*, pp. 44-45 참조.

184 SS 186, pp. 4558-4559.

185 이것은 쇼텐함머, '중국의 출현'에서 자세히 다루어졌다.

186 이 통계는 하트웰의 '중국으로의 조공 사절단'에서 인용한 것이다.

187 Morris Rossabi, ed., *China among Equals: The Middle Kingdom and Its Neighbors, 10th-14th Centuries* (Berkeley: University of California Press, 1983).

188 괄호 안의 아랍어 이름은 로버트 하트웰의 '중국으로의 조공 사절단'의 추측을 따르며, 따라서 물음표가 뒤따른다.

189 Tazaka, *Chugoku ni okeru kaikyo*, p. 3023에서는 푸가 아랍인이었을 가능성에 대해 고찰했다.

190 SS 248, p. 14,095; Hartwell, *Tribute Missions*, p. 184. 브루나이인들이 포노갈이 사절단을 인도하기를 원했던 것은, 일단 수도에 도착했을 때 사절들이 참파에게 향후 브루나이의 조공선을 안전하게 통과시켜 줄 것을 명령해 달라고 송 황제에게 청원했다는 사실로 설명될 수 있다. 참파에 대한 두려

움 탓에 이전에 브루나이가 사절단을 보내지 못했을 가능성이 꽤 있다. 브루나이에서 온 이 사절단의 부사는 또 다른 아랍인일 가능성이 있는 포아리蒲亞里(아부 알리?)였다는 것을 주목해야 하는데, 그는 포노갈이 도착하기도 전에 브루나이에 있었다.

191　According to Wink, *Al-Hind*, p. 341. 자박Zabaj은 860년 이전 아랍 문헌에서는 자와로 언급됐지만, 나중에 스리비자야로 사용되었다. 부주르크가 10세기 중반에 글을 썼기 때문에, 나는 이것을 스리비자야로 받아들였다.

192　Buzurg, *The Book of the Wonders of India*, p. 90.

193　하트웰은 Hartwell, *Tribute Missions*, p. 195에서, 그는 '당시 바그다드의 칼리프'인 알 무타라고 특정했다. 무사 이븐 올라이 이븐 라마 알 라흐미가 972년부터 978년까지 칼리프였기 때문에 하트웰의 주장을 확인할 수 없었다. 아마도 가려불은 '칼리프'라는 칭호를 의미할 것이다.

194　SS 249, pp. 14118-14119. 포씨의 편지는 Hirth and Rockhill, *Chau Ju- kua*, p. 123에 부분적으로 인용되었다. 나는 이 편지의 조금 모호한 구절의 해석에서 천쭈얀 Zu-yan Chen 교수의 도움을 받았다.

195　*Cihai* 辭海 (Taipei: Zhonghua shuju, 1971), p. 1282. 지롱Jirong은 또한 푸시핀pushpins이라는 이름의 게임이 되었다.

196　허스는 이 마지막 구절을 다음과 같이 표현했다. "전에 내가 집에 있을 때, 나는 광저우의 외국인 단장으로부터 수도로 가서 공물을 바치라는 편지를 받았다. 그는 외국 상인들을 위로하고 먼 나라에서 물건을 수입하게 하려고 광난성의 총독에게 외국인들에게 관대한 대우를 명령한 황제의 덕목을 높이 평가했다."

197　Ma Duanlin 馬端臨, *Wenxian tongkao* 文獻通考 (Taipei: Xinxing shuju, 1964), 340, p. 2665.

198　SS 249, p. 14119.

199　SS 249, pp. 14119-14120; Ma Duanlin, *Wenxian tongkao*, 339, pp. 2663-2664. 번역은 부분적으로 Kuwabara, "On P'u Shou-keng," Part I, p. 78을 따름.

200　조공사절에 대한 자료는 모두 Hartwell, *Tribute Missions to China* 참조.

201　SHY, Fanyi 7, p. 20b; Li Tao 李燾, *Xu zizhi tongjian changbian* 續資治通鑑長編 (Beijing: Zhonghua shuju, 1979), 87, p. 1998.

202　SHY, Fanyi 7, p. 19b; SS 249, p. 14120. 천서와 진종의 가장 오래되고 명망있는 제국의 의례인 봉선에 대해서는, Susan Cahill, "Taoism at the Sung Court: The Heavenly Text Affair of 1008," *Bulletin of Sung Yuan Studies* 16 (1980), pp. 23-44 참조. 또한 Lau Nap-yin and Huang K'uan-chung, "Founding and Consolidation of the Sung Dynasty under T'ai-tsu (960-976), T'ai-tsung (976-997) 참조, 그리고 Chen-tsung (997-1022)," in Denis Twitchett and Paul Smithy eds., *The Cambridge History of China*, Vol. 5, Part One: *The Sung Dynasty and Its Predecessors*, 907-1279 (Cambridge: Cambridge University Press, 2009), pp. 270-273 참조.

203　XCB 70, p. 1570, SS 490, pp. 14120-14121; Hartwell, *Tribute Missions to China*, pp. 198-199. 다른 서역 국가로는 무스카트(Wuxun 勿巡)와 다른 불분명한 두 국가: Pupoluoguo 蒲婆羅國 and Sanmalanguo 三麻蘭國이 있었다.

204　Jan Wisseman Christie, "The Medieval Tamil-Language Inscriptions in Southeast Asia and China," *Journal of Southeast Asian Studies* 29.2 (1998), p. 254는 조공 외교의 중단이 일부에서 주장하 듯이 스리비자야의 쇠퇴를 반영한 것이 아니라 송의 결정에 따른 결과라고 한다.

205　페르시아와 시아파 부이 왕조(934~1062년)는 이라크와 페르시아 대부분을 지배하면서 칼리프국은 온전하지만, 무력한 상태로 내버려 두었으며, 시라프 항구를 통한 해상 무역을 적극적으로 지원했다. 그러나 10세기에 활발한 교역은 11세기에 급격히 감소했다. Mukai Masaaki, "Transforming Dashi Shippers: The Tributary System and the Trans-National Network during the Song Period," Harvard Conference on Middle Period China, 2014; David Whitehouse, "Chinese Stoneware from Siraf," pp. 241-256, 특히 242.

206　Hermann Kulke, "The Naval Expeditions of the Cholas in the Context of Asian History," in

Hermann Kulke, K. Kesavapany, and Vijay Sakhuja, eds., *Nagapattinam to Suvarnadwipa: Reflections on the Chola Naval Expeditions to Southeast Asia* (Singapore: Institute of Southeast Asian Studies, 2010), pp. 2-3.

207　S. D. Goitein, "Portrait of a Medieval Indian Trader: Three Letters from the Cairo Geniza," *Bulletin of the School of Oriental and African Studies* 50.3 (1987), pp. 449-464.

208　Di Meglio, "Arab Trade with Indonesia and the Malay Peninsula," pp. 106-108.

209　S. D. Goitein and Mordechai Akiva Friedman, *India Traders of the Middle Ages: Documents from the Cairo Geniza ("India Book")* (Leiden: Brill, 2008), pp. 144-145; M. Kervran, "Famous Merchants of the Arabian Gulf in the Middle Ages," Dilmun, *Journal of the Bahrain Historical and Archaeological Society*, No. 11 (1983)3 p. 121. 괴테인과 프리드먼은 메카에 보존된 두 개의 석비 문을 인용하는데, 하나는 1135년의 것이고 다른 하나는 1140년 라미슈트가 죽은 후의 것이다.

210　Kervran, "Famous Merchants of the Arabian Gulf," p. 22.

211　Kervran, "Famous Merchants of the Arabian Gulf," pp. 22-23; Moira Tampoe, *Maritime Trade between China and the West: An Archaeological Study of the Ceramics from Siraf* (Persian Gulf) 8th to 15th centuries A.D. (BAR International Series 555, 1989), p. 126.

212　Sen, *Buddhism, Diplomacy, and Trade*, pp. 220, 227.

213　Sen, *Buddhism, Diplomacy, and Trade*, pp. 160-161.

214　Kulke, "The Naval Expeditions of the Cholas," pp. 10-11; Kenneth R. Hall, *Maritime Trade and State Development*, pp. 197-202.

215　Hall, *Maritime Trade and State Development*, pp. 192-197, 222-231 ; Jan Wisseman Christie는 자 와에 대한 해상 무역의 여향을 다뤘다: "Javanese Markets and the Asian Sea Trade", pp. 344-381. 기원후 900년에서 1300년 사이는 송의 "경제 혁명"에 의해 촉발된 발전인 동남아시아 최초의 위대 한 상업 시대를 의미했다는 Geoff Wades의 주장도 참조해야 한다. "An Earlier Age of Commerce in Southeast Asia: 900-1300 C.E.?" in Fujiko Kayoko, Makino Naoko, and Matsumoto Mayumi, eds., *Dynamic Rimlands and Open Heartlands: Maritime Asia as a Site of Interactions*. Proceedings of the Second COE-ARI Joint Workshop. (Osaka: Research Cluster on Global History and Maritime Asia, Osaka University, 2007), pp. 71-75.

216　Hall, *Maritime Trade and State Development*, pp. 181-188.

217　Momoki Shiro, "Dai Viet and the South China Sea Trade: From the Tenth to the Fifteenth Century," *Crossroads: An Interdisciplinary Journal of Southeast Asian Studies* 12.1 (1999), p. 15.

218　Momoki Shiro, "Dai Viet and the South China Sea Trade," p. 12.

219　자세한 것은 내 논문에 있음. "Songdai yu Dong Ya de duoguo xiti ji maoyi shijie 宋代與東亞的多 國係提及貿易世界," *Beida xuebao* 北大學報 (Zhexue shehui kexue ban) 46.2 (2009), pp. 99-108; 영어 버전은 "Song China and the multi-state and commercial world of East Asia," *Crossroads: Studies on the History of Exchange Relations in the East Asian World* 1 (2010), pp. 33-54 참조.

220　Momoki Shiro 桃木至朗 and Hasuda Takashi 蓮田隆志, "A Review of the Periodization of Southeast Asian Medieval/Early Modern History, in Comparison with That of Northeast Asia," in Fujiko Kayoko, Makino Naoko, and Matsumoto Mayumi, eds., *Dynamic Rimlands and Open Heartlands: Maritime Asia as a Site of Interactions*. Proceedings of the Second COE-ARI Joint Workshop. (Osaka: Research Cluster on Global History and Maritime Asia, Osaka University, 2007), p. 5.

221　Yamauchi Shinji ill 山內晋次, "The Japanese Archipelago and Maritime Asia from the 9th to the 13th Centuries," in Fujiko Kayoko, Makino Naoko, and Matsumoto Mayumi, eds., *Dynamic Rimlands and Open Heartlands: Maritime Asia as a Site of Interactions*. Proceedings of the Second COE-ARI Joint Workshop. (Osaka: Research Cluster on Global History and Maritime Asia, Osaka University, 2007), pp. 83, 93.

222   Paul Wheatley, "Geographical Notes on Some Commodities Involved in the Sung Maritime Trade," *Journal of the Malaysian Branch of the Royal Asiatic Society* 32.2, no. 186 (1959), pp. 1-140. 대다수 상품에 대한 자세한 언급은, Angela Schottenhammer in "China's Emergence as a Maritime Power," pp. 492-523 참조.

223   Schottenhammer, "China's Emergence as a Maritime Power," especially pp. 512-518. 서아시아에서 독점적으로 수입된 다른 수입품으로는 명반, 호박, 아스페티다(껌 수지) 등이 있다. 그 지역은 상아, 거북이 껍질, 진주, 심지어 검은 노예도 공급했지만, 이것들은 아시아의 다른 지역에서도 왔다.

224   Derek Thiam Soon Heng, *Economic Interaction between China and the Malacca Straits Region, Tenth to Fourteenth Cefituries A.D.* (Ph.D. dissertation, University of Hull, 2005).

225   Heng, *Economic Interaction between China and the Malacca Straits Region*, pp. 210-214. 비록 초기 원에 초점을 두고 있지만, Heng의 도자기 무역 변화 관련 논문이 있다.: "Economic Networks between the Malay Region and the Hinterlands of Quanzhou and Guangzhou: Temasek and the Chinese Ceramics and Foodstuffs Trade," in Ann Low, ed., *Early Singapore, 1300s-1819: Evidence in Maps, Text and Artifacts* (Singapore: Singapore History Museum, 2004), pp. 73-85.

226   Lo Jung-pang, "Chinese Shipping and East-West Trade from the Xth to the XIVth century," in *Societes et companies de commerce en Orient et dans l'Ocean Indien. Acres du Huitietne Colloque International d'Histoire Maritime*, ed.3 Michel Mollat (Paris: S.E.V.P.E.N,j 1970), pp. 169-170. Angela Schottenhammer, "China's Emergence as a Maritime Power," pp. 450-454. 중국 해군의 발전, 특히 송나라에 대한 종합적인 언급으로 사후에 편찬된, *China as a Sea Power, 1127—1368: A Preliimnary Suittey of the Maritime Expansion and Naval Exploits of the Chinese People during the Soiuhem Sung and Yuan Periods* (1957; Hong Kong: Hong Kong University Press, 2012) 참조, Bruce A. Elleman 편, 2007.

227   Lo, "Chinese Shipping and East-West Trade," p. 172. Wang Zengyu 王曾瑜, "Tan Songdai zaochuanye" 宋代造船業, Wenwu文物 1975, No. 10, pp. 24-27, and So, *Prosperity, Region and Institutions*, pp. 84-85.

228   Yves-Pierre Manguin, "Trading Ships of the South China Sea," *Journal of the Economic and Social History of the Orient* 36.3 (Aug. 1993), pp. 270-274.

229   1136년의 일로 포라신蒲羅辛(아부 알하산?)이, 송나라 정부로부터 중국의 수입 무역에 기여한 공로로 상을 받았다.

230   Angela Schottenhammer, "China's Increasing Integration into the Indian Ocean World up to Song Times: Sea Routes, Connections, Trade," in Angela Schottenhammer, ed., *Transfer, Exchange , and Human Movement across the Indian Ocean World* [Palgrave Series in Indian Ocean World Studies], 2 vols. (London: Palgrave Macmillan, forthcoming); Li Qingxin, *Nanhai 1 and the Maritime Silk Road* (Beijing: Wuzhou chuanbo chubanshe, 2009). 이 난파선은 중국인들이 거대한 컨테이너에 전체를 싸서 해저에서 들어 올려 준비된 시설물을 퇴적시켜 800년 된 선체를 내용물을 발굴하면서 보존하는 '전체 인양법'을 사용했기 때문에 주목할 만했다.

231   Fu Zongwen 傅宗文, "Houzhu guchuan: Song ji nanwai zongshi haiwai jingshang di wuzheng" 后渚古船: 宋季南外宗室海外經商的物證, *Haiwai jiaotong yanjiu* 海外交通研究 2 (1989), pp. 77-83. Chaffee, "Impact of the Song Imperial Clan," pp. 33-35, *Branches of Heaven*, pp. 236-238; Heng, *Sino-Malay Trade and Diplomacy from the Tenth through the Fourteenth Century*, Ohio University Research in International Diplomacy, Southeast Asia Series No. 121, (Athens, OH: Ohio University Press, 2009), pp. 126-127, 204.

232   Jeremy Green, "The Song Dynasty Shipwreck at Quanzhou, Fujian Province, People's Republic of China," *International Journal of Nautical Archaeology and Underwater Exploration* 12.3 (1983), pp. 253-261; Chaffee, Branches of Heave", pp. 216-217.

233   Zhu Yu 朱彧, *Pingzhou ketan* 萍洲可談 (Shanghai: Shanghai guji chubanshe, 1989), 2, p. 25.

234   Schottenhammer, "China's Emergence as a Maritime Power," Table 13, p. 474. 이 두 개의 시박제 거사는 수도인 린안(항저우) 근처의 양저우에 있었다.

235   클라크가 보여 주었듯이, 해상 무역의 주요 항구로서의 취안저우의 역할은 10세기로 거슬러 올라가며, 이론상으로는 해외에서 온 배들이 다른 무역 사무소 중 하나에 먼저 정박하거나 밀수로 적발될 위험이 있었지만, 관리들은 종종 다른 쪽을 본 것으로 보인다. *Community, Trade, and Networks: Southern Fujian Province from the Third to the Thirteenth Centuries.* (Cambridge, MA: Cambridge University Press, 1991), pp. 376-381.

236   Zhou Qufei 周去非, *Lingwai daida jiaozhu* 嶺外代答校注. Yang Wuquan 楊武泉, ed. (Beijing: Zhonghua shuju, 1999) 3, p. 126.

237   Cited by Laurence J. C. Ma, *Commercial Development and Urban Change in Sung China (960—1279)* (Ann Arbor: Department of Geography, University of Michigan, 1971), p. 33.

238   SS 491, p. 14137. 이 인용문은 특히 일본 선원들에 관한 것이지만, 아마도 다른 나라에서 온 선원들도 비슷한 대우를 받았을 것이다.

239   SHY, *Zhiguan* 44, pp. 24a-b; Zhou, *Lingwai daida* 3, p. 126.

240   의무 구매 대상 품목으로는 거북이 등껍질, 코끼리 상아, 코뿔소의 뿔, 무기에 쓰이는 빈철鑌鐵, 북을 만드는 물도마뱀 가죽, 산호, 유향 등 8개가 지정되었다. Ma, *Commercial Development and Urban Change in Sung China*, pp. 37-38.

241   Schottenhammer, "China's Emergence as a Maritime Power," p. 468.

242   Zhu Yu, *Pingzhou ketan* 2, p. 25.

243   Clark, *Community, Trade, and Networks*, p. 132. 1130년대에는 해양 수입이 전체 정부 수입의 10%를 차지했을지 모르지만, 대부분은 5%를 넘지 않았을 것이다. 시바 요시노부는 송나라 초기에 해외 무역이 전체 정부 수입의 2~3%를 차지한 것으로 추정하고 있다. "Sung Foreign Trade: Its Scope and Organization," in Morris Rossabi, ed., *China among Equals: The Middle Kingdom and Its Neighbors, 10th-14th Centuries* (Berkeley, CA: University of California Press, 1983), p. 106.

244   이에 대한 자세한 언급은 Angela Schottenhammer in "China's Emergence as a Maritime Power, pp. 470-479"에 있다. 상하이 해상 무역 기구는 명나라 사료에만 언급되어 있으며, 따라서 그 존재는 불확실하다.

245   외국 상인들은 방문하여 무역하는 것이 금지되지 않았지만, 법으로 그들은 광저우나 밍저우에 들러 수입세를 지불해야만 그렇게 할 수 있었다. 따라서 1087년 이전의 취안저우에 관한 문제는 그들이 법을 따랐는지, 상당한 경쟁적 불이익을 받았는지, 아니면 실제로 법을 회피했는지이다. Billy So, in *Prosperity, Region, and Institutions*, pp. 39-40는 특히 전자 즉 공식적인 항구에서 상품을 받아 온 취안저우의 중국 상인들에 의해 대외 무역이 주로 이루어졌음을 주장했다. 나는 반대로, "At the Intersection of Empire and World Trade: The Chinese Port City of Quanzhou (Zaitun), Eleventh-Fifteenth Centuries," in Kenneth R. Hall, ed., *Secondary Cities and Urban Networking in the Indian Ocean Realm, c. 1400-1800* (Lanham, MD: Rowman & Littlefield Publishers, 2008), pp. 103-108에 밝혔다. 여기서 나는 휴 클락의 주장에 부분적으로 따른다. Hugh Clark, "The Politics of Trade and the Establishment of the Quanzhou Trade Superintendency," in *Zhongguoyu haishang sichou zhi lu* 中國與海上絲綢之路 (*China and the Maritime Silk Route*), Lianheguo iiaokewen zuzhi haishang sichou zhilu zonghe kaocha Quanzhou guoji xueshu taolunhui zuzhi weiyuanhui 聯合國敎科文組織海上絲綢上之路綜合考察泉州國際學術討論會組織委員會 (Fuzhou: Fujian renmin chubanshc, 1991), pp. 384-386.

246   SHY, *Zhiguan* 44, pp. 20a-b. For other translations, see Gang Deng, *Maritime Sector, Institutions and Sea Power*, p. 120, and Kuwabara, "On P'u Shou-keng," Part 1, p. 24.

247   SHY, *Zhiguan* 44, p. 24b; Kuwabara, "On P'u Shou-keng," Part 1, p. 24.

248   Gang Deng, *Maritime Sector, Institutions and Seapower*, p. 120. 덩은 원출처를 제시하지 않았다.

249   Zhu, *Pingzhou ketan* 2, p. 29.

250 Zhu, *Pingzhou ketan* 2, p. 36.
251 Zhu, *Pingzhou ketan* 2, p. 27. 돈 와이어트Don Wyatt의 흑인들에 대한 종합적인 이해와 그들 사이에서의 주욱Zhu Yu에 대한 평판은 *The Blacks of Premodern China*, pp. 48-60 참조.
252 Zhu, *Pingzhou ketan*, 2, p. 29.
253 Hee-Soo Lee, *The Advent of Islam in Korea*, pp. 55-59. 고려에 도착한 25년 주기의 중국 배에 대한 통계는 p. 58의 표 참조. 이들은 1050~1075년에 35척으로 절정에 이르렀다. 북송 시기에 고려에 온 취안저우 상인들에 대해서는 19건에 이르는 이옥곤李玉昆의 기록이 있다. *Quanzhou haiwai jiaotong shilue* 泉州海外交通史略 (Xiamen: Xiamen University Press, 1995), pp. 48-50.
254 Heng, *Sino-Malay Trade and Diplomacy*, Chapter 4에서 그는 송대가 중국에서 동남아시아 상인들의 정점을 이룬 시기라고 주장한다. 불교 의례에 대한 그의 논의는 p. 118 참조.
255 Hirth and Rockhill, *Chao Ju-kua*, p. 111; Sen, *Buddhism, Diplomacy and Trade*, p. 181.
256 John Guy, "Tamil Merchant Guilds and the Quanzhou Trade," in Angela Schottenhammer, ed., *The Emporium of the World: Maritime Quanzhou, 1000-1400* (Leiden: Brill, 2001), pp. 283-309; Jan Wisseman Christie, "Javanese Markets and the Asian Sea Trade Boom," pp. 341-381; and Risha Lee, "Rethinking Community: The Indic Carvings of Quanzhou," in Hermann Kulke, K. Kesavapany, and Vijay Sakhuja, eds., *Nagupattiuani to Sitvamadwipa: Reflections on the Chola Naval Expeditions to Southeast Asia* (Singapore: Institute of Southeast Asian Studies, 2010), pp. 240-270.
257 Li Yukun, *Quanzhou haiwai jiaotong shilue*, pp. 45-46, citing Hong Mai 洪邁, *Yijian zhi* 李堅志 (Taipei: Mingwen shuju, 1982), Part 3, 6, pp. 1344-1346. 리는 여기에 언급되지 않은 숫자를 포함하여 중국의 해외 상인들의 수많은 예를 제공한다. Billy So, *Prosperity, Region, and Institutions*, passim.
258 Li Yukun, *Quanzhou haizvaijiaotong shilue*, pp. 45-46; 인용 Qin Guan, *Huaihai ji*, 3.
259 Zhu Yu, *Pingzhou ketan* 2, p. 26.
260 Li Yukun, *Quanzhou haizuai jiaotong shilue*, pp. 46-47. 리는 이 정보에 대한 자료를 제공하지 않았다. 해상 무역 그룹과 선박 소유권의 조직에 대한 자세한 언급은 다음 참조. Shiba Yoshinobu, *Commerce and Society in Sung China*, Mark Elvin, trans. (Ann Arbor: Center for Chinese Studies, University of Michigan, 1970), pp. 15-45.
261 Nakamura Tsubasa, "The Maritime East Asian Network in the Song-Yuan Period," paper presented at the Conference on Middle Period China, 800-1400, Harvard University, June 5-7, 2014, pp. 6-10. 그가 제공한 표(7~8쪽)에 따르면 11세기에는 13번, 12세기에는 19번의 여행이 기록되어 있다.
262 SHY, *Zhiguan* 44, pp. 27a-28a.
263 Heng, *Sino-Malay Trade and Diplomacy*, Chapter 4, especially p. 125ff. 강 덩Gang Deng은 정부가 무역선의 회전율을 높여 무역을 극대화하기 위해 1164년의 제한을 가했다고 주장한다. *Maritime Sector, Institutions and Sea Power*, p. 121.
264 Wink, *Al-Hind*, pp. 3, 70, 76.
265 Zhu, *Pingzhou ketan* 2, p. 27.
266 예를 들면, Wheatley, "Geographical Notes," pp. 28-29; Kuwabara, "P'u Shou- keng," Part 2, p. 34; and John Guy, "Tamil Merchant Guilds," p. 287. 외국인 구역 관련 증거에 대한 훌륭한 언급은 다음 참조. Chen Dasheng, *Synthetical Study Program*, pp. 173-174. Ma Juan's, 馬娟 informative treatment of the fanfang and its varied functions in the Tang and Song, "Tang Song shiqi Yisilan fanfang kao 唐宋時期伊斯蘭蕃坊考" *Huizu yanjiu* 回族研究, 1998, No. 3, pp. 31-36. 그러나 그녀는 광저우에서 거의 독점적으로 증거를 끌어내기 때문에 취안저우의 외국인 거주지에 대한 질문을 다루지 않는다.
267 1017년에 고려 사절단과 관련된 여진족 번장의 기록이 있다. SHY, *Fanyi* 3, pp. 2b-3a.
268 SHY, *Fanyi* 4, p. 84a; SS 490, p. 14121.

269　물론 포의 요청은 개인적인 동기가 있었을 가능성도 있지만, 사절 자격으로 이뤄졌고 법원으로부터 긍정적인 반응을 얻었다.

270　Charles Hucker, *A Dictionary of Official Titles in Imperial China* (Stanford, CA: Stanford University Press, 1985), p. 369 (#4496): "숭고한 칭호는 우호적인 외국인 군사 수장에게 수여되었다."

271　SS 490, p. 14121.

272　SHY, *Fanyi* 4., p. 84a.

273　Heng, *Sino-Malay Track and Diplomacy*, pp. 90-93, 96. 1050년대에 아랍 지도자들에 대해 확립된 관습에 따라 아랍 지도다즐은 공식적인 사령관 계급을 받았을 것이며, 이후 스리비자야의 사절들을 그 계급으로 임명한 것은 그들이 번장이었음을 의미한다고 헝은 주장한다. 어떤 자료도 번장의 지위를 공식적인 직급에 명시적으로 연결하지 않기 때문에(사실, 우리가 위에서 본 바와 같이, 포마물은 사령관의 계급을 부여받았지만, 그를 번장으로 해 달라는 그의 아버지의 요청은 거절당했다), 헝의 결론은 신중하게 다뤄져야 한다.

274　SS 347, p. 11001; Kuwabara, "On P'u Shou-keng," Part 1, p. 47의 견해를 따라 일부 수정함. 쿠와바라의 번역은 왕환지가 "이것을 참을 수가 없어서, 정규 법에 따라 그를 재판했다."라는 것이며, 따라서 송나라의 처벌이 외국인들보다 덜 가혹하다는 것을 암시한다. 그러나 내가 보기에 '참을 수 없다'는 오역이다.

275　SS 400, p. 12145; 다음에서 인용됨. Kuwabara, "On P'u Shou-keng," Part 1, p. 47.

276　Lou Yue 樓鑰, *Gongkui ji* 攻媿集 (Sibu congkan chubian ed.) 88, p. 817.

277　SS 491, p. 14137; Kuwabara, "On P'u Shou-keng," Part 1, p. 47를 따랐음.

278　Hourani, *Arab Seafaring in the Indian Ocean*, p. 119.

279　S. D. Goitein, *A Mediterranean Society: The Jewish Communities of the Arab World as Portrayed in the Documents of the Cairo Geniza*, Vol. 2 The Commumty (Berkeley, CA: University of California Press, 1971), p. 333. 무캇담의 역할과 유대인 공동체 내의 법 제도와 관행은 pp. 68-75 and 311-344 참조.

280　Hourani, *Arab Seafaring in the Indian Ocean*, p. 119.

281　Patricia Risso, *Merchants and Faith: Muslim Commerce and Culture in the Indian Ocean* (Boulder: Westview Press, Inc., 1995), p. 70.

282　Risso, *Merchants and Faith*, p. 18.

283　Udovitch, "Commercial Techniques in Early Medieval Islamic Trade," pp. 37-62.

284　Li Tao, *Xu zizhi tongjian changbian* 94, p. 2166.

285　SHY, *Xingfa* 2, p. 21a.

286　Yue Ke, *Tingshi* 11 p. 125, follwing Kuwabara, "On P'u Shou-keng," Pt. 13 p. 44.

287　Zhu Mu 祝穆, *Faugyu shenglan* 方輿覽 (Song; Taipei: Wenhai chubanshe, 1981), 11, p. 5a.

288　Zheng Xia 鄭俠, *Xitang ji* 西塘集 (Siku quanshu edn.) 8, p. 20b.

289　Lou Yue 樓鑰, *Houcun xiansheng da quanji* 後村先生大全集 62. 다음에서 인용됨. Chen Gaohua 陳高華, and Chen Shangsheng 陳尙耘, *Zhongguo haiwai jiaotong shi* 中國海外交通史 (Taipei: Wenjin chubanshe, 1998), p. 153.

290　Li Tao, *Xu zizhi tongjian changbian*, 118, p. 2782.

291　SHY, *Xingfa* 2, p.21a.

292　Yue Ke, *T'ing-shih* 11, p. 125; Zhu Xi 朱熹, *Zhu Wengong wenji* 朱文公全集 (Song; Siku quanshu zhenben ed.) 98, p. 1750.

293　Huang Chunyan 黃純艳, *Songdai haizuai maoyi* 宋代海外貿易 (Beijing: Shehui kexue wenxian chubanshe, 2003), p. 120.

294　Su Che 蘇撤, *Longchuan lie zhi* 龍川略志 (Beijing: Zhonghua shuju, 1982), 5, pp. 28-29.

295　Gu Yanwu 顧炎武, *Tianxia junguo libing shu* 天下郡國利病書 (Siku quanshu zhenben edn.), Guangzhou shang, p. 104a.

296 석공은 다음 참조. Chen Dasheng 陳達生, "Chinese Islamic Influence on Archaeological Finds in South Asia," in *South East Asia & China: Art, Interaction & Commerce*, cd. by Rosemary Scott and John Guy, *Colloquies on Art & Archaeology in Asia*, No. 17 (London: University of London Percival David Foundation of Chinese Art, 1995), pp. 60-62, 여기에서 그는 1301년으로 추정되는 부루나이의 무슬림 비석은 취안저우 출신 석공에 의해 만들어졌으며, 그들은 그곳의 무슬림 커뮤니티를 위해 비석을 제작했음을 주장한다.

297 Zhu Xi, *Zhu Wengong wenji*, 98, p. 1750.

298 우리가 표 4에서 볼 수 있듯이, 현립 학교는 성벽 안에 있지만, 남문 근처에 위치했고, 따라서 모스크도 포함된 상업 지구와 매우 가깝다는 것에 주목해야 한다.

299 Zhu Xi, *Zhu Wengong wenji*, 89, p. 1583. 번역은 Kuwabara, "On P'u Shou-keng," Pt. 2a p. 64에서 가져와 약간 수정했음.

300 John Chaffee, *Branches of Heaven: A History of the Imperial Clan of Sung China* (Cambridge, MA: Harvard University Asia Center, 1999), 9장에서 취안저우의 황족을 다루었다. 불행히도 책을 쓸 당시에는 이 구절을 알지 못했다.

301 Yue Ke, *Tingshi*, "Fanyu hailao" (The sea-barbarians of Fanyu), 11, pp. 125-127. 程史Tingshi는 1214년으로 거슬러 올라가는데, 이는 악가가 광저우에 있었던 22년 후의 일이다. 1192년에 그가 겨우 9살(또는 10살)이었기 때문에, 그의 묘사 가운데 주목할 만한 세부 사항은 그의 아버지의 기억으로 강화되었음을 시사한다.

302 Leslie, *Islam in Traditional China*, pp. 40-44.

303 Wu Youxiong 吳幼雄, *Quanzhou zongjiao wenhua* 泉州宗教文化 (Xiamen: Lujiang chu banshe, 1963), p. 184, 1217년에 일본 승려가 취안저우를 지나던 중 아랍 문헌의 견본을 입수하여 일본으로 가져가는 과정을 기술하고 있다.

304 Nancy Shatzman Steinhardt, "China's Earliest Mosques," *Journal of the Society of Architectural Historians* 67.3 (September 2008), pp. 336-339. 모스크와 그 역사에 대한 전반적인 언급은 다음 참조. *Haishang sichou zhi lu - Guangzhou wenhua yichan: Dishang shiji juan 海上絲綢之路-廣州文化遺産: 地上史迹卷 (Maritime Silk Road - Cultural Heritage in Guangzhou: Historical Sites)* (Guangzhou: Wenwu chubanshe, 2008, pp. 88-105.

305 상황을 더 복잡하게 만들기 위해, 악가는 글의 다른 곳에서 위에는 높이가 100척이 넘는 '루樓'를 묘사하지만, 그것에 대한 묘사가 뾰족탑과 달라서, 나는 그가 뾰족탑이 아닌 포씨 정원 부지에 있는 탑을 묘사하고 있다고 믿는다.

306 Kuwabara, "On P'u Shou-keng," Pt. 2, p. 29.

307 Yue Ke, *Tingshi* 11, p. 126.

308 방신유는 당나라에 지어졌고, 금 수탉이 위에 얹혔다고 말하는 '외래 탑'(번탑番塔)에 대한 글에서 매년 5~6개월 동안 외국인들이 집단으로 탑 꼭대기에 올라가 바람 방향에 영향을 주기 위해 부처님을 부르곤 한다고 썼다. 그리고 그는 탑의 바닥에 예배당이 있었다고 언급한다. 불교의 언급은 방신유가 이슬람교나 불교와의 차이점에 익숙하지 않았다는 것을 나타낸다. Fang Xinru 方信孺, *Nanhai bai youg 南海白詠* (Shanghai: Jiangsu guji chubanshe, 1988), p. 20.

309 *Haishaiig sichou zhi lu - Guangzhou wenhua yichan*, pp. 102 and 142, citing a poem and account of the minaret, both by Fang Xinru, describing the golden cock as swiveling.

310 Chen Dasheng, *Quanzhou Yisilan jiao shike*, p. 4. 이것의 출처는 취안저우의 아샤브 모스크의 북쪽 벽 중 하나에 아랍어로 쓰인 비문이다. 그 건물은 14세기 중반으로 거슬러 올라간다.

311 Steinhardt, "China's Earliest Mosques," p. 340. The Shengyousi is treated on pp. 339-341.

312 Hugh Clark, "Muslims and Hindus in the Culture and Morphology of Quanzhou," p. 60. 천다성 Chen Dasheng의 모스크와 비문에 대한 번역과 언급은 *Quanzhou Yisilan jiao shike*, pp. 13-19 참조. 세 번째 송 모스크는 예멘 상인이 지었다. 이 정보가 담긴 비석은 연대가 밝혀지지 않았지만, 발굴 장소를 근거로 하여 송 대의 것으로 잠정 추정된다. Clark, "Muslims and Hindus," p. 61.

313 Fang Xinru, *Nanhai bai yong*, Leslie (1984), 43.

314 So, *Prosperity, Region and Institutions*, pp. 53-54, Lin Zhiqi 林之奇, *Zhuozhai wenji* 拙齋文集 (Siku quanshu edn.) 15, pp. lb-2a.

315 Hirth and Rockhill, *Chao ju-kua*, p. 111. Clark, "Muslims and Hindus," pp. 59-60, 그는 시나위가 사실 '시라프의 사람'을 의미하는 아랍어 실라비를 번역한 것이라고 주장한다.

316 So, *Prosperity, Region and Institutions*, pp. 54-55.

317 이러한 주장을 더욱 뒷받침하는 것은 송원 시대부터 오늘날까지 존재하는 취안저우의 주요 무슬림 묘지가 도시의 동쪽에서 발견된다는 사실이다.

318 Yue Ke, *Tingshi* 11, p. 127.

319 SHY, *Zhiguan* 44, pp. 8b-9a; *Song huiyao jigao bubian* 宋會要輯稿補編 (Beijing: Quanguo tushuguan wenxian shuwei fuhi zhongxin chuban, 1988), p. 642.

320 Gong Mingzhi 龔明之 *Zhongzou jiwen* 中吳紀聞, (Shanghai: Shanghai guji chubanshe, 1986) 3, p. 55.

321 Cai Tao 蔡條, *Tieweishan congtan* 鐵圍山叢談, 2; cited by Kuwabara, 59. 채조는 이어 휘종이 국자 감에서 공부하던 한국 학생들을 어떻게 직접 조사했는지를 설명했다. 또한 송나라 정부가 11세기 말과 12세기 초에 거란과 다른 비한족의 아이들을 위해 북쪽과 북서쪽 국경 지역에 번학番學을 개 방했다는 것도 주목해야 한다. See Li Tao, Xu zizhi tongjian changbian 120, 248, 261, 270.

322 SHY, *Chongru* 2, p. 12a.

323 1114년 칙령 SHY, *Zhiguan* 44, pp. 9b-10a (also in *Song huiyao jigao bubian*, p. 642)에 따르면, 다 양한 국가 출신의 해상 무역 상인들은 중국에서 5세대(wushi 五世) 동안 살아왔다.

324 Huang Chunyan, *Songdai haiwai maoyi*, p. 122.에 인용됨.

325 SHY, *Zhiguan* 44, pp. 20a-b. 포아리는 1131년에 아라비아로부터 조공 사절로 왔고, 1134년에 참 과 해안에서 그의 배가 해적들의 공격을 받아 4명의 병사와 그의 물품을 잃고 상처를 입었다. SHY, *Fanyi* 4, pp. 93-94.

326 Zhu Yu, *Pingzhou ketan* 2, pp. 31-32. Chaffee, *Branches of Heaven*, pp. 92-93; Heng, *Sino-Malay Trade and Diplomacy*, pp. 115-116.

327 Huang Chunyan, *Songdai haiwai maoyi*, p. 122, Liu Kezhuang 劉克莊, *Houcun xiansheng da quan ji* 後村先生大全集, 155.

328 Dieter Kuhn, *The Age of Confucian Rule: The Song Transformation of China* (Cambridge , MA: Belnap Press of Harvard University Press, 2009), p. 140.

329 Li Yukun, *Quanzhou haiwai jiaotong shilue*, pp. 45-67.

330 So, *Prosperity, Region, and Institutions*, pp. 205-210.

331 John Chaffee, "The Impact of the Song Imperial Clan," pp. 13-46, and *Branches of Heaven*, pp. 227-246. 남경은 원래 북송 말기에 응천부應天府에 설치된 황족들의 위성 단지였다. 남경의 황족 은 카이펑이나 낙양(서경의 본거지)에 있는 황족들보다 훨씬 더 많이 남쪽으로 갈 수 있었기 때문 에, 남송에서 가장 큰 황족 그룹을 구성했다.

332 John Chaffee, *The Thorny Gates of Learning in Sung China: A Social History of Examinations*, New Edition (Albany, NY: State University of New York Press, 1995), Appendix 3. For comparison, Guangzhou produced 134 *jinshi*, Mingzhou 873, and Hangzhou 658.

333 SS 185, pp. 4537-4538; SHY, *Fanyi* 7, p. 46a. 이것의 이면에 있는 동기는 분명히 자금난에 처한 정 부를 위해 수입을 올리기 위해서 해상 무역을 장려하기 위한 것이었다. 포라신 외에도 차이징팡이 라는 이름의 중국 상인은 98만 관의 가치가 있는 화물에 대해서 비슷한 보상을 받았다. 칙령은 또한 광저우와 푸젠성의 해사 관리들이 12만 온스의 은을 적재할 때 한 계급 승진할 것이라고 명시했다.

334 Kuwabara, "On P'u Shou-keng," Pt. 1, p. 52, citing *Quanzhou fuzhi* 泉州府志, zh. 4.

335 Kuwabara, "On P'u Shou-keng," Pt. 1, p. 52. Jung-pang Lo in *China as a Sea Power*, p. 196는 송 해상 세금의 일부가 군사비로 할당되었다고 지적한다.

336　Kuwabara, "On P'u Shou-keng," Part 2, p. 89.

337　포수경에 대한 문헌은 그의 전기와 족보의 요소들이 논쟁을 일으키기 때문에 크고 복잡하다. 그의 기원에 대해 현저하게 다른 설명을 제공하는 세 가지 주요 자료는 명나라 말기의 이슬람 학자인 하교원何喬袁의『민서閩書』 5권(late Ming: Fuzhou: Fujian renmin chubanshe, 1995)과, 광저우 丁國勇의「남해감초포씨가보南海甘蕉蒲氏家譜」,『중국회족고적총서中國回族古籍叢書』(Tianjin: Tianjin guji chubanshe, 1987), 그리고 취안저우 덕화현德化懸의 포수경 가문 족보(Pu Shougheng Family 계보)가 있는데, 포수경 가문 족보는 로샹린羅香林의「포수경연구蒲壽庚研究」(Hong Kong: Zhongguo xueshe, 1959)에서 다루어졌다. 나는 "Pu Shougeng Reconsidered: Pu, His Family, and their Role in the Maritime Trade of Quanzhou," *Beyond the Silk Road: New Approaches to Asian Maritime History* (Wiesbaden: Harrassowitz Verlag, 2018)에서 이 문제를 자세하게 검토하였다. 나는『민서』 번역을 빌리 소의 *Prosperity, Region and Institutions*, pp. 107-110, Appendix B (pp. 301-305), 그리고 쑤지랑蘇基朗의『唐宋時代閩南泉州史地論稿』(Taipei: Taiwan Shangwu yinshuguan, 1992), pp. 1-35를 참조하였다. 또한 구와바라의 "On Pu Shougeng," Part 2와 특히 로샹린의「포수경연구」를 광범위하게 이용하였다.

338　He Qiaoyuan, *Minshu* 152, p. 4496. 명대의 작가 Cao Xuequan's 曹學佺 *Da Ming yudi miingsheng zhi* 大明興地名勝志에 따르면, 포수경은 또한 해적 진압 노력에 참여했고 받아들이지 않았지만, 보상으로 길주吉州(장난시Jiangnanxi)의 총독직을 제안받았다. Luo, *Pu Shougeng yanjiu*, p. 11.

339　SS 47, p. 942. 이 구절은 포수경을 해상 무역 감독관으로 식별하는 것을 따르고 있으며, 일부 학자들은 수경이 30년 동안 감독관직을 역임했다는 것을 의미하는 것으로 해석하고 있다. 그러나 빌리 소가 보여 주었듯이, 그 구절에 대한 그러한 해석은 유지될 수 없다. So, *Prosperity, Region, and Institutions*, pp. 302-305.

340　He Qiaoyuan, *Minshu* 152, p. 4496. 좡웨이지庄爲璣는 취안저우 외곽의 허우저우后渚에서 발굴된 해외에서 온 완전한 화물을 실은 송의 난파선이 포씨의 소유라고 주장했다.「천주 청정사의 역사문제泉州淸淨寺의歷史問題」,『천주이슬람교연구논문집泉州伊斯蘭教研究論文選』(Fuzhou: Renmin chubanshe, 1983), pp. 65-82. 그러나 그가 제기하는 사건은 대체로 정황적이다. 푸쭝원傅宗文을 따라, 나는 그 배가 송 황족의 소유라고 주장했는데, 그 이유는 여러 가지 물건들이 황족 개인의 것으로 확인되거나 '남가南家'에서 온 것이기 때문이다. 나는 이것을 남송 전 기간에 걸쳐 취안저우에 있던 황실의 남쪽 사무소(남외종정사南外宗政司)를 가리키는 것으로 생각한다. Chaffee, *The Branches of Heaven*, pp. 236-238; Fu Zongwen, "Houzhuguchuan," pp. 77-83. 실제로 그 배가 포씨의 소유였다면, 황족이 그들의 주요 고객 중 하나였을 것이다.

341　Huang Zhongzhao, 黃仲昭, *Ba Min tongzhi* 八閩通志, 73, Kuwabara, "On P'u Shou-keng," Part 2, p. 56.

342　Chaffee, *Branches of Heaven*, p. 240.

343　Zhou Mi 周密, *Zhiyatang za chao* 志雅堂雜鈔, Kuwabara, "On P'u Shou-keng," Part 2, pp. 88-89.

344　Ch'en Yuan, in *Western and Central Asians in China under the Mongols: Their Transformation into Chinese* (Los Angeles, CA: Monumenta Serica at the University of California, 1966), p. 14. 그는『팔관통지八閩通志』을 인용하여 장세걸과 황자의 입국을 거부하려는 음모는 포수성의 생각이었다고 한다.

345　Su Jilang, *Tang Song Minnan Quanzhou shidi lungao*, pp. 1-35. 취안저우 함락 때 포수경의 역할에 대한 전반적인 설명은 다음 참조. Chaffee, *Branches of Heaven*, pp. 254-245; Richard Davis, "The Reign of Tu-tsung (1264-1274) and His Successors to 1279," in *The Cambridge History of China*, vol. 5, part 1: *The Sung Dynasties and Its Precursors, 907-1279*, Denis Twitchett and Paul Jakov Smith, eds. (Cambridge: Cambridge University Press, 2009), pp. 950-951.

346　Angela Schottenhammer, "The Role of Metals and the Impact of the Introduction of Huizi Paper Notes in Quanzhou on the Development of Maritime Trade in the Song Period," in Angela Schottenhammer, ed., *The Emporium of the World: Maritime Quanzhou, 1000-1400* (Leiden: Brill,

2001), pp. 95-176.

347 Zhen Dexiu 陳德秀, Zhen wenzhong gong wenji 眞文忠公文集 (Sibu conkan edn.) 15, pp. 12b-15a; 17, pp. 19a-b.

348 Billy Kee Long So, "Financial Crisis and Local Economy: Ch'uan-chou in the Thirteenth Century," T'oung Pao 77 (1991), pp. 119-137. See especially pp. 124-129 on the decline of overseas trade.

349 그러한 세 가지 사례는 모두 취안저우에서 관리로 일하는 황족들이다. Chaffee, "Impact of the Song Imperial Clan," pp. 36-37.

350 So, "Financial Crisis and Local Economy," pp. 127-128.

351 So, "Financial Crisis and Local Economy," p. 124.

352 Elizabeth Lambourn, "India from Aden," pp. 55-98. 이 논문은 라술리드 술탄이 이끄는 아덴 세관의 문서에 근거를 두고 있다.

353 SHY, Fanyi 4, p. 82a; 7S pp. 50b-51a; SS 489, p. 14086.

354 G. R. 티베츠Tibbetts는 이 '원천 자료의 감소'를 무역의 감소와 아랍 지리학자들의 지적 활동의 감소 때문으로 본다. A Study of the Arabic Texts, p. 10. 나는 그의 무역 가설에 의문을 제기하고 해양 아시아의 넓은 지역을 끊임없이 여행하는 부주르그Buzurg 선장과 같은 사람들의 수가 감소한 것이 더 설득력 있는 설명이라고 제안하고 싶다.

355 Li Tana, "A View from the Sea: Perspectives on the Northern and Central Vietnamese Coast," Journal of Southeast Asian Studies, 37.1 (2006), pp. 93-94.

356 Wolfgang Franke and Tieh Fan Chen, "A Chinese Tomb Inscription of A.D. 1264, discovered recently in Brunei," Brunei Museum Journal 3 (1973), pp. 91-99; and Wolfgang Franke, "China's Overseas Communications with Southeast Asia as Reflected in Chinese Epigraphic Materials) 1264-1800," in Zhongguo yu haishang sichou zhi lu 海上絲綢之路-廣州文化遺産; 地上史迹卷 (China and the Maritime Silk Route edited by Lianheguo jiaokewen zuzhi haishang sichou zhilu zonghe kaocha Quanzhou guoji xueshu taolunhui zuzhi weiyuanhui 聯合國教科文組織海上絲綢上之路綜合考察泉州國際學術討論會組織委員會 (Fuzhou: Fujian renmin chubanshe, 1991), pp. 309-322.

357 Kenneth R. Hall, "Coastal Cities in an Age of Transition: Upstream-Downstream Networking and Societal Development in Fifteenth- and Sixteenth-Century Maritime Southeast Asia," in Kenneth Hall, ed., Secondary Cities and Urban Networking in the Indian Ocean Region, c. 1400-1800 (Lanham, MD: Rowman and Littlefield, 2008), p. 186.

358 Elizabeth Lambourn, "Carving and Communities: Marble Carving for Muslim Communities at Khambhat and Around the Indian Ocean Rim (late 13th to mid-15th centuries CE)," Ars Orientalis. Fiftieth Anniversary Volume on Communities and Commodities: Western India and the Indian Ocean, eleventh to fifteenth centuries, pp. 99-133.

359 Chen Dasheng, "A Brunei Sultan of the Early Fourteenth Century," in Vadime Elisseeff; ed., The Silk Roads: Highways of Culture and Commerce (New York, NY, and Oxford: UNESCO Publishing, Berghahn Books, 1999), pp. 145-151. 그의 이유는 이 묘비의 석재가 휘록암인데, 브루나이에서 발견되지 않지만 대부분의 취안저우 묘에 사용되기 때문이고, 이 묘비의 크기는 취안저우 묘비의 크기와 정확히 일치하기 때문이고, 아랍어 서체가 취안저우의 묘비의 서체와 일치하기 때문이고, 마지막으로 이 묘비는 다른 브루나이 묘비와 달리 전적으로 아랍어로 만들어졌기 때문이다.(pp. 149-151).

360 Chen Dasheng 陳達生, Quanzhou Yisilan jiao shike 泉州伊斯蘭教石刻 (Islamic Inscriptions in Quanzhou (Zaitun). (Fuzhou: Ningxia renmin chubanshe, Fujian renmin chubanshe, 1984). 취안저우의 세 개의 남송과 39개의 원대 무슬림 석각에 대한 상세한 분석과 함께, 총 204개의 조각된 돌 조각들은 송~원대 취안저우의 이슬람 공동체에서 나온 것들이다.

361 이 사건들은 Lo, China as a Sea Power에서 잘 다루고 있다.

362 Tansen Sen, "South Asia and the Mongol Empire," in Michal Biran and Kim Hodong, eds., The

Cambridge History of the Mongol Empire, Vol. 1 (Cambridge: Cambridge University Press, forthcoming).

363   Thomas Allsen, Culture and Conquest in Mongol Eurasia (Cambridge: Cambridge University Press, 2001), pp. 20-23.

364   Morris Rossabi, Khubilai Khan: His Life and Times (Berkeley, CA: University of California Press, 1988), pp. 221-224.

365   Thomas T. Allsen, Culture and Conquest in Mongol Eurasia.

366   Song Lian 宋濂, Yuan shi 元史 (Beijing: Zhonghua shuju, 1976) 94, p. 2401. 이것은 앞으로 YS로 인용하겠다.

367   Heng, Malay Trade and Diplomacy, p. 67.

368   Thomas T. Allsen, "Mongolian Princes and Their Merchant Partners, 1200-1260," Asia Major, Third Series, 2.2 (1989): p. 88, quoting Juvani.

369   Allsen, "Mongolian Princes and Their Merchant Partners," pp. 90-92.

370   이 정보는 모두 Allsen, "Mongolian Princes and Their Merchant Partners," 특히 pp. 118, 121 and 124에서 가져왔다.

371   YS, 6, p. 117 and 7, p. 142; Elizabeth Endicott-West, "Merchant Associations in Yuan China: The Ortoy," Asia Major, Third Series, 2.2 (1989), p. 133.

372   YS 10, p. 227.

373   YS 43 p. 2401; Franz Schurmann, Economic Structure of the Yuan Dynasty (Cambridge, MA: Harvard-Yenching Institute, 1956), p. 231.

374   YS 43, 2402. 이 추가 세금을 내는 상인들은 더 이상의 세금을 면제받았다. 1314년에는 외국에서 돌아오는 정부 선박에서 거둘 좋은 상품에 대해서는 10분의 2, 품질이 낮은 상품에 대해서는 15분의 2의 비율의 부과가 발표되었지만(이 시기에는 사무역이 금지되었다), 이 비율이 이후에 개인 선박이나 외국에서 도착하는 외국 선박에 적용되었는지는 불분명하다. 마르코 폴로는 수입품에 대한 훨씬 더 높은 세율을 설명하면서도 무역은 상인들에게 여전히 수익성이 있다고 주장한다. "나는 당신에게 이 도시와 항구로부터 대칸에게 발생하는 수입은 엄청난 것이라고 말할 수 있다. 왜냐하면 인도에서 출발하는 모든 배에 대해 보석과 진주를 포함한 모든 상품에 10%의 세금을 지불하는데, 이것은 모든 것의 10분의 1을 말하는 것이다. 선박 임대료, 즉 화물에 대한 지불은 소형 제품의 경우 30%, 후추의 경우 44%, 알로에와 백단목 및 모든 부피가 큰 제품의 경우 40%로 계산된다. 그래서, 화물과 황실의 십일조로 상인들은 그들이 수입하는 것 절반의 가치를 지불한다. 하지만 그들의 몫으로 떨어진 절반에서 그들은 다른 화물을 가지고 돌아오는 것보다 더 나은 것은 아무것도 요구하지 않을 정도로 큰 이익을 얻는다." Marco Polo, The Travels of Marco Polo, p. 237.

375   YS 13, p. 269 and 43, p. 2402. Schurmann, Economic Structure, p. 231. 아마도 이 분할은 초기 자본이 반환된 후에 이루어진 것으로 추정된다.

376   YS 14, p. 292.

377   YS 15, p. 320.

378   YS 94, pp. 2401-2403.

379   YS 94, pp. 2402-2403; Schurmann, Economic Structure, p. 233.

380   Yuan dianzhang 元典章 (Beijing: Zhongguo shudian, 1990) 22, pp. 71a-78b. Schurmann's useful summary of each article in Economic Structure, pp. 226-227. 기본 문서는 1292년인 지원至元 29년으로 되어 있지만, 다음 해의 추가 사항을 포함하고 있다.

381   설명된 조치 외에도 불교, 도교, 네스토리우스, 무슬림 성직자들이 칙령으로 특별히 면제되지 않는 한 그들이 반입하는 물품에 대한 세금을 납부해야 한다는 요구사항(제5조), 상인이 항해 중에 무기를 휴대할 수 있도록 허용했지만, 중국에 도착하면 무기를 반납해야 하는 규정(제10조), 화물 일부를 당국에 은닉한 외국 상인에 대한 처벌(제13조), 금속 또는 남녀 노예의 국외 밀반입 금지(제14조), 좋은 상품을 수도로 직접 보내는 것을 제외하고 해상 무역청이 징수한 물품을 항저우로 보내는

규정(제16조), 그리고 추가적인 문제를 해결하기 위해, 성 행정부, 천부사泉府司 및 해양 무역 사무소의 관계자들이 추가적인 규정을 마련하려고 함께 협의하는 지침(22조) 등이 포함되었다.

382   Ibn Battuta, *The Travels of Ibn Battuta*, vol. 4, pp. 892-893. 이븐 바투타가 실제로 중국에 갔는지에 관한 질문은 많은 지리적 불일치(특히 그의 수도 칸발릭 방문과 관련된), 연대의 문제, 그리고 때로는 중국(그리고 동남아시아)에 대한 그의 설명의 사실적 오류를 지적하는 비판자들과 함께 활발한 논쟁을 불러일으켰다. 그러나 로스 던이 지적했듯이, 여행기는 '여전히 방문한 국가와 도시의 이야기'이며, 이 경우처럼 중국 소식통에 의해 검증된 세부 사항을 포함한다. 나는 그가 아프리카를 방문한 지 몇 년 후에 그것을 작성할 때 그의 설명에 많은 실수가 있었음에도, 그가 실제로 중국, 적어도 남동부 도시로 갔다고 확신한다. Ross E. Dunn, *The Adventures of Ibn Battuta: A Muslim Traveler of the 14th Century*, Revised edition with a new preface (Berkeley, CA: University of California Press, 2005), pp. 253 and 263, n. 20.

383   YS 43, p. 2402.

384   YS 43, p. 2402.

385   Yu Ji 虞集 (1272-1348), *Daoyuan lei gao* 道園類稿, in *Yuanren wenji zhenben congkan* 元人文集珍本叢刊 (Taipei: Xinwenfeng chub an, 1985), 42, p. 30a (Yuanren wenji congkan), Endicott-West, "Merchant Associations in Yuan China," pp. 134-135. 번역은 그녀의 것을 채택한다. 우집虞集은 탕구트 관리인 입지리위立只理威의 활동을 설명하였는데, 탕구트 관리는 오르토이 사무소를 감독했다. 비록 오르토이 사무소 관리들이 스파이 활동 때문에 재정 계좌를 너무 자세히 조사하지 말라는 명령을 받았지만, 입지리위는 이 를 용인하지 않고 신중하게 조사하리라는 것이 이 설명의 요점이었다.

386   YS 22, p. 505; Endicott-West, "Merchant Associations," p. 142.

387   Chen Dazhen 陳大震, *Dade Nanhai zhi canben* 大德南海志殘本 (Guangzhou: Guangzhou shi difang zhi yanjiusuo, 1986), 8, p. 36, Park, *Mapping the Chinese and Islamic Worlds*, p. 114.

388   Liu Yingsheng 劉迎勝, "Muslim Merchants in Mongol Yuan China," in Angela Schottenhammer, ed., *The East Asian "Mediterranean": Maritime Crossroads of Culture, Commerce and Human Migration* (Wiesbaden: Harrasowitz Verlag, 2008), pp. 140-142.

389   Heng, *Sino-Malay Trade and Diplomacy*, Chapter 5.

390   Allsen, *Culture and Conquest in Mongol Eurasia*, pp. 42-43.

391   Morris Rossabi, "The Mongols and Their Legacy," in Linda Komaroff and Stefano Carboni, eds., *The Legacy of Genghis Khan: Courtly Arc and Culture in Western Asia, 1256-1353* (New York, NY, New Haven, CT, and London: The Metropolitan Museum of Art and Yale University Press, 2002), p. 186, n. 193.

392   Robert P. Blake, "The Circulation of Silver in the Moslem East Down to the Mongol Epoch," *Harvard Journal of Asiatic Studies* 2.3/4 (1937), pp. 291-328, 특히 326-328; Yasuhiro Yokkaichi, "The Eurasian Empire or Chinese Empire? The Mongol Impact and the Chinese Centripetal System," in *Asian Empires and Maritime Contracts before the Age of Commerce II*, Empires, Systems, and Maritime Networks: Reconstructing Supra-regional Histories in Pre-19th Century Asia, Working Paper Series 03 (Osaka: KSI, Inc., 2011), pp, 24-26. 욧카이치는 또한 이 은 수출과 가장 관련된 오르토이가 몽골 왕자들의 직접적인 지배아래 있었고 1291년부터 천부사泉府司가 그들의 관할 아래 있는 오르토이가 지폐로 그들의 사업을 수행하도록 요구했기 때문에 천부사의 통제 밖에 있었다고 이론화했다.

393   Liu Yingsheng, "An Inscription in Memory of Sayyid Bin Abu Ali: A Study of Relations between China and Oman from the Eleventh to the Fifteenth Century," in Vadime Elisseeff, ed., *The Silk Roads: Highways of Culture and Commerce* (New York, NY, and Oxford: UNESCO Publishing, Berghahn Books, 1999), pp. 124-125.

394   Ralph Kauz, "The Maritime Trade of Kish during the Mongol Period," in Linda Komaroff, ed.,

Beyond the Legacy of Genghis Khan, Islamic History and Civilization, Studies and Texts 64 (Leiden and Boston, MA: Brill, 2006), p. 58.

395 Tampoe, *Maritime Trade between China and the West*, pp. 124-125; Kervran, "Famous Merchants of the Arabian Gulf," p. 22.

396 Kervran, "Famous Merchants of the Arabian Gulf," p. 23.

397 Yokkaichi, "Chinese and Muslim Diasporas," pp. 77-78.

398 말리크 타키 알딘이 지배하는 항구는 파탄Fatan, 말리파탄Malifatan과 카일Qail이었다. 말리크 타키 알딘의 사후 아들이, 그리고 나중에는 손자가 그의 자리를 계승했다. Merhdad Shokoohy, *Muslim Architecture of South India: The Sultanate of Ma'bar and the Traditions of the Maritime Settlers on the Malabar and Coromandel Coasts* (Tamil Nadu, Kerala and Goa) (London: Routledge Curzon, 2003), p. 24.

399 Kauz, "The Maritime Trade of Kish," p. 65.

400 Shokoohy, *Muslim Architecture of South India*, p. 25; Kauz, "The Maritime Trade of Kish," p. 66.

401 Yokkaichi, "Chinese and Muslim Diasporas," p. 77.

402 Ibn Battuta, *Travels of Ibn Battuta*, vol. 4, p. 813.

403 Zhou Mi 周密, *Guixin zashi, xuji* 癸辛雜識 (Beijing: Zhonghua shuju, 1988), p. 193. Jituzo Kuwabara, "On P'u Shou-keng", Pt. 2, p. 95에 따르면, 130석石은 15,600근斤에 해당했다.

404 Wang Dayuan 王大淵 (1311-1350), *Daoyi zhiliie xiaoshi* 島夷誌略校釋 (Beijing: Zhonghua shuju 1981) 55, p. 213; Heng, *Sino-Malay Trade and Diplomacy*, p. 133에서 인용됨. 왕대연은 1330년대에 아시아 전역을 두 차례 여행했다.

405 Ibn Battuta, *Travels of Ibn Battuta*, vol. 4, pp. 812-813.

406 예를 들면, Ch'i-ch'ing Hsiao, "Mid-Yuan politics," in Herbert Franke and Denis Twitchett, eds., *The Cambridge History of China: Volume 6: Alien Regimes and Border States* (Cambridge: Cambridge University Press, 1994), pp. 490-560.

407 YS 94, p. 2402.

408 Ibn Battuta, *The Travels of Ibn Battuta*, vol. 4, pp. 895-896.

409 So, *Prosperity, Region and Institutions*, pp. 134-135.

410 Polo, *The Travels of Marco Polo*, p. 237.

411 Ibn Battuta, *The Travels of Ibn Battuta*, vol. 4, p. 894.

412 Wu Cheng 吳澄, *Wu Wenzheng ji* 吳文正集 (Yuanren wenji zhenben congkan 元人文集珍本叢刊 edn.), vol. 3, 16, pp. 10b-12a. Endicott-West, "Merchant Associations in Yuan China," pp. 139-140 에서는 약간 다른 해석을 한다.

413 원대 취안저우에 관한 2차 문헌을 참고하라.

414 David Gedalecia, "Wu Ch'eng and the Perpetuation of the Classical Heritage in the Yuan," in John D. Langlois, Jr., ed., *China under Mongol Rule* (Princeton, NJ: Princeton University Press, 1981), pp. 186-211.

415 John Guy, "Quanzhou: Cosmopolitan City of Faiths," in James C. Y. Watt, ed., *The World of Khubilai Khan: Chinese Art in the Yuan Dynasty* (New York, NY: Metropolitan Museum of Art, 2010), pp. 150-178. 취안저우의 제3대 주교인 페루자의 안드레아를 위한 기념비가 취안저우 해양 박물관에 보존되어 있다.

416 Mukai Masaki 向正樹, "The Interests of the Rulers, Agents and Merchants Behind the Southward Expansion of the Yuan Dynasty," *Journal of the Turfan Studies: Essays on the Third International Conference on Turfan Studies: The Origins and Migrations of Eurasian Nomadic Peoples* (Shanghai: Shanghai Guji, 2010), p. 440.

417 취안부의 정체성은 불분명하다. 저장부는 둘 사이의 언어적 유사성 때문에 제안되었지만, 이븐 바투타의 여행 이야기에서 보면 Yangzi의 위치는 이치에 맞지 않지만, 푸젠의 푸저우는 지리적으로

가장 적합하다. 깁스Gibbs의 결론은 푸저우가 '가장 자연스러운 식별'이라는 것이다. Ibn Battuta, *The Travels of Ibn Battuta*, vol. 4, p. 899.

418 Ibn Battuta, *The Travels of Ibn Battuta*, vol. 4, pp. 894, 899, 901 and 896.

419 이러한 결론은 특히 자체 시장, 병원과 모스크가 있는 취안저우의 이슬람 공동체를 '사실상 자치적'이라고 묘사하는 모리스 로사비Morris Rossabi에 의해 강력하게 지지된다. "The Muslims in Early Yuan Dynasty," in *China under Mongol Rule*, ed.3 John D. Langlois, Jr. (Princeton, NJ: Princeton University Press, 1981), p. 275.

420 Chen Dasheng, "Synthetical Study Program on the Islamic Inscriptions," pp. 163-165.

421 Chen Dasheng, and Ludvik Kalus, *Corpus d'Inscriptions Arabes et Persanes*. Chen Dasheng, *Quanzhou Yisilanjiao shike*.

422 Chen Dasheng, *Quanzhou Yisilanjiao shike*. 마지막으로 언급된 비문은 아마드 빈 카와자 카킨 알라드Ahmad bin Khawaja Kakyin Alad를 위한 46번이며, 아랍어/페르시아어 부분에는 "아흐마드 가문의 어머니가 사는 마을인 자이툰에서 사망했다."라고 적혀 있다(pp. 38-39).

423 Chen Dasheng, "Persian Settlements in Southeastern China during the T'ang, Sung and Yuan Dynasties," in *Encyclopedia Iranica*, Eshan Yarshater, ed. (Costa Mesa, CA: Mazda Publishers, 1992), vol. 5, p. 445.

424 Ibn Battuta, *The Travels of Ibn Battuta*, vol. 4, p. 893.

425 "이것은 준기관의 한 형태였다. 개인적으로 사업에 참여할 수 없는 상인이 자기 재산 중 일부를 다른 당사자에게 넘겨주어 후자가 그를 돌보도록 했다. 임무를 완수한 외부인은 수수료, 이익 또는 다른 형태의 보상을 받지 않고 거래 수익금을 자신이 입찰한 상인에게 반환한다." Udovitch, "Commercial Techniques in Early Medieval Islamic Trade," pp. 59—60.

426 깁Gibb은 '호스피스'라는 용어를 사용하지만, 천다성은 "이븐 바투타가 그를 만났을 때 그는 도시 밖에서 아자위아의 세이크였고 그의 명령을 대신하여 여행자들로부터 경건한 제물을 모으는 책임이 있었다."라고 설명한다. Chen, "Persian Settlements in Southeastern China."

427 Ibn Battuta, *The Travels of Ibn Battuta*, vol. 4, pp. 894-895.

428 Ibn Battuta, *Travels in Asia and Africa*, p. 3703 n. 12.

429 Chen Dasheng, *Quanzhou Yisilan jiao shike*, p. 15. 현존하는 비석은 사실 1507년에 만들어진 1349년의 원본을 복제한 것이다.

430 Nancy Steinhardt, *China's Early Mosques*. Edinburgh Studies in Islamic Art (Edinburgh: Edinburgh University Press, 2016), Chapter 2.

431 Nancy Steinhardt, *China's Early Mosques*, Chapter 2. 다른 최신 번역으로는 Chen Dasheng and Ludvik Kalus, *Corpus d'Inscriptions Arabes et Persanes en Chine*, p. 64, and Chen Dasheng, *Quanzhou Yisilan jiao shike*, p. 4.이있다.

432 "Quanzhou Qingjingsi bei ji" 泉州清淨寺碑記, in Chen Dasheng, *Qiianzhou Yisilan jiao shike*, 15. 번역본은 천다성이 수정한 것이다. 박현희Hyunhee Park'의 비석에 대한 언급도 참조, *Mapping the Chinese and Islamic Worlds*, pp. 119-121. 이 비문에 관련된 원문 문제에 대한 철저한 분석은 Maejima Shinji, "The Muslims in Ch'uan-chou at the End of the Yuan Dynasty", Part 1, *Memoirs of the Research Department of the Toyo Bunko* 31 (1973), pp. 35-51 참조; 이 구절은 pp. 43-45에서 분석한다.

433 Chen Dasheng, "Persian Settlements in Southeastern China."

434 Luo Xianglin 羅香林 [Lo Hsiang-lin], *Pu Shougeng yanjiu* 蒲壽庚研究 (Hong Kong: Zhongguo xueshe, 1959), p. 12; Oded Abt, "Locking and Unlocking the City Gates: Muslim Memories of Song-Yuan-Ming Transition in Southeast China, Harvard Middle Period Conference, June 2014, pp. 22-25. 번역은 약간 수정하고 오데드 압트Abt를 따랐다.

435 John W. Chaffee, "Pu Shougeng Reconsidered: Pu, His Family, and Their Role in the Maritime Trade of Quanzhou," in Robert J. Antony and Angela Schottenhammer, eds., *Beyond the Silk Road:*

New Discoursses on China's Role in East Asian Maritime History (Wiesbaden: Harrassowitz Verlag, 2018), pp. 72-73.

436   YS 156, p. 2673, Lo, China as a Seapower, p. 231.

437   Wu Youxiong 吳幼雄, "Yuandai Quanzhou ba ci she sheng yu Pu Shougeng Ren Quanzhou xingsheng pingzhang zhengshi kao" 元代泉州八次設省與蒲壽庚任泉州行省平章政事考, Fujian difangshi yanjiu 福建地方史研究 No. 2 (1988), pp. 43-46. 13세기 말에 여러 지방이 여러 차례 개편된 결과로 다른 지방 이름들이 생겨났다. 이것들은 오유웅에 의해 자세히 설명된다.

438   YS 10, p. 204 and 10, p. 211.

439   YS 10, p. 209 and 11, p. 230.

440   Yokkaichi Yasuhiro 四日市康博, "The Structure of Political Power and the Nanhai Trade," p. 14.

441   Wu Youxiong, Quanzhou zongjiao wenhua, p. 221. 오유웅의 두 명문에 대한 출처는 the Jiaqing (1522-1566) Gaocheng County Gazetteer 藁城縣志에 따른다.; 董文炳神道碑 in zh. 9 for the former and 藁城令董文炳遺受碑 in zh. 8 for the latter.

442   Kuwabara, "On P'u Shou-keng," Pt. 2, p. 59, Pa Min tongzhi, 73.

443   Mukai Masaki, "Regenerating Trade Diaspora: Supra-Regional Contacts and the Role of "Hybrid Muslims" in the South China Sea since the late 10th to mid-13th Century," in Exploring Global Linkages between Asian Maritime World and Trans-Atlantic World, Global History and Maritime Asia Working and Discussion Paper Series, No. 19 (Osaka: Osaka University, 2010), pp. 72-73. 그는 당시 취안저우의 지명 분석을 통해 포 장원의 대략적인 치수를 그렸는데, 이는 초기 출처의 부동산에 대한 설명을 반영한다.

444   Luo, Pu Shougeng yanjiui, pp. 71-72. 자와 관련 일화는 오감Wujian 吳鑒, Daoyi zhi lue xiao shi 島夷誌畧校釋 (Beijing: Zhonghua shuju, 2000), p. 5 참조.

445   Mukai Masaaki, "The Interests of the Rulers, Agents and Merchants behind the Southward Expansion of the Yuan Dynasty," Journal of the Turfan Studies: Essays on the Third International Conference on Turfan Studies, The Origins and Migrations of Eurasian Nomadic Peoples, (Shanghai: Shanghai Guji, 2010), p. 439. 그러나 무카이는 자와 침공 당시 동남아시아에서 그의 상업적 이익을 증진하기 위해 포수경이 의도적으로 정치 활동을 그만두었을 것이라고 추측한다.

446   "Pu Shougeng Reconsidered: Pu, His Family, and Their Role in the Maritime Trade of Quanzhou," Beyond the Silk Road: New Approaches to Asian Maritime History (Wiesbaden: Harrassowitz Verlag, 2018), 포씨 자손들의 경력에 대한 보다 자세한 사항은 내 책 참조.

447   Chen Dasheng, 陳達生, Quanzhou Yisilan jiao shike, pp. 94-95.

448   시하브 알딘Shihab al-Din에 대한 나의 설명은 욧카이치Yokkaichi의 광범위한 언급에 크게 의존한다. "The Structure of Political Power and the Nanhai Trade," pp. 5-8.

449   Morris Rossabi, Khubilai Khan: His Life and Times (Berkeley, CA: University of California Press, 1988), pp. 192-199; "The Muslims in Early Yuan Dynasty," in Herbert Franke and Denis Twitchett, eds., The Cambridge History of China, Volume 6. Alien Regimes and Border States, 907-1368 (Cambridge: Cambridge University Press, 1994), pp. 478-479.

450   Yokkaichi, "The Structure of Political Power and the Nanhai Trade," 특히 pp. 2—3; Herbert Franke, "Sangha," in In the Service of the Khan: Eminent Personalities of the Early Mongol-Yuan Period (1200-1300), Igor de Rachewiltz, Hok-lam Chan, Hsiao Ch'i-ch'ing and Peter W. Geier (Wiesbaden: Harrassowitz Verlag, 1993), p. 564.

451   YS 15, p. 322, Yokkaichi, "The Structure of Political Power and the Nanhai Trade," p. 8. 이 사건의 북부인들은 1287년 쿠빌라이에 대항하여 만주에서 성공적이지 못한 반란을 이끈 몽골 왕자이자 네스토리우스교도인 나얀을 섬기는 군인들이었다. 이동의 이유는 북쪽 관리들과 그들의 가족들에게 지원을 제공하는 비용을 덜어주기 위한 것이었지만, 시하브가 이전을 요청한 동기는 분명히 장선과 주청에 대한 그의 권력을 강화하기 위한 것이었다.

452 Yokkaichi, "The Structure of Political Power and the *Nanhai* Trade,"5 pp. 2-3, Dong Shixuan 董士選 in Wu Dengzhuan 吳澄撰, *Wu wenzhenggong ji* 吳文正公集 64.

453 *Yuan dianzhang* 22, p. 7lb, cited by Yokkaichi, "The Structure of Political Power and the *Nanhai* Trade," pp. 11-12. 이에 대한 비판은 또한 Mukai, "The Interests of the Rulers, Agents and Merchants," p. 438.

454 Yokkaichi, "The Structure of Political Power and rhe Nanhai Trade," p. 6.

455 Ch'i-ch'ing Hsiao, "Mid-Yuan Politics," in Herbert Franke and Denis Twitchett, eds., *The Cambridge History of China, Volume 6. Alien Regimes and Border States, 907-1368* (Cambridge: Cambridge University Press, 1994), p. 499.

456 YS 22, pp. 528-529; Yokkaichi, "The Structure of Political Power and the Nanhai Trade," pp. 6-7.

457 Ding Shouzhen 丁壽眞, ed., *Ding Xieyuan jiapu* 丁協源家譜 (Taipei: Chongsi zhiye youxian gongsi, 1997), p. 128, Ding Kunjian 丁崑健, "Yuan Ming shidai Jinjiang diqu Huiyi Chenjiang Ding xing zuren de Hanhua" 元明代晉江地區回族陳江丁氏族人的漢化, in Ding Shouzhen, *Ding Xieyuan jiapu*, pp. 281-283. 사예드 아잘 샴스Sayyid Ajall Shams al-Din과 그를 이어 총독이 아들들(Nasir al-Din and Mas'ud)의 주지사에 대한 설명은 Morris Rossabi, "The Muslims in Early Yuan Dynasty," pp. 287-291 참조.

458 Ding Shouzhen, *Ding Xieyuan jiapu*, p. 128.

459 YS 210, p. 4668.

460 Yokkaichi, "The Structure of Political Power and the *Nanhai* Trade," pp. 8-9, 15-16.

461 Yokkaichi, "The Structure of Political Power and the *Nanhai* Trade," p. 9.

462 "Li shi shixi tu" 李氏世系圖, *Rongshan Lishi zupu* 榮山李氏族譜, in Quanzhou Huizu pudie ziliao xuanbian 泉州回族譜牒資料選編, edited by *Quanzhou shi Quanzhou lishi yanjiuhui ilj* 泉州市泉州歷史研究會 (Quanzhou, 1980), p 78b.

463 "Ershi shi Zhizhai gong kuangzhi" 二十世直齋公壙誌, Quanzhou Huizu pudie ziliao xuanbian, in *Quanzhou Huizu pudie ziliao xuanbian*, p. 78a.

464 "Li shi shixi tu," *Rongshan Lishi zupu*, 78a.

465 "Zhida zhi bian taocuan shimo" 至大之變逃竄始末, in *Yanzhi Sushi zupu* 燕支蘇氏族譜, in *Quanzhou Huizu pudie ziliao xuanbian*, pp. 89b-90a. 이 사건들에 대한 빌리 소Billy So의 훌륭한 설명은 *Prosperity, Region and Institutions*, pp. 116-117 참조. 빌리 소는 소당사의 가문이 유명한 취안저우 사대부인 소송蘇頌(1020-1101)의 후손이라고 주장하지만, 나는 이것을 확인할 수 없었다. 1502년 족보의 서문에 따르면, 이 가문은 원래 광저우의 고시현固始縣 출신이었다.

466 Yanzhi Sushi zupu, pp. 90b-91a.

467 Billy So, *Prosperity, Region and Institutions*, p. 117.

468 *Qingyman Jin shi zupu* 清源李氏族譜, in Quanzhoushi Quanzhou lishi yanjiuhui 泉州市泉州歷史研究會, ed., *Quanzhou Huizu pudie ziliao xuanbian* 泉州回族譜牒資料選編, (Quanzhou, 1980), pp. 81b-86b; *Quanzhou lichen xingshi* 泉州鯉城姓氏, Pt. 3 (http:// blog.sina.com.cn/s/blog_657bal8501014rur,html).

469 *Qingyuan Jin shi zupu*, p. 86b.

470 Chen Dasheng, "Jin Ali yu Qingjingsi 金阿里與清淨寺 in *Quanzhou Yisilanjiao yanjiu lunwenxuan* 泉州伊斯蘭教研究論文選 (Fuzhou: Renmin chubanshe, 1983), pp. 126-130.

471 Abt, "Locking and Unlocking the City Gates," pp. 24-29.

472 김가리가 이 장의 후반부에서 다루어진 이스파 전투에 관여했는지에 대해서도 의문이 있는데, 김아리와 여가리余阿里의 역할에 대한 언급이 있기 때문이다. 이는 아브트Abt는 이 문제를 길게 생각하고 신원 확인을 거부하는 것으로 설득력 있게 반박하고 있다. 만약 그것이 사실이라면, 그것은 가리를 김길이 물리치는 것을 도운 것으로 유명한 바로 그 이스파 군대에 배치했을 것이다. Abt, "Locking and Unlocking the City Gates," pp. 29-32. Maejima, "The Muslims of Ch'uan-chou," pp.

64-65.

473   Leslie, *Islam in Traditional China*, pp. 89-90.

474   Maejima Shinji, "The Muslims in Ch'uan-chou," Pl 2, pp. 49-60. 이스파 반란에 대한 내 설명은 마에지마의 상세한 설명에 크게 의존한다. Chang Hsing-lang, "The Rebellion of the Persian Garrison in Ch'iian-chou (1357-1366)," *Monumenta Serica* 3 (1938), pp. 611-627에서 난에 대해서 장황하게 다루었지만, 그의 설명은 대부분 마에지마의 것으로 대체되었다. 나는 장 씨가 제안한 것처럼 이 시백시(또는 이스파)를 페르시아의 도시 이스파한(이스파한)을 지칭하는 것보다 더 그럴듯해 보이는 '군대'로 받아들인 마에지마를 따른다.

475   일부 당대의 기록들은 아무나阿巫那라는 이름을 사용하는데, 이는 나우납의 변형임이 거의 확실하다.

476   So, *Prosperity, Region, and Institutions*, pp. 122-125.

477   Maejima, "The Muslims in Ch'iian-chou," p. 56는 *Wuwei zhi* 武衛志 13을 인용했다.

478   Maejima, "The Muslims in Ch'uan-chou," pp. 60-61.

479   Chen Dasheng, "Quanzhou Yisilan jiaopai yu Yuanmo Yisibaxi zhanluan xingdun shitan 泉州伊斯蘭教派與元末亦思巴奚戰亂性試探" in *Quanzhou Yisilanjiao yanjiu lunwenxuan* (Fuzhou: Renmin chubanshe, 1983), pp. 53-64.

480   Maejima, "The Muslims in Ch'uan-chou," pp. 55 and 60, both citing the *Fujian tongzhi* 福建通志, 266.

481   *Qingyuan Jin shi zupu*, pp. 83b-84a. 김길의 전기에는 저자 이름은 있지만 날짜는 없다. 그러나 그의 아들 김가리의 다음 전기는 1502년(홍치弘治 15년)으로 다른 저자가 썼다.

482   Wu Youxiong, *Quanzhou zongjiao wenhua*, pp. 222-223.

483   *Qingyuan Jin shi*, p. 222.

484   "Chuiqi lun," Rongshan Lishi zupu, in *Quanzhou Huizu pudie ziliao xuanbian*, p. 76.

485   "li shi shixi tu" 李氏世系圖, in *Quanzhou Huizu pudie ziliao xuanbian*, p. 78b.

486   Ding Kunjian, "Yuan Ming shidai Jinjiang diqu," p. 286.

487   *Yanzhi Su shi zupu*, p. 87a.

488   *Ming shilu* 明實錄 38, p. 1la, Geoff Wade, *Southeast Asia and in the Ming Shi-lu* (http://epress.nus.edu.sg/msl/)에서 번역됨.

489   Billy So, *Prosperity, Region, and Institutions*, pp. 125-126; Chen Gaohua 陳高華 and Chen Shangsheng 陳尙勝, *Zhongguo haiwai jiaotong shi* 中國海外交通史, pp. 167-170. 주도산朱道山의 기록은 왕희王彙의 『왕상종집王常宗集』를 인용한 후자(168쪽)에 나온다.

490   심지어 주원장(태조)가 무슬림이라는 주장도 제기되었다. Yusuf Haji Chang, "The Ming Empire: Patron of Islam in China and Southeast-West Asia," *Journal of the Malaysian Brance of the Royal Asiatic Society* 61.2 (1988), pp. 1-44. 비록 이 주장이 일반적으로 받아들여지지는 않았지만, 장은 주원장과 이슬람교도들 사이의 밀접한 관계에 대해 설득력 있는 주장을 하고 있다.

491   Chen Dasheng, *Quanzhou Yisilanjiao shike*, pp. 11-12.

492   Fan Ke, "Maritime Muslims and Hui Identity: A South Fujian Case," *Journal of Muslim Minority Affairs* 21.2 (2001), pp. 309-332.

493   Ding Kunjian, "Yuan Ming shidai Jinjiang diqu Huiyi Chenjiang Ding," pp. 286-287.

494   Ding Kunjian, "Yuan Ming shidai Jinjiang diqu Huiyi Chenjiang Ding," p. 290. 정씨는 현재 취안저우 시 남쪽에 있는 그들의 고향에서 활동적인 모스크를 유지하고 있다.

495   Ding Kunjian, "Yuan Ming shidai Jinjiang diqu Huiyi Chenjiang Ding," p. 281.

496   "Yanzhi Su shi zupu," in *Quanzhou Huizu pudie ziliao xuanbian*, p. 90b.

497   Rongshan Lishi zupu, in *Quanzhou Huizu pudie ziliao xuanbian*, p. 77b.

498   Rongshan Lishi zupu, in *Quanzhou Huizu pudie ziliao xuanbian*, pp. 78a-b.

499   Rongshan Lishi zupu, in *Quanzhou Huizu pudic ziliao xuanbian*, pp. 76a-77a. 광재의 본래 이름은

천여天與인데, 1422년에 그는 남안南安으로 이주하여 광재라는 이름으로 등록하였다. 그 후, 그의 사촌 세 명(노의 아들)이 그곳에서 그와 합류했다(pp. 77a-b).

500 Rongshan Lishi zupu, in Quanzhou Huizu pudie ziliao xuanbian, pp. 77a—78a.

501 Kuwabara, "P'u Shou-keng," Pt. 2, p. 993 citing Chen Mouren's Quannan zazhi concerning the shi prohibition and Minshu 52 concerning the examinations: and Luo, Pu Shougeng yanjiu, p. 75. 나머지 세 명은 유맹염留孟炎, 손승보孫勝甫, 그리고 황만석黃萬石이었다.

502 본초는 4장에서 보듯이 매우 성공적인 공직 경력을 가진 포숭모浦崇謨의 차남이라고 한다. 이것의 문제는 숭모가 1334년에 죽었다는 것인데, 이것은 그가 왕씨 가문에 입양된 30대 중반의 본초를 가장 어린 나이에 놓았으리라는 것이다. 뤄샹런의 포씨 족보에 대한 자세한 설명에서, 본초는 수경의 '두 번째로 나이가 많은 증손자'로 묘사되지만, 그의 아버지에 대한 언급은 없다. 대조적으로 포태초蒲太初(아래에 더 자세하게 나옴)는 '최고령 증손자'이자 숭모의 아들로 묘사된다.(Luo, Pu Shougengyanjiu, pp. 74-75.) 태초와 본초 사이에 공유된 세대 이름을 고려할 때, 사람들은 그들이 형제라고 추정해 왔다. 나는 본초가 사실 숭모의 동생 중 한 명의 아들이었다고 제안하고 싶다.

503 Cited in Luo, Pu Shougengyanjiu, p. 75. 1385년 그의 진사 합격 날짜는 취안저우 지리지와 『민서閩書』에 나온다.

504 Luo, Pu Shougengyanjiu, p. 76, the Tongzhi (1862-1874) Quanzhou fu zhi, zh. 55 인용. 일부 학자들은 또한 본초가 초기 청나라 작가 포송령蒲松齡(1640-1715)의 조상이라고 믿는데, 그의 가족은 푸젠에서 산둥으로 이주했고 일시적으로 포에서 양으로 성을 바꿨다고 한다. Abt, "locking and Unlocking the City Gates," pp. 11-12.

505 Luo, Pu Shougengyanjiu, pp. 77-78.

506 Luo, Pu Shougengyanjiu, p. 74.

507 Abt, "Locking and Unlocking the City Gates," pp. 10-11.

508 Edward L. Dreyer, Zheng He: China and the Oceans in the Early Ming Dynasty, 1405-1433 (New York, NY: Pearson Longman, 2007), pp. 148-149, 166.

509 Luo, Pu Shougengyanjiu, pp. 63, 69. 덕화Dehua 족보는 제4장에서 설명한 1349년 청정사 모스크 개보수와 관련된 같은 이름의 포수경의 차남과 포수경을 동일시하고 있다.

510 Geoff Philip Wade, "Southeast Asian Islam and Southern China in the Second Half of the Fourteenth Century," in Geoff Wade and Li Tana, eds., Anthony Reid and the Study of the Southeast Asian Past (Singapore: Institute for Southeast Asian Studies, 2012), p. 136.

511 Chang Pin-tsun, "The First Chinese Diaspora in Southeast Asia in the Fifteenth Century," in Emporia, Commodities and Entrepreneurs in Asian Maritime Trade, c. 1400-1750, eds., Roderich Ptak and Dietmar Rothermund (Stuttgart: Franz Steiner Verlag, 1991), pp. 13-28.

512 H. J. de Graaf and Th. G. Th. Pigeaud, Chinese Muslims in Java in the 15th and 16th Centuries: The Malay Annals of Semarang and Cerbon, M. C. Ricklefs, ed., Monash Papers on Southeast Asia No. 12 (North Melbourne: Ruskin Press, 1984), pp. 1-4, 48.

513 하나피파는 수니파 네 개의 학파 중 하나를 구성하며 아부 하나피(767년 사망)에 의해 설립되었다. de Graaf and Pigeaud, Chinese Muslims in Java, p. 50.

514 de Graaf and Pigeaud, Chinese Muslims in Java, pp. 13-14.

515 Yusuf Chang, "The Ming Empire," p. 23.

516 Rossabi, Khubilai Khan, pp. 219-220.

517 de Graaf and Pigeaud, Chinese Muslims in Java, pp. 50-51.

518 Roderich Ptak, "Ming Maritime Trade to Southeast Asia, 1368-1567," in Claude Guillot, Denys Lombard and Roderich Ptak, eds., From the Mediterranean to the China Sea: Miscellaneous Kates (Wiesbaden: Harrassowitz Verlag, 1998), pp. 160-161.

519 Louis-Charles Damais, "Etudes Javanaiscs: Les tombes Musulmans dates de Tralaya," Bulletin de l'Ecole Francaise d'Etreme Orient 48 (1967), pp. 353-415. 10기의 비석은 1376년부터 1611년까지,

두 번째 비석은 1380년에, 나머지 7기는 15세기에 만들어진 것이다. 묘비에 대한 자세한 설명과 텍스트 표기는 392~411쪽과 411쪽의 표를 참조하라.

520   Wade, "Southeast Asian Islam and Southern China," 132-133.

521   Hall, *Maritime Trade and State Development*, pp. 226-227.

522   Luis Filipe F. R. Thomaz, "Melaka and Its Merchant Communities at the Turn of the Sixteenth Century," in Denys Lombard and Jean Aubin, eds., *Asian Merchants and Businessmen in the Indian Ocean and the China Sea* (New Delhi: Oxford University Press, 2000), p. 31.

523   Kenneth Hall, "Multi-Dimensional Networking: Fifteenth-Century Indian Ocean Maritime Diaspora in Southeast Asian Perspective," *Journal of the Economic and Social History of the Orient* 49.4 (2006), p. 469; Thomaz, "Melaka and Its Merchant Communities," p. 31. 홀은 치나족과 친추족에 대해 다음과 같이 설명한다. "두 경우 모두 플라카족 공동체는 집, 예배 센터, 창고를 유지하는 영구적이고 체류하는 거주자들을 포함했다. 자신의 배를 소유하거나 장비를 갖추거나 재력가였던 상인 중 가장 엘리트들은 도시의 가장자리(두순)에 시골 땅을 가지고 있었고, 이는 귀중한 여가 공간으로 두 배가 되었다."(469쪽).

524   Thomaz, "Melaka and Its Merchant Communities," p. 31.

525   de Graaf and Pigeaud, *Chinese Muslims in Java*, pp. 31-45.

526   Mukai Masaki, "Transforming Dashi Shippers," pp. 9-11.

527   Steinhardt, *China's Early Mosques*, p. 44. 명과 청나라의 취안저우 무슬림에 대한 설명은 Wu Youxiong 吳幼雄, *Quanzhou zongjiao wenhua*, pp. 190-195 참조.

528   Dru C. Gladney, *Muslim Chinese: Ethnic Nationalism in the People's Republic* (Cambridge, MA: Council on East Asian Studies, Harvard University, 1991), p. 37. 그는 17세기 수피즘의 진입을 두 번째 흐름으로, 20세기 초의 근대 개혁을 세 번째 조류로 파악하였다(41~62쪽).

529   이것은 다음에서 훌륭하게 다뤄졌다. Zvi Ben-Dor Benite, *The Dao of Muhammad: A Cultural History of Muslims in Late Imperial China* (Cambridge, MA: Harvard University Asia Center, 2005). Sachiko Murata, William C. Chittick and Tu Weiming, *The Sage Learning of Liu Zhi: Islamic Thought in Confucian Terms* (Cambridge, MA: Harvard University Asia Center for the Harvard-Yenching Institute, 2009).

530   Benite, *The Dao of Muhammad*, p. 11.

531   John W. Chaffee, 1995, *The Thorny Gates of Learning in Sung China: A Social History of Examinations*, Cambridge University Press; 양종국 역, 2001, 신서원.

532   John W. Chaffee, 1999, *The Branches of Heaven: A History of the Sung Imperial Clan*, Harvard University Press.

533   재닛 아부 루고드 저, 박흥식 역, 2006, 『유럽 패권 이전-13세기 세계체제』, 까치.

534   필립 D. 커틴 저, 김병순 역, 2007, 『경제인류학으로 본 세계무역의 역사』, 모티브북.

535   김창석, 2006, 「8~10세기 이슬람 제종족의 신라 來往과 그 배경」, 『한국고대사연구』 44; 김정위, 2011, 「고려말 回鶻人의 귀화와 이슬람의 한반도 등장」, 『백산학보』 91; 권오영, 2012, 「百濟와 西域의 文物交流에 대한 試論」, 『백제연구』 55; 박천수, 2013, 「日本列島 出土 西域系 文物로 본 新羅와 日本」, 『신라사학보』 28; 윤재운, 2014, 「남북국시대 무역 연구의 현황과 과제」, 『한국고대사연구』 73; 박천수, 2016, 「古代 東北亞細亞 出土 琉璃器의 移入經路와 歷史的背景」, 『한국고고학보』 101; 박대남, 2018, 「원주 법천사지 지광국사탑의 의장분석 및 성격 고찰-외래적 요소를 중심으로-」, 『백제문화』 59; 윤재운, 2018, 「동아시아 교통로 연구현황과 과제-고대 한중관계를 중심으로-」, 『전북사학』 53; 정진한, 2020, 「신라가 이슬람 세계로 수출했다는 물품 목록에 관한 재고-이븐 쿠르다지바(820~912)의 『諸도로와 諸왕국지』를 중심으로-」, 『신라사학보』 48.

참고문헌

중국 1차 자료

Cai Tao 蔡絛, *Tieweishan congtan* 鐵圍山叢談 (Beijing: Zhonghua shuju, 1998).

Chen Dazhen 陳大震, *Dade Nanhai zhi canben* 大德南海志殘本 (Guangzhou: Guangzhou shi difang zhi yanjiusuo, 1986).

Du You 杜佑, *Tong dian* 通典 (Hangzhou: Zhejiang guji chubanshe, 2000).

Fang Xinru 方信孺, *Nanhai bai yong* 南海白詠 (Shanghai: Jiangsu guji chubanshe, 1988).

Gong Mingzhi 龔明之, *Zhongwu jiwen* 中吳紀聞 (Shanghai: Shanghai guji chubanshe, 1986).

Gu Yanwu 顧炎武, *Tianxia junguo libing shu* 天下郡國利病書 (Siku quanshu zhenben ed.).

Haishang sichou zhi lu － Guangzhou wenhua yichan: Dishang shiji juan 海上丝绸之路—广州文化遗产：地上史迹卷 (Maritime Silk Road － Cultural Heritage in Guangzhou: Historical Sites) (Guangzhou: Wenwu chubanshe, 2008).

He Qiaoyuan 何喬遠, *Min shu* 閩書, 5 vols. (Fuzhou: Fujian renmin chubanshe, 1995).

Hong Mai 洪邁, *Yijian zhi* 夷堅志 (Taipei: Mingwen shuju, 1982).

Li Fang 李昉, *Taiping guangji* 太平廣記 (Taipei: Xinxing shuju, 1962).

Li Tao 李燾, *Xu zizhi tongjian changbian* 續資治通鑑長編 (Beijing: Zhonghua shuju, 1979).

Li Zhao 李肇 (active 806－825), *Tang guoshi bu* 唐國史補, Zhongjian, Sheng et al., eds., abridged edition (Hangzhou: Zhejiang Guji Chubanshe, 1986). *Tang guoshi bu* 唐國史補. (Shanghai: Gudian wexue chuban, 1957).

Lin Zhiqi 林之奇, *Zhuozhai wenji* 拙齋文集 (Siku quanshu edn.).

Liu Xu, 劉煦, *Jiu Tangshu* 舊唐書 (Beijing: Zhonghua shuju, 1987).

Lou Yue 樓鑰, *Gongkui ji* 攻媿集 (Song: Sibu congkan chubian edn.).

Ma Duanlin 馬端臨, *Wenxian tongkao* 文獻統考 (Taipei: Xinxing shuju, 1964).

Ouyang Xiu 歐陽修, *Xin Tangshu* 新唐書 (Beijing: Zhonghua shuju, 1975).

Qingyuan Jin shi zupu 清源李氏族谱, in Quanzhoushi Quanzhou lishi yanjiuhui 泉州市泉州历史研究会, ed., *Quanzhou Huizu pudie ziliao xuanbian* 泉州回族谱牒资料选编, (Quanzhou, 1980).

Rongshan Lishi zupu 榮山李氏族谱, in Quanzhou shi Quanzhou lishi yanjiuhui 泉州市泉州历史研究会, ed., *Quanzhou Huizu pudie ziliao xuanbian* 泉州回族谱牒资料选编, (Quanzhou, 1980).

Sima Guang 司馬光, *Zizhi tongjian* 資治通鑒 (Song: Beijing: Zhonghua shuju, 1956).

Song huiyao jigao 宋會要輯稿 (Taipei: Shijie shuju, 1964).

Song huiyao jigao bubian 宋會要輯稿補編 (Beijing: Quanguo tushuguan wenxian shuwei fuhi zhongxin chuban, 1988).

Song Lian 宋濂, *Yuan shi* 元史 (Beijing: Zhonghua shuju, 1976).

Su Che 蘇撤, *Longchuan lüe zhi* 龍川略志 (Beijing: Zhonghua shuju, 1982).

Tang huiyao 唐會要 (Taipei: Shijie shuju, 1968)

Tuo Tuo 脫脫, *Song shi* 宋史 (Beijing: Zhonghua shuju, 1977).

Wang Dayuan 王大源 (1311 – 1350), *Daoyi zhilüe xiaoshi* 島夷誌略校釋 (Yuan; Beijing: Zhonghua shuju, 1981).

Wang Pu 王溥, *Wudai huiyao* 五代會要 (Beijing: Zhonghua shuju, 1998).

Wu Cheng 吳澄, *Wu Wenzheng ji* 吳文正集 (1484 ed.; rpt Yuanren wenji zhenben congkan 元人文集珍本叢刊), vol. 3, 16/10b – 11a.

Wu Jian 吳鑒, *Daoyi zhi lue xiao shi* 島夷誌畧校釋 (Beijing: Zhonghua shuju, 2000).

Xue Juzheng 薛居正, *Jiu Wudai shi* 舊五代歷史 (Beijing: Zhonghua shuju, 1976).

Yanzhi Sushi zupu 燕支蘇氏族譜, in Quanzhoushi Quanzhou lishi yanjiuhui 泉州市泉州历史研究会, ed., Quanzhou Huizu pudie ziliao xuanbian 泉州回族谱牒资料选编 (Quanzhou, 1980).

Yu Ji 虞集, Daoyuan lei gao 道園類稿, in *Yuanren wenji zhenben congkan* 元人文集珍本叢刊 (Taipei: Xinwenfeng chuban, 1985).

Yuan dianzhang 元典章 (Beijing: Zhongguo shudian, 1990).

Yue Ke 岳珂, *Tingshi* 桯史 (Beijing: Zhonghua shuju, 1981).

Zhen Dexiu 真德秀, *Zhen wenzhong gong wenji* 真文忠公文集 (conkan, Sibu edn.).

Zheng Xia 鄭俠, *Xitang ji* 西塘集 (quanshu, Siku edn.).

Zhou Mi 周密, *Guixin zashi* 癸辛雜識, 2, 26 (Beijing: Zhonghua shuju, 1988).

Zhou Qufei 周去非, *Lingwai daida jiaozhu* 嶺外代答校注, Yang Wuquan 楊武泉, ed. (Beijing: Zhonghua shuju, 1999).

Zhu Mu 祝穆, *Fangyu shenglan* 方輿生覽 (Taipei: Wenhai chubanshe, 1981).

Zhu Xi 朱熹, *Zhu Wengong wenji* 朱文公文集 (Siku quanshu zhenben, ed.).

Zhu Yu 朱彧, *Pingzhou ketan* 萍洲可談 (Shanghai: Shanghai guji chubanshe, 1989).

아랍어 및 기타 서양의 주요 번역 자료

Abu Zayd al-Sirafi, Accounts of China and India, edited and translated by Tim Mackintosh-Smith, in Two Arabic Travel Books, Philip F. Kennedy and Shawkat M. Toorawa, eds. (New York, NY: New York University Press, 2014)

Ahmad, S. Maqbul, *Arabic Classical Accounts of India and China* (Calcutta: Indian Institute of Advanced Study, 1989). Buzurg ibn Shahriyār (c. 900 – 953), *The Book of the Wonders of India, Mainland, Sea, and Islands* (Kitab ʿAjaʾib al-Hind), G. S. P. Freeman-Grenville, trans. (London: East-West Publications, 1981). English extracts in Hourani, *Arab Seafaring* (Princeton, NJ: Princeton University Press, 1951).

al-Masʿudi, Abu al-Ḥasan ʿAli ben al-Ḥusain, Murūj al-dhahab wa-maʿādin al-jawāhir (Meadows of Gold and Mines of Gems), in de Meynard, Barbier and de Courteille, Pavet, *Les Prairies d'Or. Texte et Traduction* (Paris: Imprimé par authorisation de l'Empereur à l'Imprimerie Impériale, 1861), tome I, 303. (Collection d'Ouvrage Orientaux Publiée par la Société Asiatique). Online version, cf. www.archive.org/stream/lesprairiesdor01masduoft#page/n5/mode/2up.

Battuta, Ibn, *The Travels of Ibn Battuta*, A.D. 1325 – 1354, trans. with revisions and notes from the Arabic text ed. by Defrémery, C. and Sanguinetti, B. R., ed. by Gibb, H. A. R. and annotated by Beckingham, C. F., 5 vols. (London: The Hakluyt Society, 1994).

Ferrand, Gabriel, *Relations de voyages et textes géographiques arabes, persans et turks relatifs de l'Extrême-Orient du VIIIe au XVIIIe siecles*, 2 vols. (Paris: Ernest Leroux, 1913 – 1914).

Polo, Marco, *The Travels of Marco Polo*, trans. and with an introduction by Latham, Ronald (London: Penguin Books, 1958).

Sirafi, Abu Zayd Hasan ibn Yazid, wa'l-Hind, Ahbar al-Sin, *Relation de la Chine et de l'Inde, rédigée en 851*. Arabic text, French trans. and notes by Sauvaget, Jean (Paris: Belles Lettres, 1948).

Tibbetts, G. R., *A Study of the Arabic Texts Containing Material on South-East Asia* (Leiden and London: E. J. Brill, 1979).

2차 자료

Abramson, Marc S., *Ethnic Identity in Tang China* (Philadelphia, PA: University of Pennsylvania Press, 2008).

Abt, Oded, "Locking and Unlocking the City Gates: Muslim Memories of Song-Yuan-Ming Transition in Southeast China," Harvard Middle Period Conference, June 2014.

Abu-Lughod, Janet L., *Before European Hegemony: The World System A.D. 1250 – 1350* (Oxford: Oxford University Press, 1989).

Allsen, Thomas T., *Culture and Conquest in Mongol Eurasia* (Cambridge: Cambridge University Press, 2001).

"Mongolian Princes and Their Merchant Partners, 1200 – 1260," *Asia Major*, 3rd Ser. 2 – 2 (1989), pp. 83 – 126.

Aslanian, Sebouh David, *From the Indian Ocean to the Mediterranean: The Global Trade Networks of Armenian Merchants from New Julfa* (Berkeley, CA: University of California Press, 2011).

Blake, Robert P., "The Circulation of Silver in the Moslem East Down to the Mongol Epoch," *Harvard Journal of Asiatic Studies* 2.3/4 (1937), pp. 291 – 328.

Bulliet, Richard W., *Conversion to Islam in the Medieval Period: An Essay in Quantitative History* (Cambridge, MA, and London: Harvard University Press, 1979).

Cahill, Suzanne Elizabeth, "Taoism at the Sung Court: The Heavenly Text Affair of 1008," *Bulletin of Sung Yuan Studies* 16 (1980), pp. 23 – 44.

Chaffee, John W., "At the Intersection of Empire and World Trade: The Chinese Port City of Quanzhou (Zaitun), Eleventh-Fifteenth Centuries," in Hall, Kenneth R., ed., *Secondary Cities and Urban Networking in the Indian Ocean Realm, c. 1400 – 1800* (Lanham, MD: Rowman and Littlefield Publishers, 2008), pp. 99 – 122.

Branches of Heaven: A History of the Imperial Clan of Sung China (Cambridge: Harvard University Asia Center, 1999).

"Cultural Transmission by Sea: Maritime Trade Routes in Yuan China," *Eurasian Influences on Yuan China: Cross-Cultural Transmissions in the 13th and 14th Centuries*, Rossabi, Morris, ed. (Singapore: Nalanda Srivijaya Centre, 2013), pp. 41 – 59.

"Diasporic Identities in the Historical Development of the Maritime Muslim Communities of Song-Yuan China," *Journal of the Economic and Social History of the Orient* 49.4 (2006), pp. 395 – 420.

"The Impact of the Song Imperial Clan on the Overseas Trade of Quanzhou," in Schottenhammer, Angela, ed., *The Emporium of the World: Maritime Quanzhou, 1000 – 1400* (Leiden: Brill, 2001), pp. 13 – 46.

"Muslim Merchants and Quanzhou in the Late Yuan-Early Ming: Conjectures on the Ending of the Medieval Muslim Trade Diaspora," in Schottenhammer, Angela, ed., *The East Asian "Mediterranean": Maritime Crossroads of Culture, Commerce and Human Migration* (Wiesbaden: Harrasowitz Verlag, 2008), pp. 115 – 132.

"Pu Shougeng Reconsidered: Pu, His Family, and Their Role in the Maritime Trade of

Quanzhou," in Antony, Robert J. and Schottenhammer, Angela, eds., *Beyond the Silk Road: New Discoursses on China's Role in East Asian Maritime History* (Wiesbaden: Harrassowitz Verlag, 2018), pp. 63 – 76.

"Song China and the multi-state and commercial world of East Asia," *Crossroads: Studies on the History of Exchange Relations in the East Asian World* 1 (2010), pp. 33 – 54.

"Songdai yu Dong Ya de duoguo xiti ji maoyi shijie 宋代与东亚的多国係提及贸易世界" (Song China and the multi-state and commercial world of East Asia), *Beida xuebao* 北大学报 46.2 (2009), pp. 99 – 108.

The Thorny Gates of Learning in Sung China: a Social History of Examinations, new edition (Albany: State University of New York Press, 1995).

Chang, Bide 昌彼得, Wang, Deyi 王德毅, Cheng, Yuanmin 程元敏 and Hou Junde 侯俊德, eds., *Songren zhuanji ziliao suoyin* 宋人傳記資料索引, 6 vols. (Taipei: Dingwen shuzhu, 1974 – 1975).

Chang, Hsing-lang (Zhang Xinglang), "The Rebellion of the Persian Garrison in Ch'üan-chou (1357 – 1366)," *Monumenta Serica* 3 (1938), pp. 611 – 627.

Chang, Pin-tsun, "The First Chinese Diaspora in Southeast Asia in the Fifteenth Century," in *Emporia, Commodities and Entrepreneurs in Asian Maritime Trade, c. 1400 – 1750*, Ptak, Roderich and Rothermund, Dietmar, eds. (Stuttgart: Franz Steiner Verlag, 1991), pp. 13 – 28.

Chang, Yusuf Haji, "The Ming Empire: Patron of Islam in China and Southeast-West Asia," *Journal of the Malaysian Brance of the Royal Asiatic Society* 61.2 (1988), pp. 1 – 44.

Chaudhuri, K. N., *Trade and Civilization in the Indian Ocean. An Economic History from the Rise of Islam to 1750* (Cambridge: Cambridge University Press, 1985).

Chen, Dasheng 陳達生, "A Brunei Sultan of the Early Fourteenth Century," in Elisseeff, Vadime, ed., *The Silk Roads: Highways of Culture and Commerce* (New York, NY, and Oxford: UNESCO Publishing, Berghahn Books, 1999), pp. 145 – 157.

"Chinese Islamic Influence on Archaeological Finds in South Asia," in *South East Asia & China: Art, Interaction and Commerce*, Scott, Rosemary and Guy, John, eds., *Colloquies on Art and Archaeology in Asia*, No. 17 (London: University of London Percival David Foundation of Chinese Art, 1995), pp. 55 – 63.

"Jin Ali yu Qingjingsi 金阿里与清净寺," in *Quanzhou Yisilanjiao yanjiu lunwenxuan* 泉州伊斯兰教研究论文选 (Fuzhou: Renmin chubanshe, 1983), 126 – 130.

"Persian Settlements in Southeastern China during the Tang, Sung, and Yuan Dynasties," in *Encyclopedia Iranica*, Yarshater, Eshan, ed. (Costa Mesa, CA: Mazda Publishers, 1992), vol. 5, p. 445.

"Quanzhou Yisilan jiaopai yu Yuanmo Yisibaxi zhanluan xingdun shitan 泉州伊斯蘭教派与元末亦思巴奚战乱性质试探," in *Quanzhou Yisilanjiao yanjiu lunwenxuan* 泉州伊斯兰教研究论文选 (Fuzhou: Renmin chubanshe, 1983), pp. 53 – 64.

Quanzhou Yisilan jiao shike 泉州伊斯蘭教石刻 (Fu-chou: Ningxia renmin chubanshe, Fujian renmin chubanshe, 1984).

"Synthetical Study Program on the Islamic Inscriptions on the Southeast Coastland of China," in *Zhongguo yu haishang sichou zhi lu* 中国与海上丝绸之路 (China and the Maritime Silk Route), edited by Lianheguo jiaokewen zuzhi haishang sichou zhilu zonghe kaocha Quanzhou guoji xueshu taolunhui zuzhi weiyuanhui 联合国教科文组织海上丝绸上之路综合考察泉州国际学术讨论会组织委员会 (Fuzhou: Fujian renmin chubanshe, 1991), pp. 159 – 182.

Chen, Dasheng 陳達生 and Kalus, Ludvik, *Corpus d'Inscriptions Arabes et Persanes en Chine*, Vol. 1, Province de Fu-jian (Paris: Librairie Orientaliste Paul Geuthner, 1991).

Chen, Dasheng 陳達生 and Salmon, Claudine, "Rapport préliminaire sur la découverte de tombes musulmanes dans l'ile de Hainan," *Archipel*, 1989, No. 38, pp. 75 - 106.

Chen, Dasheng 陳達生 and Shangsheng, Chen 陳尚勝, *Zhongguo haiwai jiaotong shi* 中國海外交通史 (Taipei : Wenjin chubanshe, 1998).

Chen, Gaohua 陳高華, and Shangsheng, Chen 陳尚耘, *Zhongguo haiwai jiaotong shi* 中國海外交通史 (Taipei: Wenjin chubanshe, 1998).

Christie, Jan Wisseman, "Javanese Markets and the Asian Sea Trade Boom of the Tenth to the Thirteenth Centuries A.D.," *Journal of the Economic and Social History of the Orient* 41.3 (1998): 341 - 381.

———. "The Medieval Tamil-language Inscriptions in Southeast Asia and China," *Journal of Southeast Asian Studies* 29.2 (1998), pp. 239 - 268.

Clark, Hugh, *Community, Trade, and Networks: Southern Fujian Province from the Third to the Thirteenth Centuries.* (Cambridge, MA: Cambridge University Press, 1991).

———. "Moslems and Hindus in the Economy and Culture of Song Quanzhou," *Abstracts of the 1993 Annual Meeting*, 4 (Ann Arbor, MI: Association for Asian Studies, 1993).

———. "The Politics of Trade and the Establishment of the Quanzhou Trade Superintendency," in *Zhongguo yu haishang sichou zhi lu* 中国与海上丝绸之路 (China and the Maritime Silk Route), edited by Lianheguo jiaokewen zuzhi haishang sichou zhilu zonghe kaocha Quanzhou guoji xueshu taolunhui zuzhi weiyuanhui 联合国教科文组织海上丝绸上之路综合考察泉州国际学术讨论会组织委员会, vol. 2. (Fuzhou: Fujian renmin chubanshe, 1991), pp. 375 - 393.

———. "The Southern Kingdoms between the T'ang and the Sung," in *The Cambridge History of China, Vol. 5 Part One: The Sung Dynasty and Its Precursors*, Twitchett, Denis and Smith, Paul, eds., pp. 133 - 205.

Cohen, Abner, *The Development of Indigenous Trade and Markets in West Africa: Studies Presented and Discussed at the Tenth International African Seminar at Fourah Bay College, Freetown, December 1969* (London: Oxford University Press, 1971), pp. 266 - 281.

Curtin, Philip D., *Cross-Cultural Trade in World History* (Cambridge: Cambridge University Press, 1984).

Damais, Louis-Charles, "Études Javanaises: Les tombes Musulmans dates de Tralaya," *Bulletin de l'École Française d'Etrême Orient* 48 (1967): 353 - 415.

Davis, Richard, "The Reign of Tu-tsung (1264 - 1274) and His Successors to 1279," in *The Cambridge History of China, Vol. 5, Part 1: The Sung Dynasties and Its Precursors, 907 - 1279*, Twitchett, Denis and Smith, Paul Jakov, eds. (Cambridge: Cambridge University Press, 2009), pp. 913 - 961.

de Graaf, H. J. and Pigeaud, Th. G. Th., *Chinese Muslims in Java in the 15th and 16th Centuries: The Malay Annals of Sĕmarang and Cĕrbon*, Ricklefs, M. C., ed., Monash Papers on Southeast Asia No. 12 (North Melbourne: Ruskin Press, 1984).

de la Vaissière, Étienne, *Sogdian Traders: A History*, translated by Ward, James (Leiden: Brill, 2005).

Deng Gang, *Maritime Sector, Institutions and Sea Power of Premodern China* (Westport, CT: Greenwood Press, 1999).

Di Meglio, Rita Rose, "Arab Trade with Indonesia and the Malay Peninsula from the 8th to the 16th Century," in in Richards, D. S., ed., *Islam and the Trade of Asia: A Colloquium Papers on Islamic History: II* (Oxford: Bruno Cassirer, 1970), 105 - 135.

Ding Kunjian 丁崑健, "Yuan Ming shidai Jinjiang diqu Huiyi Chenjiang Ding xing zuren de Hanhua" 元明時代晉江地區回族陳江丁氏族人的漢化, in Ding Shouzhen, ed., *Ding Xieyuan jiapu* 丁協源家譜 (Taipei: Chongsi zhiye youxian gongsi, 1997), 277 - 294.

Ding Shouzhen 丁壽真, ed., *Ding Xieyuan jiapu* 丁協源家谱 (Taipei: Chongsi zhiye youxian gongsi,

1997).

Drake, F. S., "Mohammedanism in the T'ang Dynasty," *Monumenta Serica* 7 (1943): 1–40.

Dunn, Ross E., *The Adventures of Ibn Battuta: A Muslim Traveler of the 14th Century*, Revised edition with a new preface (Berkeley, CA: University of California Press, 2005).

Endicott-West, Elizabeth, "Merchant Associations in Yüan China: The Ortoy," *Asia Major*, 3rd Ser., 2–2 (1989): 127–154.

Ennin, *Diary: The Record of a Pilgrimage to China in Search of the Law*, Reischauer, Edwin O., trans. (New York, NY: Ronald Press Co., 1955).

Fan, Ke, "Maritime Muslims and Hui Identity: A South Fujian Case," *Journal of Muslim Minority Affairs* 21,2 (2001), pp. 309–332,Google Scholar

Flecker, Michael, "A Ninth-Century Arab or Indian Shipwreck in Indonesian Waters," *International Journal of Nautical Archaeology* 29,2 (2000), pp. 199–217.

"A Ninth Century Arab or Indian Shipwreck in Indonesia: First Evidence for Direct Trade with China," *World Archaeology* 32,3 (February 2001), pp. 335–354.

Franke, Wolfgang, "China's Overseas Communications with Southeast Asia as Reflected in Chinese Epigraphic Materials, 1264–1800," in *Zhongguo yu haishang sichou zhi lu* 海上丝绸之路—广州文化遗产: 地上史迹卷 (*China and the Maritime Silk Route*), edited by Lianheguo jiaokewen zuzhi haishang sichou zhilu zonghe kaocha Quanzhou guoji xueshu taolunhui zuzhi weiyuanhui 联合国教科文组织海上丝绸上之路综合考察泉州国际学术讨论会组织委员会, vol. 2. (Fuzhou: Fujian renmin chubanshe, 1991), 309–322.

Franke, Wolfgang and Fan, Chen Tieh, "A Chinese Tomb Inscription of A.D. 1264, discovered recently in Brunei," *Brunei Museum Journal*, 3 (1973), pp. 91–99.

Fu Zongwen 傅宗文, "Houzhu guchuan: Song ji nanwai zongshi haiwai jingshang di wuzheng" 后渚古船：宋季南外宗室海外经商的物证, *Haiwai jiaotong yanjiu* 海外交通研究 2 (1989), pp. 77–83.

Gedalecia, David, "Wu Ch'eng and the Perpetuation of the Classical Heritage in the Yuan," in Langlois, John D. Jr., ed., *China under Mongol Rule* (Princeton, NJ: Princeton University Press, 1981), pp. 186–211.

Goitein, S. D., *A Mediterranean Society: The Jewish Communities of the Arab World as Portrayed in the Documents of the Cairo Geniza, Vol. 1* (Berkeley, CA: University of California Press, 1967). *Vol. 2 The Community* (Berkeley, CA: University of California Press, 1971).

"Portrait of a Medieval Indian Trader: Three Letters from the Cairo Geniza," *Bulletin of the School of Oriental and African Studies* 50,3 (1987): 449–464.

Goitein, S. D. and Friedman, Mordechai Akiva, *India Traders of the Middle Ages: Documents from the Cairo Geniza* ("India Book") (Leiden: Brill, 2008).

Green, Jeremy, "The Song Dynasty Shipwreck at Quanzhou, Fujian Province, People's Republic of China," *International Journal of Nautical Archaeology and Underwater Exploration* 12,3 (1983), pp. 253–261.

Guy, John, "Early Ninth-Century Chinese Export Ceramics and the Persian Gulf Connection: The Belitung Shipwreck Evidence," *China-Mediterranean Sea Routes and Exchange of Ceramics Prior to 16th century/Chine-Méditerranée Routes et échanges de la céramique avant le XVIe siécle* (Suilly-la-Tour: Éditions Findakly, 2006), pp. 9–20.

"Tamil Merchant Guilds and the Quanzhou Trade," in Schottenhammer, Angela, ed., *The Emporium of the World: Maritime Quanzhou, 1000–1400* (Leiden: Brill, 2001), pp. 283–309.

"The Phanom Surin Shipwreck, a Phalavi Inscription, and Their Significance for the History of Early Lower Central Thailand," *Journal of the Siam Society*, 105 (2017), pp. 179–196.

Haishang sichou zhi lu － Guangzhou wenhua yichan: Dishang shiji juan 海上丝绸之路—广州文化

遗产：地上史迹卷 (Maritime Silk Road – Cultural Heritage in Guangzhou: Historical Sites) (Guangzhou: Wenwu chubanshe, 2008).

Hall, Kenneth R., "Coastal Cities in an Age of Transition: Upstream-Downstream Networking and Societal Development in Fifteenth- and Sixteenth-Century Maritime Southeast Asia," in Hall, Kenneth, ed., *Secondary Cities and Urban Networking in the Indian Ocean Region, c. 1400 - 1800* (Lanham, MD: Rowman and Littlefield, 2008), pp. 177 - 204.

"Indonesia's Evolving International Relationships in the Ninth to Early Eleventh Centuries: Evidence from Contemporary Shipwrecks and Epigraphy," *Indonesia* 90 (Fall 2010), pp. 15 - 45.

"Local and International Trade and Traders in the Straits of Melaka Region: 600 - 1500," *Journal of the Economic and Social History of the Orient* 47.2 (2004): 213 - 260.

Maritime Trade and State Development in Early Southeast Asia (Honolulu, HI: University of Hawaii Press, 1985).

"Multi-Dimensional Networking: Fifteenth-Century Indian Ocean Maritime Diaspora in Southeast Asian Perspective," *Journal of the Economic and Social History of the Orient* 49.4 (2006), pp. 454 - 481.

Hartwell, Robert M., *Tribute Missions to China, 960 - 1126* (Philadelphia, PA, 1983).

Hasan, Hadi, *A History of Persian Navigation* (London: Methuen & Co., 1928).

Heng, Derek T. S., *Economic Interaction between China and the Malacca Straits Region, Tenth to Fourteenth Centuries A.D.* (Ph.D. dissertation, University of Hull, 2005).

"Economic Networks between the Malay Region and the Hinterlands of Quanzhou and Guangzhou: Temasek and the Chinese Ceramics and Foodstuffs Trade," in Low, Ann, ed., *Early Singapore, 1300s - 1819: Evidence in Maps, Text and Artifacts* (Singapore: Sikngapore History Museum, 2004), 73 - 85.

Malay Trade and Diplomacy from the Tenth through the Fourteenth Century, Ohio University Research in International Diplomacy, Southeast Asia Series No. 121 (Athens, OH: Ohio University Press, 2009).

Hirth, Frederick and Rockhill, W. W., trans., *Chau Ju-kua: His Work on the Chinese and Arab Trade in the Twelfth and Thirteenth Centuries, Entitled* Chu-fan-chi (St. Petersburg: Imperial Academy of Sciences, 1911; reprinted: Taipei: Ch'eng-wen Publishing Company, 1971).

Hourani, G. F., *Arab Seafaring in the Indian Ocean in Ancient and Early Medieval Times* (Princeton, NJ: Princeton University Press, 1951).

Hsiao Ch'i-ch'ing, "Mid-Yüan Politics," in Franke, Herbert and Twitchett, Denis, eds., *The Cambridge History of China. Vol. 6. Alien Regimes and Border States* (Cambridge: Cambridge University Press, 1994), 490 - 560.

Huang Chunyan 黃純艳, *Songdai haiwai maoyi* 宋代海外贸易 (Beijing: Shehui kexue wenxian chubanshe, 2003).

Hucker, Charles, *A Dictionary of Official Titles in Imperial China* (Stanford, CA: Stanford University Press, 1985).

Israeli, Raphael, "Medieval Muslim Travelers to China," *Journal of Muslim Minority Affairs*, 20.2 (2000): 313 - 321.

Jacq-Hergoualc'h, Michel, *The Malay Peninsula: Crossroad of the Maritime Silk Road*, Hobson, Victoria, trans. (Leiden: Brill, 2002).

Karashima Noboru, "South Indian Merchant Guilds in the Indian Ocean and Southeast Asia," in Kulke, Hermann, Kesavapany, K., and Sakhuja, Vijay, eds., *Nagapattinam to Suvarnadwipa: Reflections on the Chola Naval Expeditions to Southeast Asia* (Singapore: Institute of Southeast Asian Studies, 2010), pp. 135 - 157.

Kauz, Ralph, "The Maritime Trade of Kish during the Mongol Period," in Komaroff, Linda, ed., *Beyond the Legacy of Genghis Khan, Islamic History and Civilization, Studies and Texts 64* (Leiden, Boston: Brill, 2006), pp. 51–67.

Kervran, M., "Famous Merchants of the Arabian Gulf in the Middle Ages," *Dilmun, Journal of the Bahrain Historical and Archaeological Society*, No. 11 (1983), pp. 21–24.

Komoot, Abhirada Pook, "Recent Discovery of a Sewn Ship in Thailand: Challenges," Proceedings of the Underwater Archaeology in Vietnam Southeast Asia: Cooperation for Development, Quang Ngai, Vietnam, 2014.

Kracke, Edward A., "Early Visions of Justice for the Humble in East and West," *Journal of the American Oriental Society* 96.4 (1976), pp. 492–498.

Krishna, Brajesh, *Foreign Trade in Early Medieval India* (New Delhi: Harman Publishing House, 2000).

Kuhn, Dieter, *The Age of Confucian Rule: The Song Transformation of China* (Cambridge, MA: Belnap Press of Harvard University Press, 2009).

Kulke, Hermann, "The Naval Expeditions of the Cholas in the Context of Asian History," in Kulke, Hermann, Kesavapany, K., and Sakhuja, Vijay, eds., *Nagapattinam to Suvarnadwipa: Reflections on the Chola Naval Expeditions to Southeast Asia* (Singapore: Institute of Southeast Asian Studies, 2010), pp. 1–19.

Kuwabara, Jitsuzō 桑原騭藏, *Ho Jukō no jiseki* 蒲壽庚の 事蹟 (Tokyo: Kazama shobō, 1935).Google Scholar

"On P'u Shou-keng, a Man of the Western Regions, Who Was the Superintendent of the Trading Ships' Office in Ch'üan-chou towards the End of the Sung Dynasty, Together with a General Sketch of Trade of the Arabs in China during the T'ang and Sung Eras, Part 1" *Memoirs of the Research Department of the Tōyō Bunko* 2 (1928), pp. 1–79.

"On P'u Shou-keng, Part 2," *Memoirs of the Research Department of the Tōyō Bunko* 7 (1935), pp. 1–104.

Pu Shougeng 蒲壽庚, trans., Chen Yujing 陳裕菁 (Beijing: Zhonghua shuju, 1954).

Lambourn, Elizabeth, "Carving and Communities: Marble Carving for Muslim Communities at Khambhat and around the Indian Ocean Rim (late 13th to Mid-15thCenturies CE)," *Ars Orientalis. 50th Anniversary Volume on Communities and Commodities: Western Indian and the Indian Ocean, Eleventh to Fifteenth Centuries*, vol. 34 (2004), pp. 99–133.

"India from Aden: Khutba and Muslim Urban Networks in Late Thirteenth-Century India," in Hall, Kenneth R., ed., *Secondary Cities and Urban Networking in the Indian Ocean Realm, c. 1400–1800* (Lanham, MD: Rowman & Littlefield Publishers, 2008), pp. 55–98.

Lee, Hee-Soo, *The Advent of Islam in Korea: A Historical Account* (Istanbul: Research Centre for Islamic History, Art and Culture, 1997).

Lee, Risha, "Rethinking Community: The Indic Carvings of Quanzhou," in Kulke, Hermann, Kesavapany, K. and Sakhuja, Vijay, eds., *Nagapattinam to Suvarnadwipa: Reflections on the Chola Naval Expeditions to Southeast Asia* (Singapore: Institute of Southeast Asian Studies, 2010), pp. 240–270.

Leslie, Donald Daniel, *Islam in Traditional China: A Short History* (Canberra: Canberra College of Advanced Education, 1986).

Lewicki, Tadeusz, "Les premiers commerçants Arabes en Chine," *Rocznik orientalistyczny*, 11 (1935): 173–186.

Levy, Howard, *Biography of Huang Ch'ao*, Chinese Dynastic History Translations, no. 5 (Berkeley CA: University of California Press, 1961).

Li Tana, "A View from the Sea: Perspectives on the Northern and Central Vietnamese Coast," *Journal of Southeast Asian Studies*, 37.1 (2006), pp. 83 – 102.

Li Yukun 李玉昆, *Quanzhou haiwai jiaotong shilue* 泉州海外交通史略, A brief history of Quanzhou's overseas communications (Xiamen: Xiamen University Press, 1995).

Liebner, Horst, "Cargoes for Java: Interpreting Two 10th Century Shipwrecks," Southeast Asian Ceramic Society, West Malaysia Chapter, Lecture Series (Kuala Lumpur, 2009), pp. 1 – 50.

The Siren of Cirebon: A Tenth-Century Trading Vessel Lost in the Java Sea (Ph.D. dissertation, University of Leeds, 2014).

Liu, Yingsheng, 刘迎耘, "An Inscription in Memory of Sayyid Bin Abu Ali: A Study of Relations between China and Oman from the Eleventh to the Fifteenth Century," in Elisseeff, Vadime, ed., *The Silk Roads: Highways of Culture and Commerce* (New York, NY, and Oxford: UNESCO Publishing, Berghahn Books, 1999), pp. 122 – 126.

"Muslim Merchants in Mongol Yuan China," in Schottenhammer, Angela, ed., *The East Asian "Mediterranean": Maritime Crossroads of Culture, Commerce and Human Migration* (Wiesbaden: Harrasowitz Verlag, 2008), pp. 133 – 144.

Lo Hsiang-lin [Luo Xianglin 羅香林], "A Preliminary Discussion on the Building Year of Quanzhou Moslem Holy Tomb and the Authenticity of Its Legend," in Committee for the Preservation of Quanzhou Islamic Sites and the Chinese Cultural Historical Sites Research Center, ed., *The Islamic Historic Relics in Quanzhou* (Fuzhou: Fujian People's Publishing House, 1985).

"Islam in Canton in the Sung Period: Some Fragmentary Records," in Drake, F. S., ed., *Symposium on Historical Archaeological and Linguistic Studies in Southeast Asia* (Hong Kong: Hong Kong University Press, 1967),pp. 176 – 179.

Pu Shougeng yanjiu 蒲壽庚研究 (Hong Kong: Zhongguo xueshe, 1959).

Lo Jung-pang, *China as a Sea Power, 1127 – 1368: A Preliminary Survey of the Maritime Expansion and Naval Exploits of the Chinese People during the Southern Sung and Yuan Periods* (1957: Hong Kong: Hong Kong University Press, 2012), Bruce A. Elleman, ed., 2007.

"Chinese Shipping and East-West Trade from the Xth to the XIVth Century," in Mollat, Michel, ed., *Sociétés et companies de commerce en Orient et dans l'Océan Indien. Actes du Huitième Colloque International d'Histoire Maritime* (Paris: S.E.V.P.E.N., 1970), pp. 167 – 178.

Lombard, Denys, "Introduction," in Lombard, Denys and Aubin, Jean, eds., *Asian Merchants and Businessmen in the Indian Ocean and the China Sea* (New Delhi: Oxford University Press, 2000), pp. 1 – 9.

Ma Juan 馬娟, "Tang Song shiqi Yisilan fanfang kao 唐宋時期伊斯兰蕃坊考," *Huizu yanjiu* 回族研究, 1998, No. 3, pp. 31 – 36.

Ma, Laurence J. C., *Commercial Development and Urban Change in Sung China (960 – 1279)* (Ann Arbor, MI: Department of Geography, University of Michigan, 1971).

Maejima Shinji, "The Muslims in Ch'üan-chou at the End of the Yuan Dynasty," 2 pts. *Memoirs of the Research Department of the Tōyō Bunko 31* (1973), pp. 29 – 51; 32 (1974), pp. 47 – 71.

Manguin, Pierre-Yves, "The Introduction of Islam into Champa," in Gordon, Alijah, ed., *The Propagation of Islam in the Indonesian-Malay Archipelago* (Kuala Lumpur: Malaysian Sociological Research Institute, 2001), pp. 287 – 328.

"Trading Ships of the South China Sea," *Journal of the Economic and Social History of the Orient* 36.3 (Aug. 1993): 253 – 280.

Momoki Shiro 桃木至朗, "Dai Viet and the South China Sea Trade: From the Tenth to the Fifteenth Century," *Crossroads: An Interdisciplinary Journal of Southeast Asian Studies* 12.1 (1999): 1 – 34.

Momoki Shiro 桃木至朗 and Hasuda Takashi 蓮田隆志, "A Review of the Periodization of Southeast Asian Medieval/Early Modern History, in Comparison with That of Northeast Asia," in Kayoko,

Fujiko, Naoko, Makino and Mayumi, Matsumoto, eds., *Dynamic Rimlands and Open Heartlands: Maritime Asia as a Site of Interactions. Proceedings of the Second COE-ARI Joint Workshop.* (Osaka: Research Cluster on Global History and Maritime Asia, Osaka University, 2007), 1‒26.

Mukai Masaki 向正樹, "Regenerating Trade Diaspora: Supra-Regional Contacts and the Role of "Hybrid Muslims" in the South China Sea since the late 10th to mid-13th Century," in *Exploring Global Linkages between Asian Maritime World and Trans-Atlantic World*, Global History and Maritime Asia Working and Discussion Paper Series, No. 19 (Osaka: Osaka University, 2010), 66‒80.

"The Interests of the Rulers, Agents and Merchants behind the Southward Expansion of the Yuan Dynasty," *Journal of the Turfan Studies: Essays on The Third International Conference on Turfan Studies, the Origins and Migrations of Eurasian Nomadic Peoples* (Shanghai: Shanghai Guji, 2010), pp. 428‒445.

"Transforming Dashi Shippers: The Tributary System and the Trans-national Network during the Song Period," Harvard Conference on Middle Period China, 2014.

Nakamura Kushirō, "Tō-jidai no Kanton" *Shigaku Zasshi*, 28 (1917): 242‒258, 348‒368, 487‒495, 552‒576.Google Scholar

Nakamura Tsubasa, "The Maritime East Asian Network in the Song-Yuan Period," paper presented at the Conference on Middle Period China, 800‒1400, Harvard University, June 5‒7, 2014.

Park, Hyunhee, *Mapping the Chinese and Islamic Worlds: Cross-Cultural Exchange in Pre-Modern Asia* (Cambridge: Cambridge University Press, 2012).

Peterson, Charles A., "Court and Province in Mid- and Late T'ang," in Twitchett, Denis, ed., *The Cambridge History of China, Vol. 3: Sui and T'ang China, 589‒906, Part 1* (Cambridge: Cambridge University Press, 1979), pp. 464‒550.

Pryor, John H., "The Origins of the Commenda Contract," *Speculum* 52.1 (1977), pp. 5‒37.

Ptak, Roderich, "Ming Maritime Trade to Southeast Asia, 1368‒1567," in Guillot, Claude, Lombard, Denys and Ptak, Roderich, *From the Mediterranean to the China Sea: Miscellaneous Notes* (Wiesbaden: Harrassowitz Verlag, 1998), pp. 157‒191.

Quanzhou Huizu pudie ziliao xuanbian 泉州回族谱牒资料选编, Quanzhoushi Quanzhou lishi yanjiuhui 泉州市泉州历史研究会, ed. (Quanzhou, 1980).

Ravaisse, Paul, "Deux inscriptions coufiques du Campa," *Journal Asiatique* (Paris), Série II, 20.2 (1922): 247‒289.

Richards, D. S., ed., *Islam and the Trade of Asia. A Colloqium* (Oxford: Bruno Cassirer and University of Pennsylvania Press, 1970).

Risso, Patricia, *Merchants and Faith: Muslim Commerce and Culture in the Indian Ocean* (Boulder, CO: Westview Press, Inc., 1995).

Rossabi, Morris, *China among Equals: The Middle Kingdom and Its Neighbors, 10th‒14th Centuries* (Berkeley, CA: University of California Press, 1983).

Khubilai Khan: His Life and Times (Berkeley, CA: University of California Press, 1988).

"The Mongols and Their Legacy," in Komaroff, Linda and Carboni, Stefano, eds., *The Legacy of Genghis Khan: Courtly Art and Culture in Western Asia, 1256‒1353* (New York, NY, New Haven, CT, and London: The Metropolitan Museum of Art and Yale University Press, 2002), pp. 12‒35.

"Muslim and Central Asian Revolts," in Spence, Jonathan and Wills, John Jr., eds., *From Ming to Ch'ing: Conquest, Region, and Continuity in Seventeenth Century China* (New Haven, CT: Yale University Press, 1979), pp. 167‒200.

"The Muslims in Early Yüan Dynasty," in *China under Mongol Rule*, Langlois, John D. Jr., ed. (Princeton, NJ: Princeton University Press, 1981), pp. 257‒295.

Saunders, Graham, *A History of Brunei* (Kualah Lumpur: Oxford University Press, 1994).

Schafer, Edward H., *The Golden Peaches of Samarkand: A Study of T'ang Exotics* (Berkeley, CA: University of California Press, 1963).

———. "Iranian Merchants in T'ang Dynasty Tales," in *Semitic and Oriental Studies: A Volume Presented to William Popper* (Berkeley, CA: University of California Publications in Semitic Philology, vol. XI, 1951), 403–422.

———. *The Vermilion Bird: T'ang Images of the South* (Berkeley, CA: University of California Press, 1967).

Schottenhammer, Angela, "China's Emergence as a Maritime Power," in Chaffee, John and Twitchett, Denis, eds., *The Cambridge History of China, Volume 5, Part 2: The Five Dynasties and Sung China, 960–1279* (Cambridge: Cambridge University Press, 2015), pp. 437–525.

———. "China's Increasing Integration into the Indian Ocean World up to Song Times: Sea Routes, Connections, Trade," in Schottenhammer, Angela, ed., *Transfer, Exchange, and Human Movement across the Indian Ocean World*, Palgrave Series in Indian Ocean World Studies, 2 vols. (London: Palgrave Macmillan, forthcoming).

———. "Guangzhou as China's Gate to the Indian Ocean: The Importance of Iranian and Arab Merchant Networks for Long-Distance Maritime Trade during the Tang-Song Transition (c. 750–1050), Part 1: (750–c. 900)," *Harvard Journal of Asiatic Studies* 76 (2016): 135–179.

———. "The Role of Metals and the Impact of the Introduction of Huizi Paper Notes in Quanzhou on the Development of Maritime Trade in the Song Period," in Schottenhammer, Angela, ed., *The Emporium of the World: Maritime Quanzhou, 1000–1400* (Leiden: Brill, 2001), pp. 95–176.

Schurmann, Franz, *Economic Structure of the Yuan Dynasty* (Cambridge, MA: Harvard-Yenching Institute, 1956).

Sen, Tansen, "Buddhism and the Maritime Crossings," in Wong, Dorothy and Heldt, Gustav, eds., *China and Beyond in the Mediaeval Period: Cultural Crossings and Inter-Regional Connections* (Amherst, MA, and Delhi: Cambria Press and Manohar Publishers, 2014), pp. 39–61.

———. *Buddhism, Diplomacy, and Trade: The Realignment of Sino-Indian Relations, 600–1400* (Honolulu, HI: University of Hawaii Press, 2003).

———. "South Asia and the Mongol Empire," in Biran, Michal and Hodong, Kim, eds., *The Cambridge History of the Mongol Empire*, vol. 1 (Cambridge: Cambridge University Press, forthcoming).

Seshadri, Gokul, "New Perspectives on Nagapattinam: The Medieval Port City in the Context of Political, Religious, and Commercial Exchanges between South India, Southeast Asia and China," in Kulke, Herman, Kesavapany, K., and Sakhuja, Vijay, eds., *Nagapattinam to Suvarnadwipa: Reflections on the Chola Naval Expeditions to Southeast Asia* (Singapore: Institute of Southeast Asian Studies, 2010), pp. 102–134.

Shiba Yoshinobu, *Commerce and Society in Sung China*, Mark Elvin, trans. (Ann Arbor, MI: Center for Chinese Studies, University of Michigan, 1970).

———. "Sung Foreign Trade: Its Scope and Organization," in Rossabi, Morris, ed., *China among Equals: The Middle Kingdom and Its Neighbors, 10th–14th Centuries* (Berkeley, CA: University of California Press, 1983), pp. 89–115.

Shokoohy, Mehrdad, *Muslim Architecture of South India: The Sultanate of Ma'bar and the Traditions of the Maritime Settlers on the Malabar and Coromandel Coasts* (Tamil Nadu, Kerala and Goa) (London: Routledge Curzon, 2003).

So, Billy Kee Long [Su Jilang 蘇基朗], "Financial Crisis and Local Economy: Ch'üan-chou in the Thirteenth Century," *T'oung Pao* 77 (1991): 119–137.

———. "Lingshan sheng mu niandai kaobian" 靈山聖墓年代考辨, in Jilang, Su, *Tang Song Minnan*

Quanzhou shidi lungao 唐宋時代閩南泉州史地論稿 (Taipei: Taiwan Shangwu yinshuguan, 1992), 62–94.

Prosperity, Region, and Institutions in Maritime China. The South Fukien Pattern, 946–1368 (Cambridge, MA: Harvard University Asia Center, 2000).

Tang Song shidai Minnan Quanzhou shidi lungao 唐宋時代閩南泉州駛抵論稿 (Taipei: Shangwu yinshuguan, 1991).

Somers, Robert M., "The End of the T'ang," in Twitchett, Denis, ed., *The Cambridge History of China, Vol. 3: Sui and T'ang China, 589–906, Part 1* (Cambridge: Cambridge University Press, 1979).

Standen, Naomi, "The Five Dynasties," in Twitchett, Denis and Smith, Paul, eds., *The Cambridge History of China, Vol. 5, Part 1: The Sung Dynasty and Its Precursors* (Cambridge: Cambridge University Press, 2009), pp. 38–132.

Steinhardt, Nancy Shatzman, "China's Earliest Mosques," *Journal of the Society of Architectural Historians* 67.3 (September 2008), pp. 330–361.

China's Early Mosques. Edinburgh Studies in Islamic Art (Edinburgh: Edinburgh University Press, 2016).

Stern, S. M., "Rāmisht of Sīrāf, a Merchant Millionaire of the Twelfth Century," *The Journal of the Royal Asiatic Society of Great Britain and Ireland* No. 1/2 (Apr., 1967), pp. 10–14.

Takakusu, J., "Aomi-no Mabito Genkai (779), Le voyage de Kanshin en Orient (742–754)," *Bulletin de l'Ecole Française d'Extrême Orient*, 28 (1928), pp. 1–41, 441–472; 29 (1929), pp. 47–62.

Tampoe, Moira, *Maritime Trade between China and the West: An Archaeological Study of the Ceramics from Siraf (Persian Gulf), 8th to 15th centuries A.D.* (BAR International Series 555, 1989).

Thomaz, Luis Filipe F.R., "Melaka and Its Merchant Communities at the Turn of the Sixteenth Century," in Lombard, Denys ane Aubin, Jean, eds., *Asian Merchants and Businessmen in the Indian Ocean and the China Sea* (New Delhi: Oxford University Press, 2000), pp. 24–39.

Twitchett, Denis, "Hsüan-tsung," in Twitchett, Denis, ed., *The Cambridge History of China, Vol. 3, Sui and T'ang China, 589–906, Part 1* (Cambridge: Cambridge University Press, 1979), pp. 333–463.

Twitchett, Denis and Stargardt, Janice, "Chinese Silver Bullion in a Tenth-Century Indonesian Wreck," *Asia Major*, 3rd Series, 15.1 (2002): 23–72.

Udovitch, Abraham L., "Commercial Techniques in Early Medieval Islamic Trade," in Richards, D. S., ed., *Islam and the Trade of Asia: A Colloquium*, Papers on Islamic History: II (Oxford: Bruno Cassirer, 1970), pp. 37–62.

Wade, Geoff Philip, "The 'Account of Champa' in the Song Huiyao Jigao," in Ky Phuong, Tran and Lockhart, Bruce M., eds., *The Cham of Vietnam: History, Society and Art* (Singapore: NUS Press, 2011), pp. 138–167.

"Beyond the Southern Borders: Southeast Asia in Chinese Texts to the Ninth Century", in Guy, John, ed., *Lost Kingdoms. Hindu-Buddhist Sculpture of Early Southeast Asia* (New York, NY: The Metropolitan Museum of Art; New Haven CT, London: Yale University Press, 2014).

"An Earlier Age of Commerce in Southeast Asia: 900–1300 C.E.?" in Kayoko, Fujiko, Naoko, Makino and Mayumi, Matsumoto, eds., *Dynamic Rimlands and Open Heartlands: Maritime Asia as a Site of Interactions. Proceedings of the Second COE-ARI Joint Workshop* (Osaka: Research Cluster on Global History and Maritime Asia, Osaka University, 2007), pp. 27–82.

"Southeast Asian Islam and Southern China in the Second Half of the Fourteenth Century," in Wade, Geoff and Tana, Li, eds., *Anthony Reid and the Study of the Southeast Asian Past* (Singapore: Institute for Southeast Asian Studies, 2012), pp. 125–145.

Wang Gungwu, "The Nan-hai Trade. A Study of the Early History of Chinese Trade in the South China Sea," *Journal of the Malayan Branch of the Royal Asiatic Society*, 31:2 (1958), pp. 1 – 135.

Wang Zengyu 王曾瑜, "Tan Songdai zaochuanye" 宋代造船业, *Wenwu* 文物, no. 10 (1975), pp. 24 – 27.

Wang Zhenping, "T'ang Maritime Trade Administration," *Asia Major* 4.1 (1991), pp. 7 – 38.

Wheatley, Paul, "Geographical Notes on Some Commodities Involved in the Sung Maritime Trade," *Journal of the Malaysian Branch of the Royal Asiatic Society* 32.2, no. 186 (1959), pp. 1 – 140.

Whitehouse, David, "Chinese Stoneware from Siraf: The Earliest Finds," in Hammond, Norman, ed., *South Asian Anthropology: Papers from the First International Conference of South Asian Archaeologists held in the University of Cambridge* (Park Ridge, NJ: Noyes Press, 1973), pp. 241 – 256.

Wink, André, *Al-Hind. The Making of the Indo-Islamic World. Vol. I, Early Medieval India and the Expansion of Islam 7th to 11th Centuries*, 3rd edition (Leiden, New York, NY, Köln: E. J. Brill, 1996).

Wyatt, Don J., *The Blacks of Premodern China* (Philadelphia, PA: University of Pennsylvania Press, 2009).

Wu Renchen 吳任臣, *Shiguo chunqiu* 十國春秋 (Beijing: Zhonghua shuju, 1983).

Wu Youxiong 吳幼雄, *Quanzhou zongjiao wenhua* 泉州宗教文化 (Xiamen: Lujiang chubanshe, 1993).
"Yuandai Quanzhou ba ci she sheng yu Pu Shougeng Ren Quanzhou xingsheng pingzhang zhengshi kao" 元代泉州八次设省與蒲壽庚任泉州行省平章政事考, *Fujian difangshi yanjiu* 福建地方史研究 No. 2 (1988), pp. 43 – 46.

Yamauchi Shinji, "The Japanese Archipelago and Maritime Asia from the 9th to the 13th Centuries," in Kayoko, Fujiko, Naoko, Makino, and Mayumi, Matsumoto, eds., *Dynamic Rimlands and Open Heartlands: Maritime Asia as a Site of Interactions. Proceedings of the Second COE-ARI Joint Workshop* (Osaka: Research Cluster on Global History and Maritime Asia, Osaka University, 2007), pp. 82 – 99.

Yokkaichi Yasuhiro 四日市康博, "Chinese and Muslim Diasporas and the Indian Ocean Trade Network under Mongol Hegemony," in Schottenhammer, Angela, ed., *The East Asian "Mediterranean": Maritime Crossroads of Culture, Commerce and Human Migration* (Wiesbaden: Harrasowitz Verlag, 2008), pp. 73 – 102.
"The Eurasian Empire or Chinese Empire? The Mongol Impact and the Chinese Centripetal System," in *Asian Empires and Maritime Contracts before the Age of Commerce II*, Empires, Systems, and Maritime Networks: Reconstructing Supre-regional Histories in Pre-19th Century Asia, Working Paper Series 03 (Osaka: KSI, Inc., 2011), pp. 23 – 34.
"Gencho kyūtei ni okeru kōeki to teishin shūdan" 元朝宮廷における交易と廷臣集団, *Bulletin of the Graduate Division of Literature of Waseda University* 早稲田大學大學院文學研究科紀要 45.4 (2000), pp. 3 – 15.
"The Structure of Political Power and the Nanhai Trade: from the Perspective of Local Elites in Zhejiang in the Yuan Period," paper presented to the annual meetings of the Association for Asian Studies, San Francisco, March 2006.

Zhang Yingsheng 張迎勝, *Yuandai huizu wenxuejia* 元代回族文学家 (Beijing: Renmin chubanshe, 2004).

Zhuang Weiji 庄為璣, "Quanzhou Qingjingsi de lishi wenti 泉州清净寺的历史问题," in *Quanzhou Yisilanjiao yanjiu lunwenxuan* 泉州伊斯兰教研究论文选 (Fuzhou: Renmin chubanshe, 1983), pp. 65 – 82.

찾아보기

ㄱ

가탐賈耽 45
각화무권화무貨務 99
간저우 216
간푸澉浦 186, 201
감진鑒真 32, 56, 70
강수綱首 137
고려 135, 182, 279, 297
고선지高仙芝 34, 70
고염무顧炎武 151, 152, 167
곤륜선崑崙船 18, 273, 282
공최명왕경孔崔明王經 135
공험公驗 190
관손觀孫 230, 231
광저우 6, 10, 12, 20-22, 28-30, 32, 34-40,
   45, 50, 52, 55-61, 64, 66, 67, 69-71, 73-
   78, 82, 83, 85, 90, 91, 94, 97, 100, 101, 103,
   104, 107-112, 123, 129, 135, 139, 140-143,
   148-151, 155-160, 163, 165-167, 169,
   170, 175, 201, 206, 239, 257, 260, 263, 264,
   267, 268, 274-276, 284, 293, 296, 300, 301
광저우 대학살(879년) 82, 275
광탑光塔 157-160, 171
길과 왕국의 서Book of Routes and Realms 45,
   46, 47
김길金吉 226, 227, 230-232, 308

ㄴ

나침반 124
나호라囉護哪 136
남해 1호 난파선 126
남해의 기록 193
노균盧鈞 58, 59, 287

ㄷ

다우선 18, 19, 42, 273
당률소의唐律疏議 57, 287
대식大食 11, 35, 36, 92, 95, 104
동문병董文炳 214, 215, 217, 218
두환杜環 34, 36, 37

ㄹ

루손족 254, 255
루약樓鑰 143

ㅁ

마르코 폴로 19, 201, 273, 282, 303
마환馬歡 247, 250
말라바르 51, 92, 114, 146, 175, 183, 195-198
말레이 연대기 249, 250-254, 256
말릭 타키 알딘Malik Taqi al-Din 198
몽테이 216, 220-222
무스카트 105, 132, 141, 142, 151, 293
무캇담muqaddam 146, 298
밍저우 12, 101, 102, 104, 129, 135, 238, 239,
   268, 292, 296

ㅂ

바레인 86, 132, 142, 198
방신유方信孺 159, 162, 299
번객藩客 36, 112, 149
번관蕃官 140
번방蕃坊 56, 58, 140, 149, 150, 158
번수蕃首 176
번인항蕃人巷 150
번장蕃長 56, 57, 108, 109, 140-142, 151,
   152, 169, 298
범여규范如圭 153
베트남 23, 93, 98, 101, 104, 112, 121, 177,
   253, 277
벨리퉁 난파선 18, 42, 48, 126
부강수副綱首 137
부록簿錄 170
부주르그 19, 50, 51, 106, 302
불련佛蓮 198, 199

ㅅ

사두唆道 215, 216
사드 이븐 아비 와까스Sa'd ibn Abi Waqqas, 撒
   哈八撒阿的乾葛思 37
사디 120
사이드 빈 아부 알리Sayyid Bin Abu Ali 195,
   199
사이드 아잘 샴스 알딘Sayyid'Ajall Shams al-
   Din 222
상가桑哥 220, 221, 222
상하이 129, 132, 186, 201, 296
색목인 24, 205, 214, 224, 228, 241-243, 278
샤라프 알-자만 알-마르자위Sharaf al-Zaman
   al-Marzawi 38
성우사聖友寺 159, 160, 211
세색細色 131

소당사蘇唐舍　225, 226, 235, 241
소찬철蘇纘轍　241
스리비자야　11, 22, 32, 84, 88, 89, 95, 96, 98,
　　101, 104-106, 111, 112, 115, 121, 132, 134,
　　136, 142, 162, 163, 173, 176, 248, 258, 268,
　　276, 285, 289, 293, 298
시나위施郍幃　162, 163, 176, 248
시라프　18, 40, 46, 49-51, 56, 77, 84, 86, 88,
　　119, 160, 163, 207, 273, 286, 293
시박도전운사市舶都轉運司　187
시박사市舶使　52, 287
시박사市舶司　101, 102, 129, 137, 143, 148,
　　154, 160, 167, 186, 187, 221
시박제거사市舶提擧司　102, 129, 160, 189
시하브 알딘　216, 220, 221
신드주　15
신압타라辛押陀羅　141, 151, 170

ㅇ
아마드 이븐 알 시라피　119
아바스 왕조　11, 20, 22, 23, 28, 34, 35, 36, 42,
　　48, 82, 104, 114, 118, 119, 122, 146, 160,
　　173, 267, 268, 277, 283
아부 둘라프　84, 85, 91, 290
아부 자이드 알시라피　75
아샤브 모스크　159, 161, 211, 263, 299
아자이브 알힌드　87, 88
악가　149, 151, 155-159
안록산의 난　29, 67
알 마수디　55, 75, 76, 85-87
알-아지즈　91
알탈소斡脫所　186
알탈총관부斡脫摠管府　186
애산崖山 전투　172, 182
양양襄陽 전투　182
양저우　11, 20, 21, 35, 38, 47, 49, 52, 54, 55,
　　67-69, 78, 83, 132, 206, 216, 268, 274, 275
엔닌圓仁　68
연공남燕公楠　221
연지 소씨燕支蘇氏　225, 241
영산 이씨榮山李氏　224, 241, 246, 262
영애운람瀛涯転覽　250
오감吳鑒　212, 213
오르토이　185, 186, 188, 189, 191, 192, 195,
　　199, 216, 220, 222, 223, 248, 253, 258, 304
오사점烏師點　176
오유웅吳幼雄　233, 235

오징吳澄　203, 204
와사프 탁치 알딘Wassaf Taqqi al-Din　197
왕대연王大淵　200, 305
왕대유汪大猷　143, 144, 145, 149
왕악王鍔　54, 58
왕원무王元懋　137, 138
왕환지王渙之　143, 145
용아문龍牙門　200
원전장元典章　189
유극장劉克莊　167
의정義淨　30
이광재李廣齊　242-245
이단李端　224, 242, 244
이드리시　87, 290
이려李閭　224, 234, 241
이면李勉　50, 73
이븐　206
이븐 바투타　19, 190, 191, 198, 200-203, 206-
　　209, 212, 258, 273, 282, 304-306
이븐 와흐브 알쿠라시Ibn Wahb al-Qurashi　40
이븐 코르다드베　55
이븐 코르다드베　45, 47-49, 84
이스파　226, 229, 231-235, 241, 258, 308, 309
이슬람 공동체Dar al Islam　14, 177, 270, 271
이슬람 밖의 영역Dar al harb　15
이아물李亞勿　107, 109, 110
인도의 불가사의한 책　50
인탄 난파선　89, 291
일한국　23, 183, 194, 196, 197, 200, 277
임소경林昭慶　137
임지기林之奇　162, 163
임충林充　138

ㅈ
자말 알딘 이브라힘Jamal al-Din Ibrahim　196
자오저우　55, 98, 132
자와　11, 22, 23, 47, 56, 84, 88-90, 95, 96,
　　101, 105, 112, 126, 182, 218, 238, 249-254,
　　256, 259, 268, 276, 277, 289, 291, 293, 307
잡사雜事　137
장선張瑄　216, 220, 222, 223
장세걸張世傑　172, 301
전자득傳自得　152, 153
정근丁謹　222, 223
정선丁善　240
정재鄭載　149, 151
정점사丁苫思　240

정크선 19, 124-126, 203, 273
정협鄭俠 150
정화鄭和 24, 165, 247, 249, 250, 251, 278
제번지諸蕃志 105, 163
조색粗色 131
주거비 130
주기朱記 137
주도산朱道山 238, 309
주욱朱彧 129, 131, 134, 135, 137, 140-143,
    149, 155, 169
주원장朱元璋 238, 278
주청朱淸 216, 220, 222, 223
주희 151-154
증정단曾鼎旦 165, 166
진석청陳石淸 112
진조의陳祖義 249

ㅊ
참파 11, 22, 46, 88, 92-95, 98, 101, 104, 105,
    112, 115, 121, 132, 137, 142, 149, 155, 174,
    176-178, 182, 200, 238, 253, 258, 268, 276,
    292, 300
채조蔡條 165, 300
천부사泉府司 186, 304
천부원泉府院 189
청원 김씨淸原金氏 226
청정사淸淨寺 160, 211-213, 226, 227, 310
촐라 11, 22, 91, 105, 111, 112, 114, 118, 120,
    121, 136, 268, 276
추분抽分 187, 189
축목祝穆 150
취안저우 6, 11, 12, 17, 22, 24, 38, 47, 94, 98,
    99, 104, 123, 124, 126-130, 132, 133, 135-
    137, 139, 142-144, 148, 150, 151, 153, 154,
    156, 159, 160, 162, 163, 165, 167-172, 174,
    175, 177-179, 187, 195, 196, 199-207,
    209-214, 216, 217, 219, 222, 223, 225-227,
    229, 230, 232-235, 238-240, 242, 244-
    247, 251-255, 257-261, 263, 264, 268, 276,
    278, 282, 296, 297, 299-302, 305, 308, 310
치르본 난파선 89, 90, 126, 291
칭위안慶元 186, 201

ㅋ
칸푸 29, 39-41, 45, 46, 55, 56, 75, 76, 86
칼라Kalah 22, 46, 84-88, 91, 92, 95
코멘다 15, 147, 177, 208, 210

쿠빌라이 23, 182, 183, 196, 214, 215, 220,
    223, 251, 277

ㅌ
태평광기太平廣記 71, 283

ㅍ
파놈 수린 난파선 42
파사波斯 11, 35
파흐르 알딘 아마드Fakhr al-Din Ahmad 197
팔관통지八關通志 205, 301
포가산莆可散 93
포가심蒲加心 105
포개종蒲開宗 170
포노갈蒲盧歇 105, 292, 293
포라신蒲囉辛 169, 295, 300
포마물타파리蒲麻勿陀婆離 113
포본초蒲本初 245
포수경蒲壽庚 16, 170-172, 178, 186, 199,
    213-219, 232, 234, 245, 248, 258, 272, 281,
    301, 310, 340
포수성蒲壽成 170, 172, 213, 301
포아리蒲亞里 167, 293, 300
포압타려蒲押陀黎 105
포압타리浦押陀離 110, 111
포일화蒲日和 213, 227, 228, 247
포타파리蒲陀婆離 105
포하산蒲訶散 105
포하신蒲霞辛 162, 163
포희밀蒲希密 106-111, 141
푸저우 99, 104, 206, 229, 305
푸젠 17, 54, 97, 126, 134, 137, 167, 168, 177,
    186, 201, 203-206, 215, 218, 229, 230, 243,
    247, 249, 260, 272, 300
ㅎ
하이난 20, 28, 32, 70-72, 93, 94, 150, 177,
    206, 274
한유韓愈 49
항저우 38, 101, 102, 104, 129, 135, 156, 187,
    188, 201-203, 206, 220, 284, 292, 296
해운루海運樓 171, 217
행천부사行泉府司 188, 220
호라즘 184, 185
황소의 난 29, 75, 82, 97, 256, 292
회성사懷聖寺 157, 158, 263
회회回回 205
훌라구 183

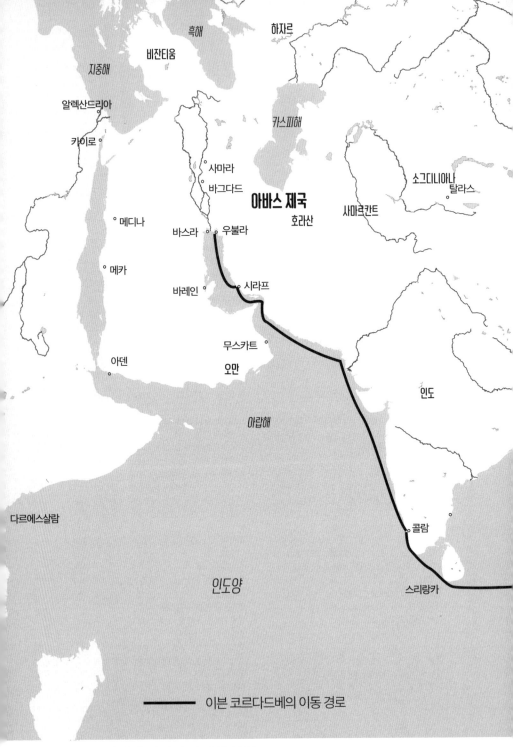

지도 1. **당나라 시기의 아시아 해양**

중국

밍저우

오월

장강

민
취안저우
푸저우

후저우

광저우

남한

대월
안남
자오저우

남해 1호

버마

하이난

필리핀

메콩강

파놈 수린

안다만해

참파

남중국해

브루나이

칼라
말라야

수마트라

인도양

스리비자야

벨리퉁

팔렘방

인탄

치르본

자박

자와

지도 2. 9~10세기 중국과 남아시아

■ 난파선

북태평양

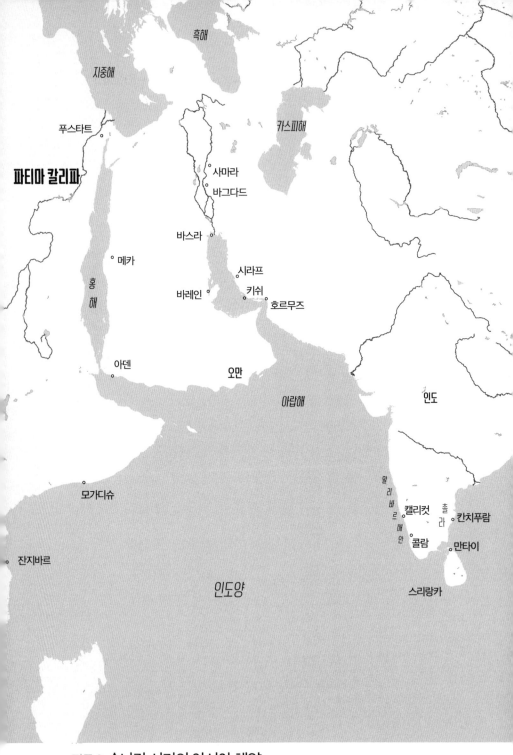

흑해

지중해

카스피해

푸스타트

파티마 칼리파

사마라

바그다드

바스라

메카

홍
해

시라프

바레인

키쉬

호르무즈

아덴

오만

아랍해

인도

모가디슈

말
리
바
르
해
안

캘리컷

촐
라

칸치푸람

콜람

만타이

잔지바르

인도양

스리랑카

지도 3. **송나라 시기의 아시아 해양**

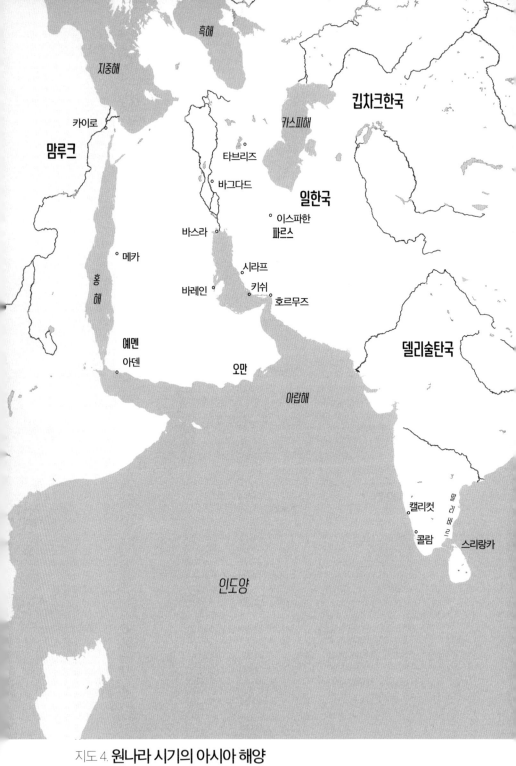

지도 4. **원나라 시기의 아시아 해양**

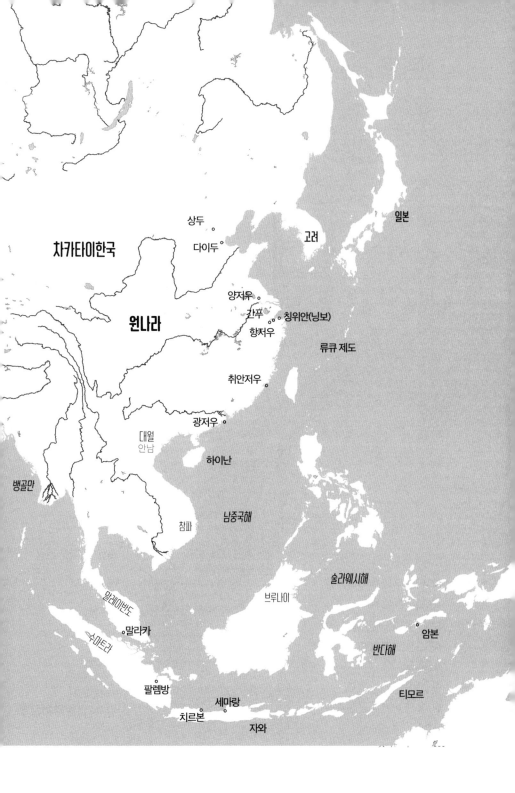

상두

차카타이한국

다이두

고려

일본

양저우

간푸   칭위안(닝보)

원나라

항저우

류큐 제도

취안저우

광저우

대월
안남

하이난

뱅골만

남중국해

참파

술라웨시해

말레이반도

브루나이

말라카

암본

수마트라

반다해

팔렘방

세마랑

티모르

치르본

자와

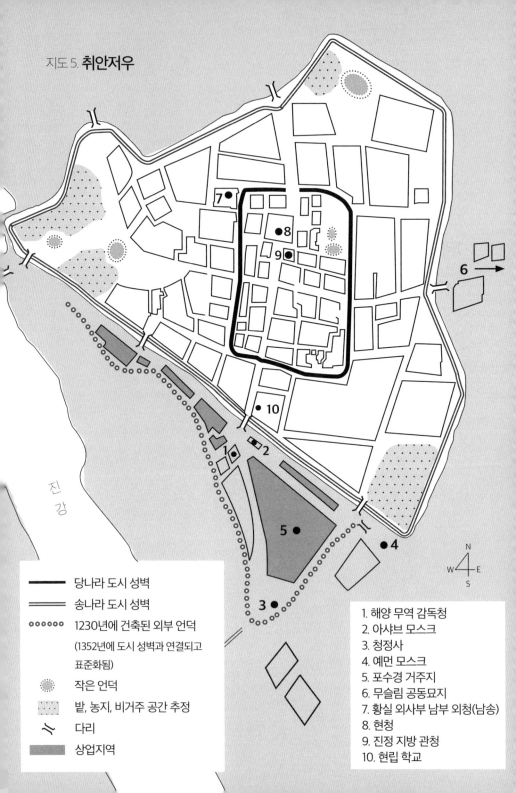

지도 5. **취안저우**

7 ●
● 8
9 ●
6 →
● 10
1 ●
● 2
5 ●
● 4
3 ●

진
강

N
W ✦ E
S

당나라 도시 성벽

송나라 도시 성벽

1230년에 건축된 외부 언덕
(1352년에 도시 성벽과 연결되고
표준화됨)

작은 언덕

밭, 농지, 비거주 공간 추정

다리

상업지역

1. 해양 무역 감독청
2. 아샤브 모스크
3. 청정사
4. 예먼 모스크
5. 포수경 거주지
6. 무슬림 공동묘지
7. 황실 외사부 남부 외청(남송)
8. 현청
9. 진정 지방 관청
10. 현립 학교